本著作受2019年度"苏州大学人文社科优秀学术专著出版资助计划"项目经费资助

# 近代汉语虚词研究史

(插图本)

曹炜 冯璠 李璐 著

科学出版社
北京

## 内 容 简 介

中国自古以来就有自己的语法学，那就是虚词学。在很长的一段时期内，在国人心目中，虚词研究就是语法研究的全部内容。近代汉语虚词研究是汉语虚词研究不可或缺的一个环节，也是汉语虚词研究中相对薄弱的一个环节。本书全面梳理、总结几个世纪以来，尤其是二十世纪以来关于近代汉语虚词研究的成果，试图给大家提供一张国内关于近代汉语虚词研究的全景图。

本书既可以作为高校汉语言文字学专业研究生课程的教材或教参，也可以作为本科院校高年级选修课程教材，还可以作为有志于汉语语法研究的高校中文系学生的课外读物。

---

**图书在版编目（CIP）数据**

近代汉语虚词研究史：插图本/曹炜，冯璠，李璐著. —北京：科学出版社，2024.3
ISBN 978-7-03-076885-8

Ⅰ. ①近… Ⅱ. ①曹… ②冯… ③李… Ⅲ. ①汉语-虚词-研究-近代 Ⅳ. ①H146.2

中国国家版本馆CIP数据核字（2023）第212967号

责任编辑：杨 英 张翠霞 / 责任校对：贾伟娟
责任印制：徐晓晨 / 封面设计：蓝正设计

科学出版社 出版
北京东黄城根北街16号
邮政编码：100717
http://www.sciencep.com

北京中科印刷有限公司印刷
科学出版社发行 各地新华书店经销

\*

2024年3月第 一 版 开本：720×1000 B5
2024年3月第一次印刷 印张：19
字数：330 000

**定价：188.00元**

（如有印装质量问题，我社负责调换）

# 作 者 简 介

**曹炜**，1963年6月29日生于上海，祖籍江苏昆山。1984年大学毕业后进入苏州大学筹建的苏州师专中文系任教。1994年回到苏州大学中文系任教。现为国家文科二级教授，苏州大学卓越人才特聘教授，文学院院长，唐文治书院院长，文学院学术委员会主任，文学院学位委员会主席，苏州大学汉语及汉语应用研究中心（校级科研机构）主任，苏州大学教学名师。主要从事现代汉语词汇、近代汉语语法等的教学与研究。出版《现代汉语词义学》《现代汉语词汇研究》《〈金瓶梅〉文学语言研究》《〈金瓶梅词话〉虚词计量研究》《商品叫卖语言》《汉语虚词史研究》等著作十余种。著作曾获陈望道修辞学奖、教育部高校人文社科优秀成果奖以及江苏省社科优秀成果奖等。

**李璐**，女，1993年生，山西晋中人，现为苏州大学文学院讲师，主要从事汉语语法史研究。出版专著《先秦至民国末期汉语指示代词发展演变史研究》，发表《上古汉语无定代词研究中存在之分歧辨正》《关于上古汉语远指代词研究中所存分歧之辨正》《关于上古汉语近指代词研究中所存分歧之新审视》《20世纪80年代汉语代词研究概论——汉语代词研究史之初步繁荣期》《先秦至魏晋南北朝近指代词的发展演变》等论文。

**冯璠**，女，1992年生，湖南长沙人，现为宿迁学院讲师。主要从事汉语语法史和训诂研究。发表了《名词"大要"向副词语法化的终止与回归》《语气副词"好歹"的源流》《乾嘉学派吴派与清代易学》《江藩对汉儒易学的贯通与发扬》等论文。

  中国自古以来就有自己的语法学,那就是虚词学。在国人的心目中,虚词研究就是语法研究的全部内容。近代汉语虚词研究是汉语虚词研究不可或缺的一个环节,也是汉语虚词研究中相对薄弱的一个环节。关于近代汉语的虚词研究,早在元代就已开始,历经明清,至二十世纪上半叶,断断续续取得了一些成果;而近代汉语虚词研究的隆兴和繁荣则是二十世纪八十年代以后的事情了;直至二十一世纪初,近代汉语虚词研究已经有了长足的发展。现在是该对近代汉语虚词研究的发展进行一番梳理、盘点、总结的时候了。

——题记

# 目　　录

绪论 ································································································ 1
　　参考文献 ····················································································· 10

## 第一章　二十世纪以前的近代汉语虚词研究 ········································· 11
　　第一节　二十世纪以前的近代汉语连词研究 ······································· 11
　　第二节　二十世纪以前的近代汉语助词研究 ······································· 16
　　第三节　二十世纪以前的近代汉语介词研究 ······································· 19
　　第四节　二十世纪以前的近代汉语代词研究 ······································· 23
　　第五节　二十世纪以前的近代汉语副词研究 ······································· 27
　　本章小结 ····················································································· 30
　　参考文献 ····················································································· 35

## 第二章　二十世纪初至六十年代的近代汉语虚词研究 ····························· 37
　　第一节　二十世纪初至六十年代的近代汉语连词研究 ························· 37
　　第二节　二十世纪初至六十年代的近代汉语助词研究 ························· 45
　　第三节　二十世纪初至六十年代的近代汉语介词研究 ························· 49
　　第四节　二十世纪初至六十年代的近代汉语代词研究 ························· 52
　　第五节　二十世纪初至六十年代的近代汉语副词研究 ························· 58

本章小结……60

参考文献……68

## 第三章　二十世纪八十年代的近代汉语虚词研究……69
### 第一节　二十世纪八十年代的近代汉语连词研究……69
### 第二节　二十世纪八十年代的近代汉语助词研究……76
### 第三节　二十世纪八十年代的近代汉语介词研究……86
### 第四节　二十世纪八十年代的近代汉语代词研究……94
### 第五节　二十世纪八十年代的近代汉语副词研究……106

本章小结……110

参考文献……120

## 第四章　二十世纪九十年代的近代汉语虚词研究……123
### 第一节　二十世纪九十年代的近代汉语连词研究……123
### 第二节　二十世纪九十年代的近代汉语助词研究……130
### 第三节　二十世纪九十年代的近代汉语介词研究……144
### 第四节　二十世纪九十年代的近代汉语代词研究……150
### 第五节　二十世纪九十年代的近代汉语副词研究……162

本章小结……168

参考文献……180

## 第五章　二十一世纪初十年的近代汉语虚词研究……183
### 第一节　二十一世纪初十年的近代汉语连词研究……183
### 第二节　二十一世纪初十年的近代汉语助词研究……193
### 第三节　二十一世纪初十年的近代汉语介词研究……201
### 第四节　二十一世纪初十年的近代汉语代词研究……207
### 第五节　二十一世纪初十年的近代汉语副词研究……212

本章小结 ·············································································· 221

参　考文献 ·············································································· 230

# 第六章　二十一世纪一十年代的近代汉语虚词研究 ················· 234

## 第一节　二十一世纪一十年代的近代汉语连词研究 ············· 234

## 第二节　二十一世纪一十年代的近代汉语助词研究 ············· 252

## 第三节　二十一世纪一十年代的近代汉语介词研究 ············· 260

## 第四节　二十一世纪一十年代的近代汉语代词研究 ············· 267

## 第五节　二十一世纪一十年代的近代汉语副词研究 ············· 272

本章小结 ·············································································· 280

参　考文献 ·············································································· 290

# 绪　　论[*]

关于近代汉语虚词的研究，据我们掌握的材料，主要始自十四世纪上半叶问世的元代卢以纬的《助语辞》，明清时期问世的一些诠释虚词的著作中也每有涉及。

近代汉语虚词研究的隆兴还是在二十世纪，尤其是二十世纪的最后二十年，一直延续至二十一世纪初期的今天。

一般认为，语法学来自欧洲，是舶来品。十九世纪末问世的模仿欧洲语法学著作写就的《马氏文通》被公认为中国第一部系统的语法学著作。在此之前，中国国内不存在系统的语法学著作，有的只是零星地散见于历代训诂学著作中的，被称为语法学思想之萌芽的，有些"暧昧"的文字表述。我们在国内已有的一些汉语语法学史著作中经常看到类似的表述。

我们以为，这就是徐通锵先生一再提及的"印欧语眼光"。正确的表述应该是，在《马氏文通》之前中国不存在像欧美语法学那样的语法学。

其实在二十世纪以前数千年的漫长岁月中，中国就有自己的语法学，那就是虚词学。在中国人的心目中，虚词研究就是语法研究的全部内容。现在的由词法、句法构成的语法学才是舶来品，是欧美人眼中的语法学。中国虚词学的第一部著作《助语辞》，也便是中国第一部语法学著作。其后出现的《经传释词》《助字辨略》等也都是中国的语法学著作，只是不同于欧美语法学罢了。

关于近代汉语虚词的研究，则是汉语虚词研究不可或缺的一个环节，也是汉

---

[*] 原刊于《苏州科技学院学报》2012年第6期，有删改。

语虚词研究中相对薄弱的一个环节。个中缘由，蒋绍愚先生在其《近代汉语研究概况》中已经做了精要的分析①，这里不再赘述。自二十世纪八十年代以降，近代汉语虚词研究有了长足的发展，个案探讨的文章不断涌现，专书专题讨论的论著也数量可观。但是，离建立一部翔实的令人满意的近代汉语虚词史所必需的各方面准备还有一定的距离，接下来需要着手的事情还有许多，其中较为重要的一项便是对此前的所有研究作一下盘点，看看究竟在哪些方面还有缺陷，哪些地方还需要我们花力气予以夯实。现在是该对近代汉语虚词研究的发展进行一番梳理、盘点、总结的时候了。

近代汉语虚词研究的历史可以分五个部分来加以描写和勾勒，它们分别是近代汉语连词研究史、近代汉语助词（含语气词）研究史、近代汉语介词研究史、近代汉语代词研究史和近代汉语副词研究史。

## 一、近代汉语连词研究的基本概况

在近代汉语虚词研究中，连词的研究是最为薄弱的一个环节，所取得的成果相对于其他虚词来说，是少而又少的。

在二十世纪八十年代以前，关于近代汉语连词研究的成果比较少见。太田辰夫的《中国语历史文法》首次对近代汉语连词作了概括性论述，他把他所认定的近百个连词分为"用于等立句的连词"和"用于主从句的连词"等两大类。用于等立句的连词又分为"并列、累加、选择、承接、转折"等五小类；用于主从句的连词又分为两大类：一类是时间、比较，另一类是因果、让步、推论、假定、纵予、限定、不限定等。在每一个小类下，他又举例分项论述，还对大部分连词进行了溯源的工作。

这个时期的相关研究论文也很少，胡竹安的《敦煌变文中的双音连词》（1961）是一篇比较早的讨论近代汉语连词的文章。文章对敦煌变文中的连词进行了分类，剔除部分唐以前就出现的双音连词，所得到的结论是：①用同义词构成的连词数量

---

① 蒋绍愚：《近代汉语研究概况》，北京大学出版社，1994，第15—16页。

相当多;②连词既能放在主语之前又能放在谓语之前的现象已经比较普遍;③复句中成对的关联词(连词和连词、连词和副词)连用已大量出现,而多数跟现代汉语相当;④在偏正复句中已出现带有连词的偏句在后的语序。[①]

近代汉语连词研究的隆兴是二十世纪八十年代以后的事情了。这一时期越来越多的近代汉语语法著作对连词予以认真的关注,不少著作对近代汉语连词的分类、语法功能、渊源、发展演变等问题进行了初步的讨论。一些论文开始关注连词与介词的区分问题、部分连词的产生年代及发展问题、连词的语法化问题等。

进入二十一世纪以来,对近代汉语连词的关注逐渐升温,比较显著的标志是席嘉的《近代汉语连词》(2010)一书的问世。这部近 50 万字的著作,比较全面地揭示了近代汉语连词系统的面貌[②]。后述助词研究部分论及的一批专书语法著作也均辟有专章讨论连词问题。大家都注意到了近代汉语连词研究的薄弱性,因此,同助词研究的情形类似,不少汉语言文字学专业的博士生、硕士生将近代汉语专书连词研究作为自己的学位论文选题,这些论文所涉及的时代遍布宋、元、明、清时期。

自二十世纪八十年代以来至二十一世纪初,有一个亮点是关于"和"类虚词的讨论。刘坚发表在《中国语文》上的文章《试论"和"字的发展,附论"共"字和"连"字》(1989)一石激起千层浪,引来了学界对近代汉语"和"类连词的持续关注和讨论,于江的《近代汉语"和"类虚词的历史考察》(1996)、高育花的《近代汉语"和"类虚词研究述评》(1998)、曹炜的《近代汉语并列连词"并"的产生、发展及其消亡》(2003)、曹炜的《近代汉语中被忽视的"和"类虚词成员"并"——以〈金瓶梅词话〉中"并"的用法及分布为例》(2006)等均对"和"类连词进行了进一步的深入讨论。

## 二、近代汉语助词研究的基本概况

虽然十九世纪以前的个别虚词研究著作中涉及近代汉语助词的探讨,但总体

---

① 胡竹安:《敦煌变文中的双音连词》,《中国语文》1961 年第 10/11 期。
② 席嘉:《近代汉语连词》,中国社会科学出版社,2010,第 1 页。

来讲乏善可陈。学者还是把大多精力放在了文言文中的句首、句中、句末等助词的研究上。

1898年问世的《马氏文通》是接受了欧洲学者的语法学思想而写出的第一部较有系统的汉语文言语法学著作。虽然就其语法体系而论，确乎是形式主义地吸收了西方的语法学理论框架，但就其虚词部分的讨论而言，却不乏可取之处。至少运用系统的语法观来研究文言虚词，无疑是比前人进了一大步。马建忠发现汉语里的"焉""哉""乎""也"等虚词是不能归入欧洲传统词类的任何一类的，于是立"助字"一类，并说助字为"华文所独"。这是助词第一次作为虚词内部的一种下位词类名称被提出来，难能可贵。

清末民初章太炎的《新方言》一书，在吸取古代训诂学研究成果的基础上，根据文献资料和实际语言相结合的原则，运用声韵演变的规律，以"对转""旁转"等理论来考察助词语音形式的发展，以期达到"以古语证今语，以今语通古语"的目的，其中也颇涉近代汉语中的一些助词。

真正开启近代汉语助词研究先河的是吕叔湘。在二十世纪四十年代，吕叔湘发表了《释〈景德传灯录〉中"在"、"著"二助词》《论"底"、"地"之辨及"底"字的由来》等多篇研究近代汉语助词的文章，为近代汉语助词研究的隆兴，开了一个很好的头。

二十世纪五十年代，太田辰夫的《中国语历史文法》（1958）对近代汉语中出现的"词组助词""句末助词""准句末助词"进行了初步的探讨。

到了二十世纪八十年代，近代汉语助词研究开始隆兴，出现了一大批研究近代汉语助词的论文，主要有两种类型：一是对近代汉语各个时期的一系列重要文献中的某类助词或某个助词进行封闭语料的研究，当时大家较多涉猎的近代汉语重要文献是《敦煌变文集》、《祖堂集》、寒山诗、《老乞大》、《朴通事》、元杂剧、《水浒传》、《西游记》、《儿女英雄传》等；一是对某个助词的历史来源及发展演变的个案研究。这个时期，助词研究以前者为主，后者的探讨比较少见。值得一提的是，在这个时期，我国的东邻日本也出现了一些涉及近代汉语助词的论著，比较重要的有志村良治的《中国中世语法史研究》（1984）、香坂顺一的《水浒词汇研究（虚词部分）》（1987）等。

二十世纪九十年代延续了八十年代的良好局面，近代汉语助词研究走向了繁荣，一批专门讨论研究近代汉语助词或者把近代汉语助词作为讨论对象之一的著作开始问世，这是八十年代所不曾出现的景观。这一时期重要的著作有曹广顺的《近代汉语助词》(1995)、孙锡信的《近代汉语语气词——汉语语气词的历史考察》(1999)、祝敏彻的《〈朱子语类〉句法研究》(1991)、吴福祥的《敦煌变文语法研究》(1996)、卢烈红的《〈古尊宿语要〉代词助词研究》(1998)、冯春田的《近代汉语语法问题研究》(1991)、向熹的《简明汉语史》(1993)、蒋绍愚的《近代汉语研究概况》(1994)、俞光中和植田均的《近代汉语语法研究》(1999)等。

这一时期，也同样涌现了大量的研究近代汉语助词的论文，所涉及的近代汉语重要文献较之八十年代更有所扩大，如王梵志诗、《歧路灯》、《金瓶梅词话》等也开始进入学者的视野。与八十年代稍有不同的是，这个时期对某个助词的历史来源及发展演变进行个案研究的论文开始大量问世，重要的有江蓝生对比况助词"似的"语源及发展的讨论、曹广顺和赵日新先后对助词"个"语源及发展的讨论、朱庆之对语气助词"那"的历史来源的讨论、冯春田和江蓝生先后对结构助词"底"的语源及发展的讨论以及宋金兰对"了""着"语源的讨论等。

进入二十一世纪，近代汉语语法研究越来越得到学界重视，最显著的一个特征是专书语法研究呈现出全面开花之势，比较重要的有冯春田的《〈聊斋俚曲〉语法研究》(2003)、吴福祥的《敦煌变文12种语法研究》(2004)和《〈朱子语类辑略〉语法研究》(2004)、刁晏斌的《〈三朝北盟会编〉语法研究》(2007)、高育花的《〈元刊全相平话五种〉语法研究》(2007)、曹炜等的《〈水浒传〉虚词计量研究》(2009)、曹广顺等的《〈祖堂集〉语法研究》(2011)、李崇兴和祖生利的《〈元典章·刑部〉语法研究》(2011)、曹炜的《〈金瓶梅词话〉虚词计量研究》(2011)和《〈型世言〉虚词计量研究》(2011)、杨永龙和江蓝生的《〈刘知远诸宫调〉语法研究》(2010)等。这些专书语法著作中均辟有专章讨论助词现象。

除此之外，二十一世纪以来，汉语言文字学专业的博士学位、硕士学位论文中也出现了一批研究近代汉语特定文献中的助词的论文，几乎宋元明清的任何一个时期的文献都有涉猎。

值得注意的是，二十一世纪以来语法化研究越来越受关注，在近代汉语助词研究方面，也有不少人尝试用语法化的理论来进行研究。

## 三、近代汉语介词研究的基本概况

近代汉语介词的研究也开始于元代卢以纬的《助语辞》。《助语辞》中讨论的近代汉语介词有"从""将""用""在"等。

清代刘淇的《助字辨略》虽然主要讨论的是文言介词，但所收录的四百多个虚字中，也有一部分是近代汉语介词。

但这个时候还没有介词这一个词类术语。

《马氏文通》第一次使用了"介字"这个术语，但所讨论的大部分是文言介词，也有的并非介词。

第一次使用"介词"这个词类术语的是章士钊的《中等国文典》(1907)，但讨论的依然是文言介词。

现代学者中第一个详尽讨论近代汉语介词的是吕叔湘。吕叔湘的《"把"字用法的研究》(1948) 讨论了介词"把"和"将"的语源和句法功能。只是这类文章在二十世纪中叶很难见到。

近代汉语介词研究的隆兴开始于二十世纪八十年代。这一时期出现了一批专书介词研究的论文，重要的有李思明的《从〈水浒全传〉、〈红楼梦〉、〈家〉看"与"字的发展》(1981)、钱学烈的《试论〈红楼梦〉中的"把"字句》(1986)、马贝加的《介词"沿、往、望、朝"的产生》(1987)、沈锡伦的《晚唐宋元被字句考察》(1988)、徐静茜的《"三言二拍"中的"把"和"将"》(1988)、植田均的《近代汉语中介词'和、同、替'的特殊用法》(1989)、江蓝生的《被动关系词"吃"的来源初探》(1989) 等。

到了二十世纪九十年代，介词的个案探讨形成了一个热点，重要的论文有刘丽川的《介词"向"与"嚮"在近代汉语中的发展》(1991)、王锳的《古代诗文中"就"的介词用法》(1992)、李崇兴的《〈元曲选〉宾白中的介词"和"

"与""替"》(1994)等。这里尤其要提及的是马贝加,她自九十年代初起,发表了一系列近代汉语介词个案探讨的论文,成为这个时期成果最为卓著的近代汉语介词研究学者,其重要的论文有《介词"按、依、乘、趁"探源》(1990)、《介词"沿"的产生》(1992)、《方式介词"凭、据、随、论"的产生》(1992)、《介词"照"的产生》(1992)、《汉语中"趁着"义介词探析》(1995)、《介词"缘"的产生及其意义》(1996)、《介词"方"探源》(1996)、《介词"因"辨义》(1996)、《介词"就"的产生及其意义》(1997)、《处所介词"向"的产生及其发展》(1999)、《介词"经"的产生与发展》(1999)等。

二十一世纪以来,近代汉语介词研究继续呈现繁荣的景象,出现了一些具有较高学术价值的著作,如马贝加的《近代汉语介词》(2002)、张赪的《汉语介词词组词序的历史演变》(2002)等。同时,研究近代汉语介词的论文依然不断涌现,重要的如赵日新的《说"在"及相当于"在"的成分》(2001)、马贝加的《在汉语历时分析中如何区分动词和介词》(2003)、王鸿滨的《处所介词"于(於)"的衰落与"在"的兴起》(2003)、曹炜的《〈金瓶梅词话〉中的时间、处所、方向类介词初探》(2003)、董为光的《介词"打"来源补说》(2004)、周四贵的《〈金瓶梅词话〉中介词短语的句法分布情况》(2008)、张云峰的《〈儿女英雄传〉中凭借方式介词研究》(2009)等等。

## 四、近代汉语代词研究的基本概况

在十九世纪以前的岁月里,近代汉语代词研究不能说毫无触及,但总的来说乏善可陈。

自《马氏文通》始,一直到二十世纪四十年代之前,学者在汉语代词上的兴趣还是集中在文言文领域,即主要是对文言代词的研究,而对晚唐以降的白话文代词的研究成果却很难寻见,只是在章太炎的《新方言》中略有提及。

二十世纪四十年代开始出现转机:先是吕叔湘的《释"您","俺","咱","喒",附论"们"字》(1940)一文的发表,正式揭开了近代汉语代词研究的序幕;尔后吕叔湘的《中国文法要略》(1942)、王力的《中国现代语法》(1943)

和《中国语法理论》（1945）、高名凯的《汉语语法论》（1948）等均对近代汉语中的部分代词给予了初步的讨论。

到了二十世纪五十年代，王力的《汉语史稿》（1958）讨论了近代汉语中的众多语法问题，其中的代词部分比较详尽地讨论并勾勒了人称代词、指示代词和疑问代词从上古汉语到近代汉语的演变过程，为后人的进一步研究提供了一个比较全面的框架和基础。

二十世纪八十年代的情形就很不一样了，主要表现在：第一，从数量上看，不论是专著还是论文研究成果都明显增多；第二，从研究内容上看，对人称代词、指示代词、疑问代词的探讨均有涉及，其中有语源的探讨，也有语法功能的讨论；第三，从研究方法上看，通过语音来探求语源是近代汉语代词研究中常见的一种方法，吕叔湘、王力等在探求代词语源时均采用了这种方法。

二十世纪九十年代不但承续了八十年代研究的良好势头，而且还有了可喜的进步：第一，在数量上，相较于八十年代，不论是专著还是论文都有进一步的增加；第二，从研究内容看，九十年代近代汉语代词的研究取得了很大进展，有些问题已经达成了共识，有些问题虽然看法不一致但也研究得比较深入；第三，从方法上看，研究方法更加丰富多样，对语料的运用更加扎实，对语料的分析更加细致，对语料的发掘也更加深入，在共时平面研究下功夫的前提下能够注重虚词的历时演变的动态勾勒，并力求从中找到一些规律性的东西，同时，研究中除了继续运用语音探源的方法外，还常常运用计量统计、方言佐证等方法。

纵观二十一世纪头十年的近代汉语代词研究，我们可以发现：在数量上，研究成果进一步增多，尤其是论文方面，由于近代汉语日渐受到重视，很多年轻的学者也加入到近代汉语代词的讨论中，不仅期刊论文数量大增，很多博士、硕士学位论文也涉及该领域的研究；从研究内容看，二十一世纪伊始，一些专著致力于对过去的研究进行回顾和总结，找出差距，以便更好地推动近代汉语的研究；从方法上看，除了近代汉语研究常用的语音探源、语法分析及计量统计等方法外，二十一世纪以来的研究更加注意对现代语言学一些理论和方法的运用。

## 五、近代汉语副词研究的基本概况

关于近代汉语副词的讨论一直可以上溯到元代卢以纬的《助语辞》。该书共收录六十六组虚词或与虚词有关的词组，计一百三十六个词条，其中就收有少量近代汉语副词，如"莫""咸"等。其后刘淇的《助字辨略》共收录两百多个副词，其中除博采先秦古籍中的副词外，还收录了唐宋诗文中的副词。

在二十世纪八十年代以前，包括《马氏文通》《汉语史稿》《中国语历史文法》在内的一些汉语语法学专著均有对近代汉语副词的讨论分析，但总体而言过于简略。

到了二十世纪八九十年代，汉语学术界开始逐渐重视近代汉语副词的研究，并取得了一些可喜的成果，其中最有代表性的是杨荣祥的博士学位论文《近代汉语副词研究》（1997），该论文后修改为同名书籍出版。它只对近代汉语不同时代的一些代表性文献《敦煌变文集》《朱子语类》《新编五代史平话》《金瓶梅词话》进行了穷尽性的研究，并结合了《祖堂集》《乙卯入国奏请（并别录）》《三朝北盟会编（选）》《元曲选》《水浒传》等语料，整理出晚唐五代至明代汉语中使用的 639 个副词，讨论了近代汉语副词的分类和结构形式，分析了近代汉语副词的来源及发展，考察了近代汉语副词的组合功能，总结出了近代汉语副词发展的规律和特点，并对一些重要的近代汉语副词产生和消失的时代作出了判断。

这个时期还涌现了大批专书副词研究和副词个案研究的论文，从而使近代汉语副词研究呈现出繁荣的景象。

进入二十一世纪之后，近代汉语副词的研究呈现出以下特点：一是研究成果的数量不断增加。不少年轻的学者投入到了近代汉语副词的研究中，一些高校的研究机构也将研究重点转向近代汉语的专书语法研究，如此一来就使得研究近代汉语副词的论文数量急剧增加。二是随着西方语法化理论的引进和介绍，学者开始致力于汉语副词的语法化研究。他们力求从汉语的实际出发，通过对语言事实的发掘和描写，揭示隐藏于其中的规律和机制，从而概括出若干副词语法化的原则和基本规律。

总而言之，近代汉语虚词的研究起步较晚，而且在很长的一段时间内不受重视。大家的兴趣多集中在文言虚词的研讨上，真正重视近代汉语虚词的研究是二十世纪八十年代以后的事情，而且分布也不均衡，其中助词、介词、副词的研究成果不少，而代词、连词的研究则相对较为薄弱，迄今为止，近代汉语虚词研究中还有不少有待于填补的空白点，现在是该对近代汉语虚词研究的发展进行一番梳理、盘点、总结的时候了。

# 参 考 文 献

曹炜. 2003.《金瓶梅词话》中的时间、处所、方向类介词初探[J]. 苏州大学学报, (4): 51-55.
高育花. 1998. 近代汉语"和"类虚词研究述评[J]. 古汉语研究, (3): 56-60.
胡竹安. 1961. 敦煌变文中的双音连词[J]. 中国语文, (10/11): 41-47.
蒋绍愚. 1994. 近代汉语研究概况[M]. 北京: 北京大学出版社.
刘丽川. 1991. 介词"向"与"嚮"在近代汉语中的发展[J]. 深圳大学学报(人文社会科学版), 8(1): 49-55.
王鸿滨. 2003. 处所介词"于(於)"的衰落与"在"的兴起[M]//四川大学汉语史研究所. 汉语史研究集刊(第六辑). 成都: 巴蜀书社: 80-94.
席嘉. 2010. 近代汉语连词[M]. 北京: 中国社会科学出版社.
袁宾, 徐时仪, 史佩信, 等. 2001. 二十世纪的近代汉语研究[M]. 太原: 书海出版社.
张云峰. 2009.《儿女英雄传》中凭借方式介词研究[J]. 学术交流, (9): 141-144.
周四贵. 2008.《金瓶梅词话》中介词短语的句法分布情况[J]. 学术交流, (9): 127-130.

# 第一章　二十世纪以前的近代汉语虚词研究

## 第一节　二十世纪以前的近代汉语连词研究

最早关注到近代汉语连词用法的应是宋代的张炎。他在《词源》一书中提到："词与诗不同，词之句语，有二字、三字、四字，至六字七八字者，若堆叠实字，读且不通，况付之雪貌乎？合用虚字呼唤，单字如'正''但''甚''任'之类；两字如'莫是''还又''那堪'之类；三字如'更能消''最无端''又却是'之类。此等虚字，却要用之得其所。若能尽用虚字，句语自活，必不质实，观者无掩卷之诮。"[1]这里虽然没有明确提出"连词"的概念，但使用了很多那个时期的连词作为例证。可见，宋代已经开始有实字、虚字的分类，且已经关注到连词的用法。

第二个关注到近代汉语连词用法的是元代卢以纬的《助语辞》，也叫《语助》，这是我国第一部研究虚字用法的专著。《语助》共讨论了120多个古汉语中的单音虚词和复音虚词，其中连词有17个。卢氏虽没有直接提出连词的概念，但其提出的关于连词的一些新的术语（如"继事之辞"等）很多都被马建忠吸收于后来的《马氏文通》中。很多学者不把《语助》归到近代汉语语法研究成果的范畴中，原因是它引用的例证大多来自上古文献。事实上，除了上古文献，《语助》还引

---

[1]（宋）张炎：《词源》，中华书局，1991，第48页。

用了宋代的《广韵》以及朱熹的注解来对讨论的字、词加以解释。例如，在讨论"或"的连词性质时，卢氏引用了《广韵》中的"有带未定之意者"作为例证；再如，在讨论连词"抑"时，卢氏提到："文公又有云：'反语之辞'。略反上文之旨。"①这里的文公即朱熹。值得注意的是，在对连词的研究中，《语助》比较系统地探讨了连词所表示的语气、情态等。例如，在讨论连词"抑"时，卢氏提到："如诊脉，以指按抑，究其所以然。"②此外，卢氏常用对比的方法来分析连词，如两个连词之间进行对比或将俗语中的连词和文言连词进行对比。例如，在探讨连词"所以"时，卢氏提到："与'是以'同意，事必有因，故今如此。"③

之后，受《语助》的影响，日本有很多学者开始关注汉语虚词的用法，产生了一批汉语虚词研究的著作，准确地说，是关于《语助》研究的著作，如《新刻助语辞》（1641年）、《鳌头助语辞》（1694年）、《广益助语辞集例》（1694年）、《训蒙助语辞谚解大成》（1708年）等。其中《新刻助语辞》仅仅对《语助》加以标点和注音，并没有什么实质性的发展。《鳌头助语辞》则对《语助》中的重要语句作了注解，很多地方有作者自己的解说。《广益助语辞集例》把汉语语辞从语义出发分为56类，其中很多分类下都有连词，如"承上启下辞""抑又辞、因是辞、转语辞"等。《训蒙助语辞谚解大成》在注释上并没有直接引用中国古典文籍材料，而是使用了当时我国的俗语来进行注释，因此，这里面有很多连词是用当时的口语进行解释的，从一定程度上可以反映清代汉语连词的使用情况。

袁仁林的《虚字说》是继《语助》之后的又一部汉语虚词研究专著。相对于《语助》，《虚字说》讨论的虚字有所增加，全书共论述了143个虚字，其中连词有30个。《虚字说》将很多《语助》中认为没有连词性质的词归入连词中，例如，《语助》中指出"顾"非"语助"，而《虚字说》则认为："'顾'字之声，更属轻转，方语前文，而随念及此，则用以轻轻那转。凡转头别看曰'顾'，今

---

① （元）卢以纬著，刘燕文校注：《语助校注》，中州古籍出版社，1986，第69页。
② （元）卢以纬著，刘燕文校注：《语助校注》，中州古籍出版社，1986，第69页。
③ （元）卢以纬著，刘燕文校注：《语助校注》，中州古籍出版社，1986，第23页。

作虚用，亦含斯意，其声在转语中最为轻婉。"①可见，在袁氏看来，"顾"属于虚词，具有连词的性质。当然，也有一些《语助》中认为有连词性质，而《虚字说》中没有提到的，如"故""是故""盖""及"等。《虚字说》所引的例证虽然也大多来自上古文献，但很多地方用了当时的俗语来解释，反映了那个时代的语言特色。例如，在解释"纵"字时，袁氏提到："'纵'字乃放开较量之辞，系跌宕语。文中劈头用'虽'字，俗语以'随你恁般'说之；文中用'纵'字，俗语以'从你这般'说之：皆取其音相近，使童子易晓而明其为过甚一边，乃跌宕语也。"②"随你恁般""纵你这般"等都是那个时代俗语中的说法。

几乎在同一时期，刘淇的《助字辨略》（图1）问世，相较于《语助》和《虚字说》，该书收录的虚字范围更广。刘氏将虚字详尽地分为三十类，其中"承上""转下"等分类下的虚字相当于现在的连词，如讨论到"盖"字时，刘氏指出："或谓此盖字乃承上之辞。不知古未有训盖为承上者，近代科举文字，始用以为承转耳。"③这里不仅指出了"盖"的连词性质，也提到了"盖"具有"承上"

图1 《助字辨略》

---

① （清）袁仁林著，解惠全注：《虚字说》，中华书局，1989，第22页。
② （清）袁仁林著，解惠全注：《虚字说》，中华书局，1989，第113—114页。
③ （清）刘淇著，章锡琛校注：《助字辨略》，开明书店，1940，第207页。

性质始于近代科举文字中。值得关注的是，它的引书来源也十分广泛，不仅仅有上古文献，也采用了唐宋诗词散文以及明代以后的著作，如在讨论连词"且"时，刘氏提到："《广韵》云：'子鱼切，语辞。'《诗·国风》：'匪我思且。'又《邶风》：'其虚其邪，既亟只且。'《朱传》云：'只且，语助辞。'又《鄘风》：'扬且之皙也。'《朱传》云：'且，语助辞。'愚案：在句中者，语助之辞。在句末者，语已之辞。只且，重声，犹云乎而也。"①

之后，日本也有很多学者开始关注汉语连词的用法，较有代表性的是伊藤东涯的《操觚字诀》十卷（1763）。东涯将汉语词汇分为"助字、语辞、虚字、实字"等四类，其中助字指"而、之、于、乎、者"等，"语辞"指"姑……使、令、既……乃、即……抑、其……"等，其中有很多具有连词的性质。

这一时期还有一本十分重要的汉语虚字专著，即王引之的《经传释词》（1798年）。该书名列明清所有虚字书之首，影响巨大。《经传释词》搜罗了九经三传及周秦西汉之书中所有助语，其中也包括不少连词。该书虽然引书的范围局限于九经三传及周秦西汉之书，但其对近代汉语虚字研究的影响很大，近世的不少虚词研究专论，如杨树达的《词诠》、吕叔湘的《文言虚字》等都与它有继承关系。此外，王氏在讨论文言连词的时候也结合了该词在当时的用法情况，其中的不少连词在明清时期仍然使用。例如，在讨论到连词"是故"时，王氏提到："'是故''是以'皆承上起下之词，常语也。"②在讨论"兹"时，王氏提到："'滋'，亦承上起下之词……此两'兹'字，皆承上起下之词，犹今人言致令如此也。"③

到了十九世纪八十年代，我国吸收和发展外来文化之风盛行，这一时期日本产生了一批接受当时新风气影响的汉语语法研究专书。这些书很多地方用了当时口语作为语料，吸收了清代助字研究成果，对我们研究近代汉语连词有借鉴意义。较有代表性的有《支那文典》二卷（大槻文彦解，大槻氏藏版，1877年）、《大清文典》（金谷昭训点，1893年）、《支那文典》（村上秀吉，博文馆，1893年）和《冈氏之支那文典》二卷（冈三庆、松柏堂，1887年）等。《支那文典》

---

① （清）刘淇著，章锡琛校注：《助字辨略》，开明书店，1940，第167—168页。
② （清）王引之著，湖南师范学院中文系古汉语研究室校点：《经传释词》，岳麓书社，1985，第203页。
③ （清）王引之著，湖南师范学院中文系古汉语研究室校点：《经传释词》，岳麓书社，1985，第168—169页。

二卷以中国当时的口语为对象，可以说揭开了近代汉语语法研究的序幕。这本书的第十四章为"论接连言"，也就是后来的"接续词"，基本上概括了近代汉语连词的全貌。《冈氏之支那文典》二卷也是这一时期比较有名的汉语语法研究著作，该书的内容主要是词类，把词分为九类，第八类为"接转词"，其中"接词"包括"故、则、而、仍"等，"转词"包括"及、至、不若、纵"等，可以看出，这一时期已经开始尝试对近代汉语连词进行分类。

发展到十九世纪末，我国第一部系统的汉语语法著作——《马氏文通》（图2）出版，日本的汉语语法学家牛岛德次称这本书是："汉语近代文法研究的开山祖。"①虽然《马氏文通》研究的对象为文言文，如"四书""春秋三传"和《史记》《汉书》《国语》《战国策》《荀子》《管子》《庄子》等以及唐代韩愈的文章，我们似乎不能把它归入近代汉语语法研究成果中，但马氏借鉴和运用了当时国外的语言学理论和方法来归纳分析汉语语法的特点，首次建立了一个比较完整的词类系统，如将"虚字"分为介字、连字、助字、叹字四种等，其中又将"连字"分为提起、承接、转捩和推拓四种，这是学界首次对汉语连词进行分类，也为后来汉语连词的进一步分类奠定了基础。《马氏文通》深受《虚字说》和《助

图2 《马氏文通》

---

① （日）牛岛德次著，甄岳刚编译：《日本汉语语法研究史》，北京语言学院出版社，1993，第44页。

字辨略》的影响,吸收了其中不少说法,如在讨论到连字"则"时,袁氏在《虚字说》中指出:"'则'字'即'字,乃直承顺接之辞,犹俗云'就'也。与上影响相随,口吻甚紧。"①《马氏文通》中对"则"字的解释为:"在'则'字乃直承顺接之辞,与上文影响相随,口吻甚紧。"②

## 第二节 二十世纪以前的近代汉语助词研究

最早关注到近代汉语助词用法的应是唐代柳宗元的《复杜温夫书》。柳氏在书中指出:"(吾)立言状物,未尝求过人,亦不能明辨生之才致,但见生用助字,不当律令,唯以此奉答。所谓'乎''欤''耶''哉''夫'者,疑辞也;'矣''耳''焉''也'者,决辞也。"③该书首次提出了"助字"这一语法术语,且把助字分为疑辞和决辞两大类,反映了中唐时期助词的使用情况。但很显然该书所谓的"助字"与我们今天所说的助词的范围并不一致,仅包括语气助词。

第二个关注到近代汉语助词的是元代卢以纬的《语助》。作为第一部研究虚字用法的专著,《语助》讨论了"也""矣""焉""哉""噫"等39个助词的用法。虽然该书引用的例证大多来自上古文献,但在讨论的过程中卢氏常用自己的方音和当时的读书音给助词注反切音,且常用当时的俗语来解释助词的语义,从一定程度上反映了近代汉语助词的语音和语义情况。如在讨论助词"者"时,卢氏指出"者"有"聻"字意,同时用自己的方音和当时的读音给"聻"字注了反切音:"宜夜切,本宜止切。"④在对"者"的语义情况进行考察时,卢氏又指出:"或有俗语'底'字意。"⑤那个时期的"底"相当于俗语"的"字,可以看出该书对我们了解元代助词的使用情况有一定帮助。但该书对一些助词的释

---

① (清) 袁仁林著,解惠全注:《虚字说》,中华书局,1989,第22页。
② 马建忠:《马氏文通》,商务印书馆,1983,第297页。
③ 谢汉强主编:《柳宗元柳州诗文选读》,西安地图出版社,1999,第195页。
④ (元) 卢以纬著,刘燕文校注:《语助校注》,中州古籍出版社,1986,第6页。
⑤ (元) 卢以纬著,刘燕文校注:《语助校注》,中州古籍出版社,1986,第6页。

义是存在偏差的，如在讨论到"甚矣""甚哉"时，卢氏提到："'甚'字犹吴人俗语'曷'字。"①吴语中的"曷"是语气词，可见在卢氏看来"甚"也应为语气词，而很显然"甚矣""甚哉"的感叹语气发自"矣""哉"，而不发自"甚"。

袁仁林的《虚字说》是继《语助》后又一部关注到近代汉语助词的汉语虚词专著。相对于连词，《虚字说》中讨论的助词较少，仅对"夫""乎""矣""已""焉"等13个助词的用法进行了考察。在对助词进行论述的过程中，袁氏常在语气的探索中觅取近义助词之间的区别，如在讨论到助词"乎""与""耶"时，该书提到："'乎'字、'与'字、'耶'字之声，均属平拖长曳，疑活未定。论其分界不同处，'乎'字气足，'与'字气嫩，'耶'字气更柔婉……用凡有三：一则实疑未定者，一则谦退带疑者，一则无疑拖语者。按：三项惟视句首所安字样相成见意。"②可见，与《语助》相比，该书在研究深度上有了不少进展。

刘淇的《助字辨略》是和《虚字说》同一时期的汉语虚词研究专著，与《语助》和《虚字说》相比，该书收录的助词大大增加。刘氏在继承《语助》从语气角度研究助词的传统的基础上，进一步对这些助词的语气作了细致的分析。值得注意的是，《助字辨略》中涉及了不少近代汉语助词的内容，在讨论过程中也较多地使用了近代汉语中的韵书及字书加以训释，如在讨论到助词"吁"时，该书提到："《广韵》云：'叹'也。徐氏云：'语之舒也。'"③在讨论到助词"生"时，该书指出："'生'语助也。李太白诗：'借问别来太瘦生'。杜子美诗：'生憎柳絮白于棉'。"④在讨论到助词"了"时，该书提到："欧阳永叔《青玉案》词：一年春事都来几，早过了三之二。'过了'犹云过却，方言助语也。"⑤在讨论到助词"么"时，该文提到："莫过切，语余声也。张泌《江城子》词：'好是问他来得么'。此与莫婆切者义同。语缓则为平声，语急则为去

---

① （元）卢以纬著，刘燕文校注：《语助校注》，中州古籍出版社，1986，第39页。
② （清）袁仁林著，解惠全注：《虚字说》，中华书局，1989，第32—33页。
③ （清）刘淇著，章锡琛校注：《助字辨略》，开明书店，1940，第22页。
④ （清）刘淇著，章锡琛校注：《助字辨略》，开明书店，1940，第102页。
⑤ （清）刘淇著，章锡琛校注：《助字辨略》，开明书店，1940，第159页。

声耳。"①可见，刘氏也多用唐宋诗词作为例证来讨论近代汉语助词的用法。总体而言，相对于《语助》和《虚字说》，该书对近代汉语助词的研究更为深入，对每一个助词分门别类加以说明，解释也更加明确清晰。但大多数的助词研究还只停留在训诂的层面上，更加重视对古汉语助词的研究。

之后，日本也有一些学者关注到近代汉语助词的用法，较有代表性的是三宅橘园的《助语审象》三卷。该书在"卷之上"部分作了一部《助字标目歌》，这是一种"助字"的千字文，不仅讨论了古文中常用的助字，如"矣、也、哉、来"等，也讨论了小说俗语中常用的助字，如"么、呢、哩"等，这些小说俗语中的助字反映了近代汉语中助词的使用情况。

到了明治时代，随着对外文化交流的盛行，日本汉语虚词的研究成果也逐渐增加，较有代表性的是《支那文典》二卷、《冈氏之支那文典》二卷等。《支那文典》二卷的"例言"部分以当时中国口语为对象，对助字的用法进行了概述。该书在下卷部分设"论帮助言"一章，讨论的内容相当于我们今天所说的助动词，且把相当于语气助词的类归入了第十七章"语助言"中，但也只是稍稍涉及，并没有展开论述。总体而言，该书兼有"汉文典"和"官话文法书"两方面的特点，日本学者牛岛德次因此评价此书："从广义上看是敲响了汉语语法近代研究闭幕的钟声。"②《冈氏之支那文典》二卷也是这一时期比较重要的汉语虚词研究专著。该书将词分为九类，其中"歇止词"相当于我们今天的语气助词，又包括断歇词"也、矣、焉"、不断歇词"欤、乎、哉"和间疑歇词"乎、耶"等。可以看出，该书在分类的时候基本上基于英语语法的框架，但在具体分类过程中又结合了汉语语法的特点，如把英语中没有的"歇止语"独立了出来。

到了十九世纪末，马建忠的《马氏文通》首次提出了"助字"的定义："凡虚字用以结煞实字与句读者，曰助字。"③且首次对助字进行了分类，将助字分为传信助字、传疑助字和合助助字三大类，这为后来助词的进一步分类奠定了基础。虽然该书研究的对象大多为文言文，但其中有不少地方引用了明清时期学者

---

① （清）刘淇著，章锡琛校注：《助字辨略》，开明书店，1940，第223页。
② （日）牛岛德次著，甄岳刚编译：《日本汉语语法研究史》，北京语言学院出版社，1993，第39页。
③ 马建忠：《马氏文通》，商务印书馆，1983，第323页。

对助词的研究成果，反映了近代汉语助词的研究情况。如在论述助字"耳"时，马氏提到："《日知录》谓'而已为耳'。'耳'与'矣'同义，有止此之解。助句助读，惟所用耳。"①在论及助字"尔"时，马氏提到："'尔'字，《广韵》云：'词之必然也。''尔'通'爾'。"②值得注意的是，马氏将《语助》和《虚字说》中论述的"而矣""者也""也与"等单独设为一类"合助助字"，并根据组合类型的不同将其分为"双合字与参合字""传信助字双合""传信助字参合""传信与传疑助字双合""传疑助字双合""两种助字参合"等六大类，并在每类之下分别举例说明。整体而言，马氏发现了汉语里的"焉""哉""乎""也"等是不能归入欧洲传统词类的任何一类的，于是立"助字"一类，并说助词是"华文所独"，这是助词第一次作为语法术语被提了出来，因此对于汉语助词的研究意义非凡。但该书主要探讨了古汉语中的助词，近代汉语助词的相关研究较少。

## 第三节　二十世纪以前的近代汉语介词研究

最早关注到近代汉语介词的应是卢以纬的《语助》。该书讨论的介词很少，仅有"以"和"于"两个。在考察的过程中，卢氏常把读音、语义相近的介词放到一起加以对比分析，如在论及介词"于"时，他指出："指那事物或地名之类而言，故着一'于'字以指定之，与'於'字相类，微有轻重之别，'于'（比）'於'意略重。"③可见，在卢氏看来，"于"和"於"的用法大致相同，只有在读音上有些许差别。在讨论介词"以"时，该书同时将"用"和"为"同介词"以"的用法进行了对比："有训'用'处，'为政以德'之类；有训'为'处，'视其所以'之类；亦有如俗语'将去'之意、'把来'之意。"④可以看出，

---

① 马建忠：《马氏文通》，商务印书馆，1983，第348页。
② 马建忠：《马氏文通》，商务印书馆，1983，第348页。
③（元）卢以纬著，刘燕文校注：《语助校注》，中州古籍出版社，1986，第21页。
④（元）卢以纬著，刘燕文校注：《语助校注》，中州古籍出版社，1986，第19页。

卢氏认为这里句子中不用"用""为"等字，而用"以"字，是有讲究的。同时，他还用当时的俗语来对"以"的词义进行说明，反映了当时口语中介词的使用情况。需要注意的是，《语助》虽然强调区别虚词和实词，但从某些词条的释义中可以看出作者对虚词、实词的概念不甚清晰，我们在依据该书讨论虚词、实词相关的问题时不应盲目崇拜，应该有自己的判断。比如对"以"的解释，作者没有指出训"用"的"以"字既有虚词也有实词，也没有指出"视其所以"和"能左右之曰以"中的"以"字并不是虚词而是实词。

第二个关注到近代汉语介词的是袁仁林的《虚字说》。与《语助》类似，该书对近代汉语介词的讨论较少，只考察了"以""于""於"三个介词的用法。该书提出了"以"的八种用法，其中"用、拿"义、"因为"义、"跟、同"义等为"以"的介词用法，且作介词是"以"的主要用法。与《语助》一样，《虚字说》也对介词"于"和"於"的用法进行了考察，《语助》中主要讨论了介词"于"的用法，以"於"作补充说明，且认为"于"和"於"是有区别的，而《虚字说》则将"于"和"於"的用法放在一起讨论，可见，袁氏认为"于"和"於"的用法是一致的。在讨论"于"和"於"时，袁氏多关注二者的声气的特点，如他提到："'於''于'二字之声，但观其出声时聚唇而前出，可以得其用矣。有专趋直注之情，有往取向著之意，乃是尖利轻溜交涉一边之字。"[①]相较于《语助》，该书对这两个字的发音的描写更为细致，但袁氏并没有指出二者在使用上的差异。

《语助》和《虚字说》中的例证多引自上古时期的文献，对近代汉语介词的关注较少，真正对近代汉语介词予以关注是从与《虚字说》同一时期问世的《助字辨略》开始的。《助字辨略》共收录虚字四百余个，按上平、下平、上声、去声和入声编为五卷，依照诗韵的顺序排列，其中有不少属于近代汉语介词，如在论及介词"从"时，该书引用了杜甫的诗歌作为例证："'五株桃树亦从遮'，又云'客至从嗔不出迎'，此'从'字亦有随意，言听其所如何而不与之校也。"[②]在论及介词"为"时，该书引用了韩愈《进撰平淮西碑文表》中的

---

[①]（清）袁仁林著，解惠全注：《虚字说》，中华书局，1989，第79页。
[②]（清）刘淇著，章锡琛校注：《助字辨略》，开明书店，1940，第4页。

诗句"闻命震骇，心识颠倒；非其所任，为愧为恐"作为例证，且指出："此'为'字，亦语辞，犹云以愧以恐，载愧载恐也。"①在论及介词"除"时，该书以《宋史·岳飞传》中的诗句作为例证，如"杨幺云：欲犯我者，除是飞来"，且指出："除是"，犹云"唯有"，今云"除非是"也。又引用了晏几道《长相思》词中的"问相思，甚了期？除非相见时"作为例证。②在论及介词"将"时，该书引用了周密《谒金门》中的词"屈指一春将次尽"作为例证，且提出："'将次'，几欲之辞。凡云次者，当前舍止之处，言行且及之也。将欲及之而犹未及之，故云'将次'。"③又如，在论及介词"自"时，该书引用了韩愈《答刘正夫书》中的例句作为例证："要若有司马相如、太史公、刘向、扬雄之徒出，必自于此，不自于循常之徒也。"且对其中的"必自于此"作出解释："必自于此，言必由于此。"又引温飞卿诗"昔自西滨，得兰数本，移艺于庭，亦既逾岁，而芃然蕃殖。自余游者，未始不以芳草为遇矣"，且指出："自余游，言从余游也。"之后又引蒋捷《金盏子》词"自从信误青鸾，想笼鹦停唤"作为例证，且提到："'自从'，重言也。"④

可以看出，该书多以唐诗宋词作为近代汉语介词的例证，相对于《语助》和《虚字说》，该书论及的近代汉语介词比较多，且很多词的介词用法是近代的产物。

之后，日本也有一些学者关注到了近代汉语介词的用法，以冈三庆、松柏堂的《冈氏之支那文典》二卷为代表。这一时期日本有很多汉语语法研究著作出版，但很多著作都忽视了对汉语介词的讨论，《冈氏之支那文典》二卷可以说是日本最早关注到汉语介词用法的汉语语法研究专著。该书将词分为九类，其中的前置词"自""由""於""于""乎""为"等相当于我们现在所说的介词，作者结合了当时的口语以问答形式对这些词语进行了考察，对我们了解近代汉语介词的使用情况有很大帮助。总体而言，该书将以往研究中往往忽视的介词另立一类，

---

① （清）刘淇著，章锡琛校注：《助字辨略》，开明书店，1940，第25页。
② （清）刘淇著，章锡琛校注：《助字辨略》，开明书店，1940，第49页。
③ （清）刘淇著，章锡琛校注：《助字辨略》，开明书店，1940，第96页。
④ （清）刘淇著，章锡琛校注：《助字辨略》，开明书店，1940，第188页。

不可不谓是近代汉语介词研究史上的一大进步。

　　真正提出"介词"这个概念的应是马建忠的《马氏文通》。马氏将"介词"称为"介字",且提出了介字的定义:"凡虚字以连实字相关之义者,曰介字。"①该书对"之""于""以""与""为"等介词的使用情况进行了考察,同时关注到了它们在近代汉语中的发展演变情况,如在论及介词"之"的使用特点时,该书指出:"凡读于起词坐动之间,间以'之'字,一若缓其辞气者然。又凡读为起词,为止词,皆可间以'之'字。"②且以韩愈《送孟东野序》中的"草木之无声,风挠之鸣,水之无声,风荡之鸣"作为例证。在论及介词"于"时,马氏根据介词"于"所处位置的不同,将其分为"附静字""附动字""附受动""先于所附"四种类型,其中在讨论"先于所附"一类中的"于"时,马氏引用了《徐偃王庙碑》《窦公墓志铭》《论捕贼行赏表》等中的例句作为例证,如"天于柏翳之绪,非偏有厚薄,施仁与暴之报自然异也"(《徐偃王庙碑》)、"自始及终,于公无所悔望有彼此言者"(《窦公墓志铭》)、"臣于告贼之人,本无恩义"(《论捕贼行赏表》)③。除了"之""于""以""与""为"等介词,该书还考察了"由""用""微""自"等介词的使用情况,在讨论的过程中也常用《广韵》等韵书中的注释来训释词语,如在论及介词"用"时,该文提到:"《广韵》云:'以也。'介字。司名字不常。司'是''此''何'诸字,则后焉。先动字,则司词可省。"④且以韩愈《郑公神道碑》中的"公之为司马,用宽廉平正得吏士心"作为例证,其中的"用"相当于介词"以"。可见,《马氏文通》中已经明确提出了介词的概念,且对比较常用的介词进行了分类考察,马氏在对介词的分类过程中比较注重介词在句中所处的位置,从而讨论该词在不同位置的使用情况。值得注意的是,相对于其他虚词,《马氏文通》中涉及的近代汉语介词的部分较多,但总体上仍然以讨论该词在古汉语中的使用情况为主。

---

① 马建忠:《马氏文通》,商务印书馆,1983,第246页。
② 马建忠:《马氏文通》,商务印书馆,1983,第248页。
③ 马建忠:《马氏文通》,商务印书馆,1983,第258页。
④ 马建忠:《马氏文通》,商务印书馆,1983,第274页。

## 第四节 二十世纪以前的近代汉语代词研究

代词的意义很空灵，它并不直接反映客观世界中的事物，只有在特定的语境中才能显示出指代的对象，如果脱离了某个具体语境，代词就"不能自立"，因此前人往往把代词划入虚词。

最早关注到近代汉语代词的应是元代卢以纬的《语助》。该书收录了少量代词，如"其""何""尔"等。虽然书中例证多为先秦两汉时的文献材料，不属于近代汉语的代词研究，但卢氏在讨论代词时多使用当时的俗语来对代词进行释义，反映了当时汉语代词的使用情况。如在论及指示代词"尔"时，该文提到："'尔'字有带'此'字意处，俗言'恁地'。"①"恁地"是元代比较常见的指示代词。在讨论"何"系代词时，该书指出："'何则''何者'俗语'如何霎'之意，'则'声微紧于'者'字。'何也'亦是'如何霎'，其意妥。"②可见，"如何霎"是那个时期比较常用的疑问代词。此外，在考察同一类型代词的用法时，卢氏注重分析它们在语气上的区别，如在讨论"是何也"和"是何"语气上的差异时，他指出："'是何也'，语势平婉，下文如江河滔滔汩汩流去。或止云'是何'，其下着语峻急，如水落高滩，后语应之势来得紧，跳珠喷雪矣。"③

第二个关注到近代汉语代词用法的是袁仁林的《虚字说》。该书对"其""之""者""何""胡""奚"等12个代词的用法进行了考察。与《语助》相比，该书对代词用法的总结更为详尽，如将代词"之"指物的用法分为四种类型："一是句尾倒拍，所指在上。一是句尾虚指、联字见意。一是句中停泊，有上文则指上，有下文则指下。一是句中顺递，通贯直下，指归一处，与俗语'的'字相类。"④在考察的过程中，袁氏常用当时的俗语对代词的语义进行总

---

① （元）卢以纬著，刘燕文校注：《语助校注》，中州古籍出版社，1986，第79页。
② （元）卢以纬著，刘燕文校注：《语助校注》，中州古籍出版社，1986，第55页。
③ （元）卢以纬著，刘燕文校注：《语助校注》，中州古籍出版社，1986，第55页。
④ （清）袁仁林著，解惠全注：《虚字说》，中华书局，1989，第44页。

结,如在讨论到代词"其"处于句中的语义特点时,他提到:"又'其'。用在句中,此则声口扬起,上连'彼'字,即俗言'那个'相似。"①又如在论及代词"其"在口头虚指时的语义特点时,袁氏提到:"凡前文业已提清名目,后文不须复出,只用'其'字指之,此为承上正指,与俗语'渠'字相类。"②总体而言,相对于《语助》,《虚字说》对代词的考察更为细致,但关注的重点仍然在代词的声气特点上,且主要以上古文献作为语料,对近代汉语代词的讨论甚少。

真正开始对近代汉语代词进行讨论的是与《虚字说》处于同一时代的刘淇的《助字辨略》。《助字辨略》搜集语料的范围相当广泛,以秦汉古籍为主,也兼收了一些唐宋元时期的文献材料,包括理学家的语录如《朱子语录》《二程语录》,同时也包括一些白话小说、宋词、外交谈判记录,以及禅宗史书《五灯会元》《景德传灯录》等,刘氏以这些文献材料作为研究基础,对其中代词的使用情况进行了考察。可以发现,其中近代汉语指示代词和疑问词的讨论较多,如刘氏对近代新出现的指示代词"能"的用法进行了考察,他引用了韩愈的诗"杏花两株能白红"、皮日休的诗"桧身浑个矮,石面得能顽",以及唐庚的诗"桃花能红李能白"作为例证,且指出:"此'能'字,与'恁'同,亦可作去声,方言个样也。得能,即个样,吴人语也。"③之后,刘氏也考察了近代汉语指示代词"恁"的用法:"'恁',方言'此'也。姜夔《疏影》词'等恁时重觅幽香,已入小窗横幅',又黄机《水龙吟》词'恨荼蘼吹尽,樱桃过了,便只恁成孤负',此'恁'字,犹云'如此'。言便只是如此,遂过却春也。"④刘氏也对指示代词"者"进行了讨论:"蜀主王衍《醉妆词》:'者边走,那边走。'者,犹云此边也。毛晃云:'凡称此个为者个,俗多改用这字。这乃迎也。'愚案:这,音彦,今借作者,读作者去声。韦縠《才调集》载无名氏诗云:三十六峰犹不见,况伊如燕这身材。唐人用这字始此。"⑤

---

① (清) 袁仁林著,解惠全注:《虚字说》,中华书局,1989,第 44 页。
② (清) 袁仁林著,解惠全注:《虚字说》,中华书局,1989,第 43 页。
③ (清) 刘淇著,章锡琛校注:《助字辨略》,开明书店,1940,第 109 页。
④ (清) 刘淇著,章锡琛校注:《助字辨略》,开明书店,1940,第 179 页。
⑤ (清) 刘淇著,章锡琛校注:《助字辨略》,开明书店,1940,第 165 页。

除了指示代词，该书也讨论了不少近代汉语疑问代词的用法，如在论及疑问代词"麼"时，该书提到："又方言以'何事'为'麼事'，《释氏传灯录》常云'作麼生'，言'作何事'也。"①在论及疑问代词"争"时，该书指出："争，俗云'怎'，方言如何也。李义山诗'君怀一匹胡威绢，争拭酬恩泪得干'；姜夔《长亭怨》慢词'韦郎去也，怎忘得玉环分付！'"②在论及疑问代词"甚"时，该书引用了姜夔的《探春慢》词、《齐天乐》词以及周密的《一枝春》词作为例证："姜夔《探春慢》词：'甚日归来，梅花零乱春夜。'《齐天乐》词：'夜凉独自甚情绪。'此甚字犹何也。又周密《一枝春》词：'东风尚浅，甚先有翠娇红妩。'此甚字，犹云如何，俗云为甚也。"③

需要指出的是，虽然刘淇的《助字辨略》中讨论了部分近代汉语代词，但毕竟数量有限，更多的还是秦汉古籍中的代词，而且对近代汉语代词的解释还只是停留在传统的训诂式释词上，即仅仅解释其意义，对于它们的用法少有提及。当然，我们不应当苛求古人，刘淇能够在传统的经传材料之外注意吸收一些诗词、口语、俗文学等语料作为讨论的依据本身就是一个了不起的突破，扩大了汉语研究的对象和范围。

应该看到，这一时期近代汉语的代词研究尽管取得了一些成果，但总的来说乏善可陈。究其原因，正如袁宾等在《二十世纪的近代汉语研究》中所指出的那样："这一方面固然与《马氏文通》之前中国尚无系统的语法观念有关，另一方面，在'小学为经学服务'的思想支配下，'重文言、轻白话'的观念在当时深入人心，以至于在刘氏之前和之后所出的'同类著作几乎都专以先秦散文为对象'，比方在刘氏之后的王引之《经传释词》一书就是如此。"④

这一时期日本也有一些学者关注到了近代汉语代词的用法，以《支那文典》二卷、《冈氏之支那文典》二卷等为代表。《支那文典》二卷的第四章"论替名"中讨论了代名词的使用情况，作者在很多地方用了当时的俗语来对注释之处加以

---

① （清）刘淇著，章锡琛校注：《助字辨略》，开明书店，1940，第87页。
② （清）刘淇著，章锡琛校注：《助字辨略》，开明书店，1940，第102页。
③ （清）刘淇著，章锡琛校注：《助字辨略》，开明书店，1940，第178—179页。
④ 袁宾、徐时仪、史佩信等编著：《二十世纪的近代汉语研究》，2001，书海出版社，第281页。

解释，反映了当时汉语代词的使用情况。《冈氏之支那文典》二卷的"代名词"部分首次对汉语代词进行了分类，将其分为独言代名词、指示代名词、不知代名词和疑问代名词等四大类，其中独言代名词包括"朕""孤""寡人"等，指示代名词包括"诸""其""是""彼""我""此"等，不知代名词又分为不知人代名词（"某""谁""或者"等）、不知事物代名词（"某""何""何所"等）和不知数代名词（"几""几何""何"等）三类，疑问代名词包括"谁""孰""何""何所"等。这些分类都是从"训读"的角度来分的，作者采用问答形式，用当时的口语对这些汉语代名词进行了谆谆解说。

最早把代词集中起来作为一种语言现象加以讨论的应该是 1898 年问世的马建忠的《马氏文通》。作为国内第一部系统研究汉语语法的语法学著作，《马氏文通》不仅从《左传》《论语》《孟子》等古代典籍中收集了大量的古代汉语代词用例来加以考察讨论，还收集了很多中古及近代汉语中的代词用例。如在讨论代词"之"合"于"字的情况时，马氏引用了韩愈《左司马李公墓志铭》中的例句："'谗宰相者言之上曰。''言之于上'也。"①此外，该书也常对近代的学术著作中讨论到的代词进行讨论，如在论及指名代字"此""是""斯""兹"等字时，马氏针对《日知录》中关于这几个代词的讨论，提出了自己的看法，且对"是""此"两个代词使用上的区别进行了总结："凡指前文事理，不必历陈目前，而为心中可意者，即以'是'字指之。前文事物有形可迹，且为近而可指者，以'此'字指之。"②值得注意的是，在讨论展开的过程中作者并不满足于分类和举例，而是尝试发现并总结出代词的一些使用规律，如：疑问代词作宾语，位置在动词之前；否定句中代词作宾语，位置在动词之前等。③这些论断都是由《马氏文通》第一次提出的。尽管其中也存在一些缺憾，如将"皆""众""其""悉""遍""都""咸"等表统括的范围副词都归入了代词中，未免失之粗率，同时有些规律的总结尚不够科学等等。但《马氏文通》在汉语代词研究上所作的贡献及所体现的价值是值得珍视的，其中对代词用法和规律的总结，至今仍然在

---

① 马建忠：《马氏文通》，商务印书馆，1983，第 49 页。
② 马建忠：《马氏文通》，商务印书馆，1983，第 53 页。
③ 马建忠：《马氏文通》，商务印书馆，1983，第 71 页。

汉语语法研究中被广泛采纳，而后来的学者关于代词的讨论基本上是建立在《马氏文通》代词相关讨论基础之上的。

综观二十世纪以前近代汉语代词的研究情况，我们可以发现：二十世纪之前的近代汉语代词研究始于元代卢以纬的《语助》，到马建忠的《马氏文通》为止，这一阶段对近代汉语代词的研究成果很少。从已有的研究成果来看，元代卢以纬的《语助》仅仅收录了少量代词如"其""何""尔"等，但卢氏在讨论代词时多使用当时的俗语来进行释义，从一定程度上反映了当时汉语代词的使用情况。到了清代，袁仁林的《虚字说》也关注到了近代汉语代词的用法，与《语助》相比，该书对代词用法的总结更为详尽，袁氏也常用当时的俗语对代词的语义进行总结，但该书主要以上古文献作为语料，对近代汉语代词的讨论甚少。与《虚字说》处于同一时代的刘淇的《助字辨略》则是这一时期唯一一部真正意义上对近代汉语代词进行讨论的著作，该书搜集了一些唐宋元时期的文献材料，讨论了不少近代汉语代词，其中关于近代汉语指示代词和疑问代词的讨论较多。虽然该书讨论了部分近代汉语代词，但毕竟数量有限，更多的还是秦汉古籍中的代词，而且对近代汉语代词的解释还只是停留在传统的训诂式释词上，即仅仅解释其意义，对于它们的用法少有提及。与此同时，这一时期日本也有一些学者关注到了近代汉语代词的用法。

## 第五节　二十世纪以前的近代汉语副词研究

最早关注近代汉语副词用法的应是宋代张炎的《词源》。该书提到了不少近代汉语副词如"正""但""甚""任"等，虽然没有明确提出"副词"的概念，但使用了很多那个时期语料中的副词作为例证。可见，宋代已经开始关注近代汉语副词的用法，但只是把它放在整个虚词中来加以讨论。

第二个关注近代汉语副词用法的是元代卢以纬的《语助》。该书共讨论了"且""亦""乃""既而""已而""未尝""今""岂""莫""咸"等19个副词的用法，其中既包括单音副词，也包括双音副词。虽然该书引用的例证大多来自上古文献，但在对副词进行考察过程中卢氏常用当时的俗语对副词的语义进行解释，如在论及副词"乃"时，他提到："（乃）有缓意；有不轻易遽然意。或为继事之辞，或有如俗语'却又'之'却'字意。"[1]在讨论双音副词"未尝"时，他指出："（未尝）俗语'未曾'之意。'尝'即是'曾'，喻如'曾经口食之而知其味也。'"[2]"未曾"则是当时比较流行的一个副词。卢氏也常用近代的韵书对副词的语义进行训释，如在讨论到副词"岂"时，他提到："（岂）反说以见意，有如俗语'那里是'之意；或有如'莫'字之意。韵书云：'安也。'"[3]这里的韵书即指《广韵》，《广韵·尾韵》："岂：安也，焉也，曾也。"

继《语助》之后关注近代汉语副词用法的则是袁仁林的《虚字说》。该书对"乃""但""岂""宁""曾""尝"等24个副词的用法进行了考察，与《语助》相比，《虚字说》中新增加了"宁""固""殆"等副词，但《语助》中讨论过的"且""今""凡""必"以及一些双音副词"既而"等则没有出现。虽然该书主要讨论了上古时期汉语副词的用法，多引用了上古文献中的例句作为例证，但对于其中的一些副词袁氏也讨论了它们在近代的用法，如在论及副词"尝"时，他指出："盖'尝'字本尝物之尝，口中尝物，不过约取微及，与大嚼不同。故今虚用，亦谓略曾如此。"[4]

《语助》与《虚字说》主要讨论了上古汉语副词的用法，对近代汉语副词的考察较少。与《虚字说》产生于同一时期的《助字辨略》则论及了大量近代汉语副词，该书收录的近代汉语副词共61条，多为上古时期出现的副词，到近代仍然沿用。如在论及副词"端"时，该书引用了唐韩愈的诗和宋高观国《祝英台近》词作为例证："韩退之诗：'端来问奇字，为我讲形声。'此端字，犹云定也。今云端的如何，是定如何也。高观国《祝英台近词》：'魂梦西风，端的此心苦。'端的，确辞也。"[5]在论及副词"肯"时，该书引用了杜甫的诗作为例证："'甘

---

[1]（元）卢以纬著，刘燕文校注：《语助校注》，中州古籍出版社，1986，第20页。
[2]（元）卢以纬著，刘燕文校注：《语助校注》，中州古籍出版社，1986，第44页。
[3]（元）卢以纬著，刘燕文校注：《语助校注》，中州古籍出版社，1986，第70页。
[4]（清）袁仁林著，解惠全注：《虚字说》，中华书局，1989，第100页。
[5]（清）刘淇著，章锡琛校注：《助字辨略》，开明书店，1940，第65页。

从投辖饮，肯作置书邮。'肯，犹云不肯，省文也。"①在论及副词"偏"时，刘氏引用了杜甫和李商隐的诗作为例证："杜子美诗：'杜酒偏劳劝。'李义山诗：'清露偏知桂叶浓。'"②在论及副词"情知"时，刘氏引用了张旭的《春草诗》以及曾肇的《临江仙词》作为例证："张旭《春草诗》：'春草青青万里余，边城落日动寒墟。情知海上三年别，不寄云中一雁书。'曾肇《临江仙词》：'情知春去后，管得落花无。'情知，犹云明知也。"③

可以看出，刘氏在讨论近代汉语副词时多援引唐诗宋词作为例证，且常加入自己的按语对副词的语义进行阐释。该书除收录唐宋诗文中的副词外，还博采先秦古籍中的副词，总计达两百多个，但此书用例没有选用元曲中的例子。总体而言，该书近代汉语部分收录有限，且几乎只用训诂方法来诠释副词，对于副词的具体用法并没有进行深入考察。

之后，日本也有一些学者关注到了近代汉语副词的用法，较有代表性的有《支那文典》二卷、《冈氏之支那文典》二卷等。《支那文典》二卷的上卷"论加重言"和下卷的"论随从言""论问语言"等三章中都讨论了汉语副词的使用情况，该书以中国当时的口语为对象，反映了那个时代汉语副词的面貌。《冈氏之支那文典》二卷首次提出了"副词"的概念，该书采用问答的形式对汉语副词进行了解说，由于大量使用了当时中国的口语，基本上反映了近代汉语副词的面貌。但该书并没有对副词进行具体的分类考察，在词类分析中较其他词类的研究不够深入。

到了十九世纪末，马建忠的《马氏文通》第一次从语法学的角度对汉语副词进行了系统的研究，但该书并没有提出"副词"的概念，而将其称为"状字"，且置于实字分类之下。该书对状字的解释是："凡实字以貌动静之容者，曰状字。"④可见马氏认为副词并不属于虚词，而是实词，他认为充当状字的字类需要做进一步的分析。我们可以发现，该书所谓的状字的主要成分是副词，包括静字、动

---

① （清）刘淇著，章锡琛校注：《助字辨略》，开明书店，1940，第173页。
② （清）刘淇著，章锡琛校注：《助字辨略》，开明书店，1940，第74页。
③ （清）刘淇著，章锡琛校注：《助字辨略》，开明书店，1940，第102页。
④ 马建忠：《马氏文通》，商务印书馆，1983，第21页。

字、名字等成分，所以说在马建忠所建立的语法系统中，状字的分量虽少，但是内部比较复杂。在具体的分类考察中，马氏按照状字诸用、状字别义、状字诸式、状字假借等四个部分来阐述它们的语法意义，其中有不少地方论及近代汉语副词，如他在状字别义部分引用韩愈《顺宗实录》中的例句讨论了副词"最"的用法："韩愈《顺宗实录》云：'叔文最所贤重者李景俭，而最所谓奇才者吕温，故最在后贬。'诸引句皆以'益''愈''逾''最'诸字，两两相比，以状其所至之深浅也。"①总体而言，《马氏文通》在状字部分讨论了汉语副词的用法，并没有将副词单独设一类加以讨论，对近代汉语副词部分的讨论更是少之又少。

## 本 章 小 结

　　二十世纪之前的近代汉语连词研究始于宋代张炎的《词源》，到清末马建忠的《马氏文通》为止。这一阶段关于近代汉语连词的研究成果很少，且大多分布在近代的虚词专著中，多运用音韵、训诂的方法探讨虚字本身的字音、字义。从已有的研究成果来看，宋代张炎的《词源》使用了那个时期的连词作为例证，可见，宋代已经开始有实字、虚字的分类，且已经关注到连词的用法。到了元代，我国第一部研究虚字用法的专著《语助》诞生，该书对17个连词进行了考察，且引用了宋代的《广韵》以及朱熹的注解来对讨论的字、词加以解释，比较系统地探讨了连词所表示的语气、情态等。这个时期在《语助》的影响下，日本也有一些学者关注到了近代汉语连词的用法，其中能真正反映近代汉语连词使用情况的是《训蒙助语辞谚解大成》，该书在注释上并没有直接引用中国古典文籍材料，而是使用了当时我国的俗语来进行注释，因此，这里面有很多连词是用当时的口语来进行解释的，从一定程度上可以反映清代汉语连词的使用情况。

---

① 马建忠：《马氏文通》，商务印书馆，1983，第237页。

到了清代，袁仁林的《虚字说》也关注到汉语连词的用法，相对于《语助》，该书讨论的虚字有所增加，且很多地方用了当时的俗语来解释，反映了那个时代的语言特色。真正论及近代汉语连词的是与《虚字说》处于同一时期的《助字辨略》。相较于《语助》和《虚字说》，该书收录的连词更多，它的引书来源也十分广泛，不仅仅有上古文献，也采用了唐宋诗词散文以及明代以后的著作。这一时期王引之的《经传释词》虽然讨论的是自九经三传及周秦西汉之书中的连词，但该书对近代汉语连词研究影响深远，在讨论文言连词的时候也结合了该字在当时的用法情况，很多连词到明清时期仍然使用。与此同时，日本学者伊藤东涯的《操觚字诀》十卷也论及了汉语连词，其中很多连词属于近代汉语连词。到了十九世纪八十年代，日本的汉语语法研究专书也对中国近代汉语连词的用法进行了考察。《支那文典》二卷以中国当时的口语为对象，可以说揭开了近代汉语语法研究的序幕，这本书基本上概括了近代汉语连词的全貌。《冈氏之支那文典》二卷也是这一时期比较有名的汉语语法研究著作，该书已经开始尝试对近代汉语连词进行分类。

发展到十九世纪末，《马氏文通》首次建立了一个比较完整的连词系统，将"连字"分为提起、承接、转捩和推拓四种，这是学界首次对汉语连词进行分类，也为后来汉语连词的进一步分类奠定了基础。

总体而言，这一阶段关于近代汉语连词的研究主要从音韵、训诂的角度出发探讨连词本身的字音、字义，解释过程中往往追求其声气的差别，而很少关注它的语法作用。宋元明时期关于汉语连词尚没有一个系统的定义和分类，学界对汉语连词进行分类的尝试始于清代，到《马氏文通》才有了关于汉语连词的一个较为系统的分类，《马氏文通》中也首次明确提出了连词的定义。

二十世纪之前的近代汉语助词研究始于唐代柳宗元的《复杜温夫书》，到清代马建忠的《马氏文通》为止。这一时期关于近代汉语助词的研究成果较少，且主要从音韵、训诂的角度探讨助词本身的语音、语义特点。从已有的研究成果来看，唐代柳宗元的《复杜温夫书》首次提出了"助字"这一语法术语，且把助字分为疑辞和决辞两大类，反映了中唐时期助词的使用情况，但该书所谓的"助字"仅包括语气助词。到了元代，卢以纬的《语助》对"也""矣""焉""哉""噫"

等 39 个助词的用法进行了讨论，卢氏常用当时的俗语来解释助词的语义，从一定程度上反映了近代汉语助词的语音和语义情况。到了清代，袁仁林的《虚字说》也关注到了近代汉语助词的用法，袁氏常在语气的探索中觅取近义助词之间的区别，与《语助》相比，该书在研究深度上有了不少进展。真正对近代汉语助词进行讨论的是刘淇的《助字辨略》，与《语助》和《虚字说》相比，该书收录的助词大大增加，且涉及了不少近代汉语助词的内容，在讨论过程中也较多地使用了近代汉语中的韵书及字书加以训释。总体而言，相对于《语助》和《虚字说》，该书对近代汉语助词的研究更为深入，但大多数的助词研究还只停留在训诂的层面上，更加重视对古汉语助词的研究。同一时期，日本也有一些学者关注到近代汉语助词的用法，三宅橘园的《助语审象》三卷中有一首《助字标目歌》，这是一种"助字"的千字文，讨论了小说俗语中常用的助字，如"矣、也、哉、来"等，这些小说俗语中的助字反映了近代汉语中助词的使用情况。到了明治时代，日本近代汉语助词的研究成果逐渐增加，较有代表性的是《支那文典》二卷、《冈氏之支那文典》二卷等，《支那文典》二卷"例言"部分以当时中国口语为对象，对助字的用法进行了概述，但也只是稍稍涉及，并没有展开论述。冈三庆、松柏堂的《冈氏之支那文典》二卷对汉语助词进行了分类，在分类的时候基本上基于英语语法的框架，又结合了汉语语法的特点，把英语中没有的"歇止语"独立了出来。到了十九世纪末，马建忠的《马氏文通》首次提出了"助字"的定义，且首次对助字进行了分类，这就为后来助词的进一步分类奠定了基础。该书中有不少地方引用了明清时期学者对助词的研究成果，反映了近代汉语助词的研究情况。整体而言，马氏发现了汉语里的"焉""哉""乎""也"等是不能归入欧洲传统词类的任何一类的，于是立"助字"一类，并说助词是"华文所独"，这是助词第一次作为语法术语被提了出来，因此对于汉语助词的研究意义非凡。但该书主要探讨了古汉语中的助词，近代汉语助词的相关研究较少。

二十世纪之前的近代汉语介词研究始于元代卢以纬的《语助》，到马建忠的《马氏文通》为止。这一阶段关于近代汉语介词的研究相对较少，《语助》中仅讨论了"以"和"于"两个介词，在考察的过程中，卢氏常把读音、语义相近的介词放到一起加以对比分析，同时还用当时的俗语来对介词的词义进行说明，反映了当时口语中介词的使用情况。袁仁林的《虚字说》也只考察了"以""于""於"三个介词的用法，相较于《语助》，该书对这两个词的声气的描写更为细致，但袁氏并没有指出二者在使用上的差异。《助字辨略》则考察了不少近代汉语介词的用法，该书多以唐诗宋词作为近代汉语介词的例证，相对于《语助》和《虚字说》，该书论及的近代汉语介词比较多，且很多词的介词用法是近代的产物。日本学者冈三庆、松柏堂的《冈氏之支那文典》二卷是日本最早关注到汉语介词用法的汉语语法研究专著，作者结合了当时的汉语口语以问答形式对"自""由""於""于""乎""为"等介词进行了考察，将以往研究中往往忽视的介词另立一类，是近代汉语介词研究史上的一大进步。介词的概念直到《马氏文通》才被提出，该书对"之""于""以""与""为"等介词的使用情况进行了考察，同时关注到了它们在近代汉语中的发展演变情况。此外，该书对比较常用的介词进行了分类考察，在对介词的分类过程中比较注重介词在句中所处的位置，从而讨论该词在不同位置中的使用情况。总体而言，相对于其他虚词，《马氏文通》中涉及的近代汉语介词的部分较多，但总体上仍然以讨论该词在古汉语中的使用情况为主。

二十世纪之前的近代汉语代词研究始于元代卢以纬的《语助》，到马建忠的《马氏文通》为止。这一阶段对于近代汉语代词的研究成果很少。从已有的研究成果来看，元代卢以纬的《语助》仅仅收录了少量代词如"其""何""尔"等，但卢氏在讨论代词时多使用当时的俗语来进行释义，从一定程度上反映了当时汉语代词的使用情况。到了清代，袁仁林的《虚字说》也关注到了近代汉语代词的用法，与《语助》相比，该书对代词用法的总结更为详尽，袁氏也常用当时的俗语对代词的语义进行总结，但该书主要以上古文献作为语料，对近代汉语代词的讨论甚少。与《虚字说》处于同一时代的刘淇的《助字辨略》则是这一时期唯一一部真正意义上对近代汉语代词进行讨论的著作，该书搜集了一些唐宋元时期的文献材料，讨论了不少近代汉语代词，其中关于近代汉语指示代词和疑问代词的讨论较多。虽然该书讨论了部分近代汉语代词，但毕竟数量有限，更多的还是秦汉古籍中的代词，而且对近代汉语代词的解释还只是停留在传统的训诂式释词上，即仅仅解释其意义，对于它们的用法少有提及。与此同时，这一时期日本也有一些学者关注到了近代汉语代词的用法，《支那文典》二卷的第四章"论替名"中讨论了代名词的使用情况，作者在很多地方用了当时的俗语来对注释之处加以解释，反映了当时汉语代词的使用情况。《冈氏之支那文典》二卷的"代名词"部分首次对汉语代词进行了分类，这些分类都是从"训读"的角度来分的，作者采用问答形式，用当时的口语对这些汉语代名词进行了解说。

最早把代词集中起来作为一种语言现象加以讨论的应该是1898年问世的马建忠的《马氏文通》。《马氏文通》中收集了不少中古及近代汉语中的代词用例，同时该书也常论及近代学术著作中提到的一些关于代词的论断。值得注意的是，在讨论展开的过程中作者并不以分类和举例为满足，而是尝试发现并总结出代词的一些使用规律，其中有不少论断都是由《马氏文通》第一次提出的。尽管其中也存在一些缺憾，有些规律的总结尚不够科学等等，但《马氏文通》在汉语代词研究上所作的贡献及所体现的价值是值得珍视的，其中对代词用法和规律的总结，至今仍然在汉语语法研究中被广泛采纳，而后来的学者关于代词的讨论基本上是建立在《马氏文通》代词相关讨论基础之上的。应该看到，这一时期近代汉语的代词研究尽管取得了一些成果，但总的来说还是一块"不毛之地"。

二十世纪之前的近代汉语副词研究始于宋代张炎的《词源》，到马建忠的《马氏文通》为止。这一阶段对于近代汉语副词的研究成果较少，还没有形成关于副词的完整的分类。从已有的研究成果来看，宋代已经有学者开始关注近代汉语副词，张炎的《词源》就提到了不少近代汉语副词如"正""但""甚""任"等。元代卢以纬的《语助》共讨论了"且""亦""乃""既而"等19个副词的用法，既包括单音副词也包括双音副词，在考察过程中卢氏常用当时的俗语对副词的语义进行解释。到了清代，袁仁林的《虚字说》对"乃""但""岂""宁""曾""尝"等24个副词的用法进行了考察，与《语助》相比，《虚字说》中新增加了"宁""固""殆"等副词，"且""今""凡""必"以及一些双音副词"既而"等则没有出现。值得注意的是，同一时期刘淇的《助字辨略》论及了大量近代汉语副词，刘氏在讨论近代汉语副词时多援引唐诗宋词作为例证，且常加入自己的按语对副词的语义进行阐释，但总体而言，该书近代汉语部分收录有限，且几乎只用训诂方法来诠释副词，对于副词的具体用法缺乏深入考察。日本学者的《支那文典》二卷的上卷"论加重言"和下卷的"论随从言""论问语言"等三章中都讨论到了汉语副词的使用情况，该书以中国当时的口语为对象，反映了那个时代汉语副词的面貌。冈三庆、松柏堂的《冈氏之支那文典》二卷则首次提出了"副词"的概念，该书采用问答的形式对汉语副词进行了解说，由于大量使用了当时中国的口语，基本上反映了近代汉语副词的面貌。但该书并没有对副词进行具体的分类考察，在词类分析中较其他词类的研究不够深入。十九世纪末马建忠的《马氏文通》第一次从语法学的角度对汉语副词进行了系统的研究，但该书并没有提出"副词"的概念，而将其称为"状字"，状字的主要成分是副词。在具体的分类考察中，马氏按照状字诸用、状字别义、状字诸式、状字假借等四个部分来阐述它们的语法意义，其中有不少地方论及近代汉语副词。

总体而言，《马氏文通》在状字部分讨论了汉语副词的用法，并没有将副词单独设一类加以讨论，对近代汉语副词部分的讨论更是少之又少。二十世纪之前的近代汉语虚词研究主要从音韵、训诂的角度出发探讨虚词本身的字音、字义，解释过程中往往追求其声气的差别，而很少关注它的语法作用。宋元明时期关于近代汉语虚词尚没有一个系统的定义和分类，学界对汉语虚词进行分类的尝试始于清代，到《马氏文通》才有了关于汉语虚词的一个较为系统的分类。

## 参 考 文 献

(宋)张炎. 1991. 词源[M]. 北京: 中华书局.
(元)卢以纬. 1986. 语助校注[M]. 刘燕文校注. 郑州: 中州古籍出版社.
(清)刘淇. 1940. 助字辨略[M]. 章锡琛校注. 上海: 开明书店.
(清)王引之. 1985. 经传释词[M]. 湖南师范学院中文系古汉语研究室校点. 长沙: 岳麓书社.

(清)袁仁林.1989.虚字说[M].解惠全注.北京:中华书局.
胡竹安.1961.敦煌变文中的双音连词[J].中国语文,(10/11):41-47.
蒋绍愚.1994.近代汉语研究概况[M].北京:北京大学出版社.
马建忠.1983.马氏文通[M].北京:商务印书馆.
牛岛德次.1993.日本汉语语法研究史[M].甄岳刚编译.北京:北京语言学院出版社.
谢汉强.1999.柳宗元柳州诗文选读[M].西安:西安地图出版社.
袁宾,徐时仪,史佩信,等.2001.二十世纪的近代汉语研究[M].太原:书海出版社.

# 第二章　二十世纪初至六十年代的近代汉语虚词研究

## 第一节　二十世纪初至六十年代的近代汉语连词研究

进入二十世纪后，近代汉语连词的研究成果逐渐增多，这一时期学者开始关注连词的语法作用，不再仅仅从音韵和训诂的角度来讨论汉语连词。继《马氏文通》后，一大批语法学著作如雨后春笋般涌现出来，其中不乏对近代汉语连词予以研讨的成果。

成书于二十世纪初的《英文汉诂》是继《马氏文通》之后最早对近代汉语连词的用法及分类进行讨论的著作，该书将连词称为"挈合字"，并对"挈合字"进行了解释："挈合字者，居于辞句之间，而为之关合转捩者也。亦有居二字之间，而为之关合者……凡中文起承转合诸虚字皆归此部。"[1]严复将"挈合字"分为并列之挈合和相从之挈合两类，对每一类下的英语挈合字和汉语挈合字均作了讨论。虽然《英文汉诂》以英语语法为蓝本，但用汉语事实予以验证，对当时的汉语连词进行了分类和概述，如在讨论"并列挈合字"时，严氏提到："所以称并列者，盖所关合之句，平等并立，不相摄属，虽分言之而其意亦完，如'与'

---

[1] 严复编纂：《英文汉诂》，商务印书馆，1933，第93页。案：《英文汉诂》是严复于1903年为中国英语初学者编纂的一本英语语法书。商务印书馆赞其为"西学之金针，而学界之鸿宝"。

'及''又''再'诸字。"①

　　章士钊的《中等国文典》②则是最早对《马氏文通》进行重要修订和补益的著作。该书首次区分了"字"和"词"的关系，在这本书中章氏将连词称作"接续词"，这里的"接续词"与我们今天所说的"连词"已经很相近了。值得注意的是，章氏在分析连词的分类时，除了从意义上将接续词分为等立接续词、陪从接续词和关联接续词外，还从构成的角度将接续词分为单字接续词和合字接续词两类，这意味着《中等国文典》开始关注汉语连词的结构。虽然章氏讨论的大多为古汉语中接续词的用法，与近代汉语有关的仅仅有晚唐五代时期的部分接续词，但他关于汉语接续词的分类标准已经开始关注到词所表达的语法意义及其在句子中的功能，在近代汉语连词研究史上具有重要意义。

　　黎锦熙的《新著国语文法》（图3）是这一时期唯一一部以白话文为研究对象的语法著作。该书将汉语词类划分为五类九品，而连词则属于"关系词"一类。值得关注的是，在连词的分类上，黎氏依照复句的类型来划分连词的类型，根据复句类型的不同，他将等立复句③下的连词划分为平列连词、选择连词、承接连词和转折连词四类，将主从复句下的连词分为时间连词、因果连词、假设连词、

图3　《新著国语文法》

---

① 严复编纂：《英文汉诂》，商务印书馆，1933，第93页。
② 章士钊编纂：《中等国文典》，商务印书馆，1921，第250页。
③ 黎锦熙编：《新著国语文法》，商务印书馆，1956，第265页。

范围连词、让步连词和比较连词等六类。在例句的选用上，黎氏多次引用《西厢记》《琵琶记》《儒林外史》等元明清文学作品中的用例。为了帮助分析例句，黎氏还引进了图解法，这种"就图解辨别词品"的方法，是黎氏所独创的。总体而言，黎氏的《新著国语文法》开始从句法功能的角度关注连词的分类，与以往单纯从意义和逻辑上给连词分类相比有了进一步的突破，但在例句的选用上又常伴有古今杂用现象，难免有例说不够精准之虞。

其后，陈承泽在其《国文法草创》中也讨论了汉语连字（词）的用法。陈氏提出"司语句之连络关系者，为连字"①，且将连字分为一般连字和条件连字两种类型。虽然陈氏在讨论连字时大多引用了古汉语中的例证，但总体而言，陈氏讨论的连字包括近代汉语连字，如在论及连字"况"时，陈氏提到："'况'字所连者为句，非短语也（又况字在白话中多用于直述）。"②此外，陈氏在分析连字时，多有与近人商榷之辞，如在讨论到连字的复合现象时，他指出："此种连字之复合者，有'复次''更有进者''不宁惟是'等是。近人有谓'至于''以及'等为连字，其说非是。统'至于''以及'并其所带之短语，而谓之为连字短语犹可。"③

几乎在同一时期，金兆梓的《国文法之研究》面世。该书首次使用联词（连词）这一术语，并提出了划分介词和连词的标准，即"联结主从式之字或子句者为介词，联结衡分式之字或子句者为联词"④。

整个二十世纪三十年代，学界没有关于近代汉语连词的研究成果。直到二十世纪四十年代初，近代汉语连词研究的冷寂局面才被打破，那就是吕叔湘的《中国文法要略》和王力的《中国现代语法》的问世。

吕叔湘的《中国文法要略》（图4）讲中国语法，兼及古今，该书在讨论语法的过程中把文言和白话放到一处讲，对于比较古今同异有很大的帮助。虽然构词和词类在该书中只占极小的篇幅，但书中有不少地方讲到了汉语连词的用法，而且对于汉语连词的讨论通常会援引文言和白话中的例句，加以对比分析，不仅

---

① 陈承泽：《国文法草创》，商务印书馆，1982，第50页。
② 陈承泽：《国文法草创》，商务印书馆，1982，第53页。
③ 陈承泽：《国文法草创》，商务印书馆，1982，第53页。
④ 金兆梓：《国文法之研究》，中华书局，1955，第101页。

图 4 《中国文法要略》

对我们认识近代汉语连词有很大帮助,而且有助于我们了解汉语连词的历时发展情况。较有特色的是,吕氏常把相近词汇的用法加以比较,如在讲到连词"然"和"而"的用法时,他提到:"'而'字在本质上是一个真正的'连'词,这里所谓'连'即'连而不断'的'连'……总之,'而'字虽转而连,'然'字断而后转,是这两个词的大不同处。"[①]

王力的《中国现代语法》(图 5)原是著者在西南联合大学的教学讲义,经修改和补充后出版。该书虽然以"现代语法"命名,但所谓的"现代语"以《红楼梦》为标准,辅以《儿女英雄传》,这两部小说都是清代比较典型的反映当时口语色彩的文献,因此王氏的这本书基本上向我们总结了近代汉语语法的特点和规律。该书将连词归入"联结词"一类,并将联结词分为四类,同时在分析每一类下的联结词时,会指出该词是属于古语残留还是当时时代的产物。如在讨论到"与"和"和"时,王氏指出:"'和'字是现代语,'与'字是古语的残留。"[②]往往在分析一个联结词时,王氏会把该词在上古和中古的用法加以总结,以梳理它从古到今的语法演变规律,如在讨论联结词"于"时,王氏提到:"'于'字及其关系位,在上古本来是放在谓词(及其目的位)的后面的。在中

---

① 吕叔湘:《中国文法要略》,商务印书馆,2014,第 479—480 页。
② 王力:《中国现代语法》,商务印书馆,1985,第 183 页。

图 5 《中国现代语法》

古,仍以此为常见……但是,近代'于'字的位置却可以自由了。"①可以看出,王氏并没有将连词单独划分为一类,而是将所有具有联结作用的虚词都划分为联结词,他所谓的"联结词"同时还包括介词等词类,但他对于其中连词的分类讨论和古今对比对于我们研究近代汉语连词的用法是有启发意义的。

这一时期还有一本汉语语法研究的重要著作,那就是高名凯的《汉语语法论》(图6)。高氏将汉语的虚词分为代表虚词、范畴虚词和结构虚词三类,并将连词归入结构虚词一类中,因此,他把连词放在第三编"造句论"中加以讨论。高氏将连词定义为:"把两个语法价值完全相同的词语或词群连在一起的。"②他在第六章"并列关系"和第七章"联络关系"中均讨论到了汉语的连词,在高氏看来,处于并列关系中的虚词均属于连词,且提出:"表示连同的并列关系所用的连词,在汉语中多半都是由具有动词功能的词变化而来的。"③而表示联络关系的词,有的属于连词,有的不属于,因此高氏将表示联络关系的词称作"承接词"。在研究对象的选取上,该书不仅讨论了古代汉语中的连词,也探讨了近现

---

① 王力:《中国现代语法》,商务印书馆,1985,第185页。
② 高名凯:《汉语语法论》,商务印书馆,2011,第392页。
③ 高名凯:《汉语语法论》,商务印书馆,2011,第411页。

图 6 《汉语语法论》

代汉语及方言中连词的用法，如高氏大量引用了《水浒传》《金瓶梅词话》《红楼梦》等小说中的语料作为近代汉语连词研究的例证，因此我们可以说，这本书是第一部真正意义上系统地讨论近代汉语连词的语法著作。在连词的分析方法上，高氏不仅分析了每个连词的音韵地位，从词源学的角度出发，讨论连词的意义演变过程，同时还比较了印欧语系与汉语中连词的差异，在语言事实上通常会伴之以理论的解释，但在讨论的过程中有从西方语言学理论出发来找汉语材料的倾向，因此还不能完全摆脱西方语法的影响。

相较于四十年代，二十世纪五十年代关于近代汉语连词的研究成果较少，除了五十年代末王力的《汉语史稿》（中册）和太田辰夫的《中国语历史文法》，基本上没有别的相关研究成果。

与《中国现代语法》和《中国语法理论》一样，王力的《汉语史稿》（中册）（图 7）仍然将汉语介词和连词放在一起讨论，统称为"联结词"。《汉语史稿》（中册）中只讨论了"于""之""以""而""则""与"等六个联结词的发展，其中只有"则"专用为连词，"而"和"与"既可以用为介词，也可以用为连词。王氏在《汉语史稿》（中册）中讨论了这几个联结词从上古到近现代的发展演变，同时也对同一属性词语的用法作了对比分析，如在讨论到连词"则"和"而"的区别时，王氏指出："'则'字的问题比较简单，它一律用于正接。它

图7 《汉语史稿》(中册)

和正接的'而'的分别是：'而'用于简单句；'则'用于紧缩句。"①值得注意的是，在讨论连词的历时发展过程中，王氏还对部分词的连词用法进行了溯源探究，如在谈到连词"和"时，王氏指出"和"字的"连带"用法大约是从晚唐（九世纪）开始的。在援引例句上，该书引用了大量例证来勾勒汉语连词的发展演变轨迹，时间跨度从上古时期到现代，虽然只描写了部分连词的发展演变情况，但在研究方法上值得我们借鉴。

太田辰夫的《中国语历史文法》（图 8）是这一时期少有的研究近代汉语语法的重要著作。该书虽然是整个汉语历史文法的研究著作，但对于唐代直至明清的历史发展的描写尤为细致，可以说是近代汉语语法史的开创之作。该书对连词的分类很显然深受黎锦熙《新著国语文法》的影响，从复句的类型对连词进行分类，但关于连词的具体分类又和黎氏的分类不太一致。太田辰夫将等立复句中的连词分为并列、累加、选择、承接和转折五种类型，将用于主从句中的连词分为时间、比较、因果、让步、推论、假定、纵予、限定和不限定等九类，相对于黎氏的分类，等立句中新增加了累加一类，主从句中新增加了纵予、推论、限定和不限定四类，减少了范围连词一类。太田辰夫在连词的讨论中常引用《祖堂集》《金瓶梅词话》《儿女英雄传》《红楼梦》等晚唐五代至明清时期的语料作为例

---

① 王力：《汉语史稿》（中册），中华书局，1980，第338页。

图 8　《中国语历史文法》

证，在讨论每个连词的发展演变情况时，常会把该词在每个时期的不同用法作对比描写，如讨论到连词"可是"时，他指出："这个词从唐代开始用，到元明时期，用于加强疑问语气，多表示'究竟……呢'之意（也有仅用来表示疑问的）。到了清代，与疑问无关的用法出现了，产生了在时间、状态和说话的场合颇为一致的情况下使用的用法。"①但该书也有其局限性，对于很多连词的描写不是很细致，有的只用一句话带过，如对连词"然后""譬如"等的讨论。

张相的《诗词曲语辞汇释》也是近代汉语词汇研究的重要著作。该书汇集了唐宋金元明诗词曲中常用的特殊语辞，如"须""则""却""且"等。这些常见的语辞大都是历史上当时通俗的口语，或见于诗歌，或见于词曲，或见于戏文传奇，其中就包括很多近代汉语连词，但张氏在书中并没有明确指出连词的性质，而把它们统称为"语助词"。

可以看出，从二十世纪初开始，学界对近代汉语连词的研究成果逐渐增加，研究逐渐深入，研究特点主要体现在以下几个方面：对连词的分类标准由意义标准到注重从语法的角度进行分类，更加关注连词在句子中的句法功能；开始注重描写连词的发展演变轨迹；在研究理论和方法上深受西方语法理论的影响。

---

① （日）太田辰夫著，蒋绍愚、徐昌华译：《中国语历史文法》（第 2 版），北京大学出版社，2003，第 298—299 页。

从二十世纪六十年代开始至七十年代末，受历史原因的影响，近代汉语连词的研究陷入了近二十年的沉寂期，没有任何相关研究成果。这种沉寂的局面直到七十年代末期才被打破。

## 第二节　二十世纪初至六十年代的近代汉语助词研究

二十世纪以来，一大批汉语语法研究的著作问世，有关近代汉语助词的研究逐渐增多，学者不仅从训诂的角度考察助词，还探讨了助词的语法作用。

清末民初的章太炎著有《新方言》一书，沿袭《尔雅》《方言》《说文解字》等书，吸取传统训诂学的研究成果，汇集汉语方言词语，探求它们的本字和语源，其中也涉及近代汉语中的一些助词。比如书中有对"底"的来源的看法，"今人言'底'言'的'，凡有三义。在语中者，'的'即'之'字，在语末者，若有所指，如云冷的、热的，'的'即'者'字"[①]，即他认为句中的"的（底）"来自"之"字，句末的"的（底）"来自"者"字。

章士钊的《中等国文典》对《马氏文通》的词类进行了修正。该书根据词的意义将词分为名词、代名词、动词、形容词、副词、介词、接续词、助词和感叹词九类，其中助词的定义是："助词者，所以助动词、形容词之所不及者也……故动、形容词以写语意，助词以传语气，如'也''矣''乎''哉'等字，皆助词也。"[②]可以看出，该书讨论的助词大致相当于语气助词。

陈承泽的《国文法草创》和金兆梓的《国文法之研究》同在1922年出版。陈承泽的《国文法草创》把助词称为"助字"，将其分为"语首助字""语间助字""语末助字"三类，这些助词也相当于语气助词。金兆梓的《国文法之研究》按词的位置把词分为实字、虚字、传感字三大类，虚字中的"联系虚字""传吻虚字"分别涉及结构助词和语气助词。

---

[①] 上海人民出版社编：《章太炎全集·新方言、岭外三州语、文始、小学答问、说文部首均语、新出三体石经考》，上海人民出版社，2014，第23—24页。

[②] 章士钊编纂：《中等国文典》，商务印书馆，1921，第13页。

黎锦熙的《新著国语文法》所探讨的助词主要也是语气助词，用在词句末尾，表示全句的"语气"。语气助词用在决定句、商榷句、疑问句、惊叹句、祈使句等句式末尾，表明了不同的语气。该书描写助词具体用法时，引用了《红楼梦》《儒林外史》《水浒传》等书中的用例。

　　二十世纪四十年代，吕叔湘所著的《中国文法要略》出版。《中国文法要略》"时间"章所说的"动相"包括方事相"着"、既事相"了"、起事相"起来"、继事相"下去"、先事相"去"和"来"、后事相"来"和"来着"，这实际上也是对动态助词、事态助词、句末助词等的讨论。"传信"章讨论了一些语气助词，其中近代汉语使用的语气助词有"呢、啊、呀、的呀、么（末）"等。

　　王力的《中国现代语法》通过归纳《红楼梦》《儿女英雄传》中的语料，讨论了造句法、语法成分、替代法和称数法、特殊形式、欧化的语法等问题。该书没有划分出助词一类，但实际上在"记号""情貌""语气"等章节已体现了对助词的讨论，对我们研究近代汉语助词有重要的启发作用。"记号"一节指出动词的前附号"所"字是古语残余，并详细描写了其用法和使用范围，如"在原则上，'所'字附加的该是及物动词，例如'所见''所闻''所言''所爱'等"①。该节也介绍了修饰品的后附号"的"字、动词的后附号"得"字。"情貌"一节详细讨论了"记号"一节提到的"情貌记号"，共包括六种情貌，其中词尾"着"表示进行貌，后附号"了"表示完成貌，词尾"来着"表示近过去貌，以"起来"为末品补语表示开始貌，以"下去"为末品补语表示继续貌，以动词重叠表示短时貌。"语气"一节指出"表示语气的虚词叫做语气词"②。该节讨论的语气词包括语气助词，如表决定语气的语气词"了"，表表明语气的语气词"的"，表疑问语气的语气词"吗""呢"，表祈使语气的语气词"罢"，表催促语气的"啊""哇""呀"等。不过该节也包含了对语气副词的论述，需要注意区别。

　　高名凯的《汉语语法论》在第一编"构词论"中讨论汉语的词类时提到动态助词"着""了"，称它们为范畴虚词，"着"表示"进行"，"了"表示"完成"；把"的"归入结构虚词，称为规定词，如"红的纸"；把表情的词中的否定词、确

---

① 王力：《中国现代语法》，商务印书馆，1985，第140页。
② 王力：《中国现代语法》，商务印书馆，1985，第160页。

定词、询问词、疑惑词、命令词、叹词等都归为口气虚词,如"吗""呢""吧"等语气词称为口气句终虚词。在第二编"范畴论"第六章"体词"里,把汉语所表示的体划分为进行体、完成体、结果体、起动体、叠动体和加强体,并指出:"这些体,除了叠动和加强是重复或连用词外,其他的则由补助词表现之。"①该章考察了上古至近代的体词,引用《敦煌变文集》《大宋宣和遗事》《水浒传》《红楼梦》等文献中的语料作为例证,有力地说明了近代汉语中动态助词的用法。第三编"造句论"第二章"汉语的规定词"中将结构助词称为规定词。在这部分中,以《水浒传》《老残游记》为代表,考察了"价"字的用法,并从语音和方言角度探讨这个词。此外,这一章还深入研究了结构助词"的"的语源,认为"的"是"之"的古音保留在口语中的。通过考究语音,高名凯认为在敦煌变文时期,"底"已代表上古时"之"口语中的语音,在五代禅宗史书中又出现了"地","底""地"用法间的分别明显。至宋末时,"的"代替了"底",且"地""底""的"三个词逐渐混用。元明之后,"的"基本可以代表一切结构助词。这三个字互相消长的历史是语音变化的结果。

二十世纪五十年代末问世的《汉语史稿》(中册)讨论的助词主要是语气词,考察了陈述语气词和疑问语气词在上古汉语、中古汉语和近代汉语中的发展,探究了语气词"吗""呢"的来源。近代汉语中使用的陈述语气词主要是"的"和"了",使用的疑问语气词主要有"无、么""那、哩、呢"等。

张相的《诗词曲语辞汇释》汇集了唐宋金元明诗词曲中常用的特殊语辞,其中包括不少助词,张相称其为"语助辞",并给出了诗词曲中的用例。例如"只",犹如"着",它的例句如"这幞头呵!除下来与你戴只"(《潇湘雨》剧二)②。

太田辰夫的《中国语历史文法》中有专门章节介绍助词。太田辰夫的助词概念比较广,将助词定义为能放在词组后面的附属词。根据助词所处位置,把助词分为词组助词、句末助词和准句末助词,并将词组助词分为种类、类似、接续、假定四小类。太田辰夫在对助词的讨论中常引用《祖堂集》《金瓶梅词话》《朱子语类》《红楼梦》等晚唐五代至明清时期的语料作为例证,描写了每个助词的

---

① 高名凯:《汉语语法论》,商务印书馆,2011,第223页。
② 张相:《诗词曲语辞汇释》,中华书局,1953,第28页。

用法，有时还会追溯起源或考察该词在各时期的用法演变情况。

真正开启近代汉语助词研究先河的是吕叔湘。吕叔湘致力于近代汉语语法研究，筚路蓝缕，开了一个很好的头，是近代汉语研究的真正奠基者。他在二十世纪四十年代发表了一系列的近代汉语文章，关于近代汉语助词的研究有《释〈景德传灯录〉中"在"、"著"二助词》《论"底"、"地"之辨及"底"字的由来》等。

在《释〈景德传灯录〉中"在"、"著"二助词》①中，吕叔湘认为《景德传灯录》中"在"字有许多例子不能解释为"存在"义，而应该理解为表达一种语气，其所表语气大致与"呢"字相当。他指出，"在"的这种用法在唐代口语中应该很普遍，但是因为记载不完备，除了禅家语录外，例子很少。宋儒语录中也常以"在"字为语助，宋人诗词说部中也能见到。他分析"在"和"呢"语气助词用法相当，不是巧合，而是两词之间存在推衍之迹。他从唐宋俗语中连用的"在裏"入手，指出此二字本来都带有实义，但后来"裏"字的本义渐渐消失，"在裏"的用法也随之趋向空灵。通过考察唐宋的语料指出："此一语助词，当以'在裏'为最完具之形式，唐人多单言'在'，以'在'概'裏'，宋人多单言'裏'，以'裏'概'在'。"②到了传世宋话本及宋以后俗书中，"裏"多写作"哩"，其用法仍与"在"对应。结合对汉语方言的分析，他得出结论"'呢'即'哩'之变形，而'哩'又源自'在裏'"③，并以苏州话为例对这个观点作了印证。文章也讨论了处在句末，帮助全句语气的"著"字可表示祈使语气，有促令的意思。他考察唐宋金元时期语料后分析出"著""者""咱"三字是同一语助词的不同形体，并论证了宋元俗语中的"则个""亦一语助词也"④。

---

① 吕叔湘：《释〈景德传灯录〉中"在"、"著"二助词》，见《汉语语法论文集》（增订本），商务印书馆，1984，第58—72页。
② 吕叔湘：《释〈景德传灯录〉中"在"、"著"二助词》，见《汉语语法论文集》（增订本），商务印书馆，1984，第61页。
③ 吕叔湘：《释〈景德传灯录〉中"在"、"著"二助词》，见《汉语语法论文集》（增订本），商务印书馆，1984，第62页。
④ 吕叔湘：《释〈景德传灯录〉中"在"、"著"二助词》，见《汉语语法论文集》（增订本），商务印书馆，1984，第68页。

吕叔湘的《论"底"、"地"之辨及"底"字的由来》[1]列举了语助词 de 在现代汉语中的主要用法,由此引出对"底""地"的用法、来源的探讨。他认为,"底""地"在唐宋时期的用法有区别,"区别性加语之后用'底',描写性加语之后用'地'"[2],并着重从用法角度论证了"底"由"者"演变而来,但未指出"地"的来源。

二十世纪五十年代,吕叔湘、孙德宣发表了《助词说略》[3]一文。该文系统总结了各家对助词的研究,详细介绍了各家对每组助词的归类,认为"助词"既可以是语气词又可以是语气词加上语气副词。

可以看出,自《马氏文通》出版以来,学界研究近代汉语助词取得的成果逐渐增多,学者从注重意义开始转向注重句法的分析。这一时期,在研究汉语助词时积极学习、运用西方语法理论和方法,从最初的完全模仿到用普通语言学理论来指导研究,不得不说是一大进步。而且,学者展现出的百家争鸣的趋势,有助于汉语助词研究的进一步发展。

## 第三节　二十世纪初至六十年代的近代汉语介词研究

继《马氏文通》第一次出现"介字"这个名称后,第一次使用"介词"这个词类术语的是章士钊的《中等国文典》,这也是该书的一大突出贡献。该书第七章专讲"介词",文中认为介词最常用的是"以""於""与""为""之"五个,分为前置介词和后置介词两种类型。"以""於""与""为"是前置介词,"之"是后置介词。此外,章士钊还从组合的角度来看待介词的特征,这在当时具有很大的进步。不过,书中讨论的依然是文言介词。

严复的《英文汉诂》将介词称为"介系字",并将其定义为:"介系字者,所

---

[1] 吕叔湘:《论"底"、"地"之辨及"底"字的由来》,见《汉语语法论文集》(增订本),商务印书馆,1984,第122—131页。

[2] 吕叔湘:《论"底"、"地"之辨及"底"字的由来》,见《汉语语法论文集》(增订本),商务印书馆,1984,第126页。

[3] 吕叔湘、孙德宣:《助词说略》,《中国语文》1956年第6期。

以牵引名物（称代亦名物），以缀于他物他事，以著其对待之情者也。"①该书将"介系字"大致分为繁简两类，并详细介绍了介系中一些重要的词的用法。该书用汉语诠释英语语法，常用英汉语法的共同点加以解说，实际上包含了对汉语介词的叙述与分类，如："'With'字正译作'以，'如孟子'杀人以梃与刃，'译为'To kill men with cudgel or sword.'然古义则释为'与，'如云'Come with us！''To be angry with some body；'又含挟带之义，如云'I will come with much pleasure.'"②

黎锦熙的《新著国语文法》将介词分为时地介词、因缘介词、方法介词和领摄介词，其中前三类介词用于所介的词之前，只有第四类介词用于所介的词之后，被称为"特别介词"。在描写每个介词时，也选用了一些近代汉语文献中的句子，其中引用较多的近代汉语文献是《儒林外史》。

吕叔湘的《中国文法要略》经常将文言、白话常用介词放在一起比较异同，例如"方所"章提到了介词"在"和"于"，认为"在"多用于近代白话文中，而文言多用"于（於）"。该章还讨论了白话常用的介词"从""打""过""往（望）""朝""向""到"等。第十三章中"连系时间词的关系词"绝大部分都是介词，比如"表示事情起于某时，关系词用'自'和'从……（起）'"③。

王力的《中国现代语法》以《红楼梦》《儿女英雄传》中的语言为标准，把介词也归入"联结词"中，并注意到介词与动词的辨别问题，如在讨论介词"于"时，说明了其与意义相近的动词"在"的区别："'在'可用为谓词，'于'决不可用为谓词。"④

高名凯的《汉语语法论》在第三编"造句论"第四章"汉语的受导词"中讨论了汉语介词。高名凯认为，宾语在介词后作引导者，两者发生引导关系，因此将介词称为"受导词"。该章不仅讨论了古文中的介词，也探讨了近现代口语中介词的用法。该章把介词分为十一种，包括表示空间关系的"在、从、到、往、顺、靠"等、表示时间关系的"在、自从、等、当、打"等、表示对人关系的"对、

---

① 严复编纂：《英文汉诂》，商务印书馆，1933，第86页。
② 严复编纂：《英文汉诂》，商务印书馆，1933，第92页。
③ 吕叔湘：《中国文法要略》，商务印书馆，2014，第314页。
④ 王力：《中国现代语法》，商务印书馆，1985，第185页。

当"等、表示对意见或观念的关系的"在、关、对、自、从"等、表示根据的"照、按、依、仗"等、表示排除的"非、除、除非"等、表示代替关系的"为、与、替"等、表示工具关系的"用、使、拿"等、表示因果关系的"为、因、因为"等、表示被动的"被、叫、给、挨、让"等,以及表示相与关系的"和、跟、同、给、与"等。

王力的《汉语史稿》(中册)在第三章"语法的发展"中特辟出一节说明了介词和连词的发展。因为介词和连词的界限历来不清,所以该书将介词和连词合称为"联结词"。《汉语史稿》(中册)详细论述了"於""之""以""而""则""与"这六个联结词。其中,作者认为"而"和"与"是介词和连词兼用的,专用为介词的是"於""之""以",专用为连词的是"则"。

太田辰夫的《中国语历史文法》中列举了十七类介词,包括表所在的介词"在、当",表起点的介词"从、打、打从、自从",表方向的介词"向、望、朝、上",表关连的介词"对、至于",表到达的介词"到、趁、赶、等",表距离的介词"离",表经由的介词"沿、顺",表原因的介词"因、因为",表目的的介词"为、给、与",表代替的介词"替",表材料、用具的介词"用、拿、将",表处置的介词"把、将",表依据的介词"靠、依、据、按、照",表除外的介词"除、除了",表共同的介词"与、合、同、同着、跟",表比较的介词"比",表包括、强调的介词"和、连"等。

张相的《诗词曲语辞汇释》汇集了唐宋金元明诗词曲中常见的介词,介绍介词的用法,探讨其流变演化,援引典型例证。

吕叔湘是近代汉语研究的奠基者。他除了在二十世纪四十年代发表的一系列关于近代汉语助词的论文外,对近代汉语介词也颇有建树。吕叔湘是第一个详尽讨论近代汉语介词的现代学者,他的论文《"把"字用法的研究》[1]讨论了介词"把"和"将"的语源和句法功能。对"把"和"将"语源的阐述,吕先生指出,"把"和"将"原来都是完备的动词,是后来慢慢变成虚字的。关于应用"把"字的条件,可以从三方面来观察:动词本身的意义、宾语的性质、全局的格局即

---

[1] 吕叔湘:《"把"字用法的研究》,见《汉语语法论文集》(增订本),商务印书馆,1984,第176—199页。

动词前后的成分。在动词本身的意义方面，他首先引述了王力先生"应用'把'字的格式称为处置式""'把'字后面不能用否定语"的观点，但是他否定了"'把'字后面不能用否定语"的观点。他认为，关于"把"字后面不能有否定语这一点，并不如王先生所说只有在戏曲或弹词里出现，早期近代汉语里好像还没有这个限制。到了较后的用例，这个限制是很严的，例外很少，只有作为一个熟语的一部分的否定词才会在"把"字之后出现。在宾语的性质方面，文中引述了比利时人闵宣化（Joseph Mullie）的观点，把"'把'字后头的宾语叫做'有定目的格'"，英语里常在这类宾语前面带上一个"有定冠词"。由该观点援引开去最后得出：宾语代词无定的事物，不能用"把"；宾语代词有定（比如用了"这、那"等词）的事物，却不一定要用"把"。从动词的意义和宾语的性质来观察，只能发现一些消极的限制，只能知道哪些情况下不能或不宜用"把"字格式，可是不知道哪些情况下适宜或者必须用该种格式。因此，文章从第三个角度"全句的格局"来观察，主要分析动词前后的成分。吕先生作文善于旁征博引，在此处，他再次引述了王力和赵元任的观点来为自己作旁证。王力认为"处置式的目的语的后面不能只跟着一个简单的叙述词"，赵元任也指出"只有在主要动词的后面跟着补足语，或是跟着数词加上适用于动词的助名词，或动词重复的时候才用'把'字"。文中分出了十三种情况并一一做出了分析。吕叔湘认为"把"字句式之所以在近代汉语里应用范围很广，主要是因为有一些情况需要把宾语挪到动词之前去。动词前后的成分是推动"把"字句前进的积极条件。同时，有两个重要的消极条件："宾语必须是有定性的""动词必须代表一种'作为''处置'"。当积极、消极条件发生冲突时，如果没有第三种句式可以利用，"把"字句比普通主动句式更占优势。

## 第四节　二十世纪初至六十年代的近代汉语代词研究

　　继《马氏文通》之后对汉语代词予以关注的是严复的《英文汉诂》。该书将称代字分为五种：三身之称代、指事、发问、复牒和无定。严氏第一次提出了"三身"

的概念，即"三身云者，以人言语之际，有言者，有所语者，有所言者，凡此谓之语次三身"①。从三身称代看，严复认为，汉语的人身代词与欧洲语言人称代词的功能和位置相似，但他并没有给出足够的理由来解释中西人称代词的"同原"，也没有指出"吾""我"作为第一人称代词在古欧洲语言中有没有对应的区分。

此后一直到二十世纪二十年代之前，这中间陆陆续续出现了一些语法著作和论文，但几乎均是关于现代汉语语法或文言语法的，关于近代汉语代词讨论的篇什甚少，只是在章太炎的《新方言》中看到不多的一些相关文字。如章氏在讨论人称代词时指出："《尔雅》：朕，我也。今北方音转如簪，俗作偺。偺即暂字，本朕字耳。"②章太炎精通音韵，往往能发前人之所未发，一些见解颇富有启发性；只是这些见解往往缺乏实证，即必要的语料书证，因此也就缺乏科学性和说服力。

到了二十世纪二十年代，《马氏文通》开始引起学界的广泛关注，在它的影响下相继出现了一批效仿它的汉语语法学著作，其中较有特色的是章士钊的《中等国文典》、黎锦熙的《新著国语文法》和陈承泽的《国文法草创》。

章士钊在《中等国文典》中首次将代词分为人称、疑问、指示三类，排除了《马氏文通》中提出的"接读代字"。但其中关于代词用法的总结存在着诸多疏漏，如"第一人称虽各字皆用为主格，而古籍中以用'吾'字者较多""第二人称之'乃'字，第三人称之'其''之'字，无用为主格者也"③等。经过我们的考察，古籍中虽然"吾"字使用很多，但"我"仍然是使用率最高的第一人称代词，且"其"和"之"都有用为主格的情况。

与《中等国文典》不同的是，黎锦熙的《新著国语文法》主要从近现代汉语中的代名词出发，联系了北方方言中代名词音的转变的因素，探索近现代汉语代名词的源头。他将代名词分为四大类：称谓代名词、指示代名词、疑问代名词和联接代名词。④书中首次提出了联接代名词这一说法，但仅设一章进行了分类说

---

① 严复编纂：《英文汉诂》，商务印书馆，1933，第34页。
② 上海人民出版社编：《章太炎全集·新方言、岭外三州语、文始、小学答问、说文部首均语、新出三体石经考》，上海人民出版社，2014，第45页。
③ 章士钊编纂：《中等国文典》，商务印书馆，1921，第74—75页。
④ 黎锦熙编：《新著国语文法》，商务印书馆，1956，第112页。

明，没有作具体阐述。

陈承泽的《国文法草创》则沿用了《马氏文通》的说法，仍将代词称为代名字，他将代名字分为人称代名字、指示代名字和疑问代名字三种，并提出"代名字概由词来（亦有由字来者，如'他'为'它'之假，'无他'即'无它'是，又如《三国志》'身是张翼德'之'身'，由普通名字转来），而人称代名字与疑问代名字尤为间接，盖人称代名字率由指示代名字转来，而疑问代名字则皆由感字转来也"①的观点，首次注意到了代词的来源问题。

二十世纪三十年代初，杨树达的《高等国文法》在吸收了章士钊、陈承泽等语法学著作中代词研究成果的基础上继续对汉语代词系统进行探讨。在代词的分类上，杨氏基本采用了《马氏文通》中的分类，将代词分为四类；但在具体代词个体的认识上，则有不同的看法，杨氏对《马氏文通》将"都""咸""皆"等归为代词提出了疑问，将其归入了副词中。在展开讨论时作者基本使用逐个代词进行分析、例举的方法，引用了前人有关古籍的按语、注释、笺语等，且根据同义字的声韵关系来为其表同一语义作佐证，同时对《马氏文通》中关于代词的观点做了补充和修订。但遗憾的是，仅有简单的分类列举，没有详细的文字说明。

整个二十世纪三十年代，除了杨树达的《高等国文法》之外，学界再也没有关于近代汉语代词研究的任何成果了。直到四十年代初，近代汉语代词研究的冷寂局面才被打破，那就是吕叔湘的《中国文法要略》、王力的《中国现代语法》以及高名凯的《汉语语法论》的问世。

吕叔湘的《中国文法要略》首次将汉语代词系统分为指称（有定）和指称（无定）两大部分，且在人称代词名称上沿用了严复的"三身代词"的说法，所研究的代词范围主要是近现代汉语代词，同时对近代汉语代词的来源进行了考察。但书中对各个代词仅有简单的介绍，并没有深入剖析，且有一些代词用法规律的总结值得商榷。

到了二十世纪四十年代末，王力的《中国现代语法》将代词分为人称代词、无定代词、复指代词、交互代词、被饰代词、指示代词、疑问代词等，并首次提出了

---

① 陈承泽：《国文法草创》，商务印书馆，1982，第29页。

人称代词复数的包括式和排除式，且提出"最恭敬的会话里不用人称代词"①的观点。此外，该书在句法结构的分析上也有不少创见，从近现代汉语出发，大量引用了《红楼梦》中的例句，分析并总结了"其""之"等代词的不同用法，可以称得上是《红楼梦》的代词研究。但遗憾的是，该书对代词的分类比较零散，没有系统的分析。

这一时期对近代汉语代词予以关注的还有高名凯的《汉语语法论》。高氏在第二编"范畴论"中分设两章讨论了指示词和人称代词。与此前的语法学著作相比，这本著作更加注重理论的探讨，从作者对代词的讨论中我们可以注意到，在理论思想上作者深受索绪尔及其后法兰西学派的梅耶、房德里耶斯和马伯乐等人语言学理论的影响；此外，在对代词的分析中不仅仅是简单的分类叙述，也随处可见作者自己独到的见解，如将汉语近指代词按其声韵特点分为齿音和喉牙音两套系统等。该书的研究对象不仅包括古代汉语，也讨论了近现代汉语乃至现代汉语方言中的代词。在对汉语代词进行考察的过程中，该书最大的特点是从近现代汉语中代词的使用情况追溯到中古以及上古汉语中，因此该书将关注的重点放在近现代汉语代词的用法上。但从该书对代词系统的描写来看，其所揭示的更多是汉语代词不同于西方语言代词的用法特点，关于汉语代词本身特点的讨论较少，因此还不能完全摆脱西方语法的格局和影响。

近代汉语代词研究的真正奠基者是吕叔湘。他在二十世纪四十年代先后发表了一系列近代汉语代词研究的论文，如《释"您"，"俺"，"咱"，"喒"，附论"们"字》、《"这""那"考原》、《说汉语第三身代词》（英文）等。其中不少论文都收录在1955年出版的《汉语语法论文集》中。日本汉学家太田辰夫称赞该书"开辟了前人未曾研究过的领域，宣告了近代汉语研究的黎明"②。吕叔湘的这些文章不但开启了近代汉语研究的先河，也开启了近代汉语代词研究的先河。

1940年发表的《释"您"，"俺"，"咱"，"喒"，附论"们"字》③一

---

① 王力：《中国现代语法》，商务印书馆，1985，第201页。
② （日）太田辰夫著，蒋绍愚、徐昌华译：《中国语历史文法》，北京大学出版社，1987，汉译本序第Ⅲ页。
③ 吕叔湘：《释"您"，"俺"，"咱"，"喒"，附论"们"字》，见《汉语语法论文集》（增订本），商务印书馆，1984，第1—37页。

文可分为"引言""'您'与'俺'之用例""'您'与'俺'之演变""'们'之历史""'您'与'俺'用于单数""'咱'与'噆'之用例""'咱'与'噆'之演变""结论"等八个部分。文章主要讨论了近代汉语代词"您、俺、咱、噆"的用法和源流问题。文章的最后附有"们、您、俺、咱、噆"流变简表及第一身、第二身代词单复数形式在各书中的用例，作者治学之扎实严谨可见一斑。

1947年发表的《"这""那"考原》[①]一文，主要从语音上考察了近代汉语指示代词"这""那"的来源。吕叔湘列举了"这""者""遮"在不同时代及作品中的分布情况，并认为"者"是本字，"这""遮"是后产生的写法。关于"那"的来源，吕叔湘则认为其可能源自"若"。

吕叔湘的这些早期研究近代汉语代词的文章，从近代汉语的丰富语料中寻找线索，梳理源流，归纳出近代汉语部分代词发展演变的基本路径，并对一些暂时无法下结论的现象作出了大胆但立足于语言事实的推理和假设，给后来的研究者提供了极具价值的参考。吕叔湘的研究无疑是具有里程碑意义的，其采用的研究方法也极富启发性。令人略为遗憾的是，整个四十年代，由于战事频仍，文人学者生存尚且艰难，根本无暇顾及近代汉语这一块的研究，因此，尽管有吕叔湘系列论文引领，但后续者乏人，根本无法形成气候。

进入二十世纪五六十年代，关于近代汉语代词的研究工作又重新启动，出现了一些比较重要的成果。

最值得一提的是撰写于这一时期的王力的《汉语史稿》（中册）。作者在书中用了两小节先后讨论了汉语人称代词、指示代词、疑问代词等的历时发展，其中也涵盖了近代汉语代词的发展演变。如果说吕叔湘四十年代的有关近代汉语代词的讨论还属于个案研究的话，那么王力《汉语史稿》（中册）中的讨论则属于系统研究。由于这一时期近代汉语代词的专书研究、断代研究尚未蓬勃兴起，所以要想建立翔实的汉语代词发展演变史，还不具备基本的条件。受此影响，该书有关近代汉语代词发展演变的讨论是极为粗线条的。

几乎在同一时期，日本学者太田辰夫推出了一部讨论汉语语法史的著作——

---

[①] 吕叔湘：《"这""那"考原》，《国文月刊》1947年第61期。

《中国语历史文法》。这是一部类似于随笔式研究的学术著作,汉译本是二十九年后才面世的。该书有一章专门讨论"代名词",即代词,梳理汉语代词从先秦至清代中期的发展演变轨迹。该书的写作随笔色彩浓郁,往往设立一个话题,尔后就这个话题展开,从古到今娓娓道来,不设章节,也不太注意起承转合。而且,用语言事实说话,大量的语料呈现是该书的一大特色。同时,简洁的总结、归纳性的叙述描写也是该书的一个特点,往往就语料提观点,寥寥数语,不事繁复的大段分析。由于语料工作做得颇为扎实,所得结论大多比较允当。

六十年代唯一一篇讨论近代汉语代词的文章是陈治文的《近指指示词"这"的来源》。[①]该文对近代汉语指示代词"这"作了语源上的探讨。文章认为:近指指示代词"这"现在见到的最早用例应为寒山诗的"冬夏递互用,长年只这是"。关于"这"的来源,郭忠恕的《佩觿》认为指示代词"这"是借用自动词"这";辽僧行均的《龙龛手鉴》认为"这"应为"唶"的俗体字;孙星衍的《一切经音义校证》认为"这"来自古文"適",现在借"者"为"这"。这三种意见均存在问题,不足采信。陈氏认为:"'这'字跟'適'字的草体写法有联系,'这'字就是由'適'字的草体楷化演变而来的。"作者通过碑文语料及敦煌文献用例等来论证他的上述结论。文章最后,作者还讨论了"遮"字。通过对《韩擒虎话本》《维摩诘经讲经文》中用字的考察,推断近代汉语指示代词"遮"是晚唐五代以后才开始出现的,晚于"这",因此不可能是"这"的来源。

需要说明的是,吕叔湘在四十年代也讨论过"这",主要是从音韵学原理上来进行探源梳理的。陈治文则主要是从汉字形体演变的角度来进行探源梳理的,当然在讨论过程中也结合了语音上的联系。陈文最后还提出了一个假设"近指指示词'遮'字可能在晚唐五代才开始出现",并由此得出结论:"遮"不可能是"这"的来源。吕文中认为"这"的本字是"者",并未去论证"遮""这"二字出现孰早孰晚的问题。当然,陈文依据"遮"字在《敦煌变文集》《韩擒虎话本》《维摩诘经讲经文》等文献中出现次数较少而作出的"'遮'可能是晚唐五

---

① 陈治文:《近指指示词"这"的来源》,《中国语文》1964 年第 6 期。

代以后才出现"的推断正确与否还有待于进一步的研究。

## 第五节　二十世纪初至六十年代的近代汉语副词研究

二十世纪以来，探索近代汉语副词的研究也逐渐增多。

严复的《英文汉诂》将副词称为"疏状字"，并加以解释："疏状字者，所以斟酌云谓者也，所以言区别之等差者也，所以斟酌其所斟酌，等差其所等差者也。"①该书将"疏状字"分为七类，即以时言者、以地言者、更番之疏状、以容状言者、程度之疏状、俞哳之字和因果之字，对每一类"疏状字"都列举了用例。书中注重以汉语事实诠释英语语法，在讨论"疏状字"的定义和分类时，都采用了汉语用例加以说明，如在论述"以容状言者"时指出："疏状部中此类最要，其字多于区别部字后加 ly 为之，ly=like，与中国之'如''然'等字同义。"②

黎锦熙的《新著国语文法》将副词分为时间副词、地位副词、性态副词、数量副词、否定副词和疑问副词六大类，每一大类副词下又分为诸多小类，并引用了《儒林外史》《西厢记》《红楼梦》《水浒传》等近代汉语文献中的句子作为例证。

吕叔湘的《中国文法要略》讨论构词和词类的篇幅极少，但全书尤其是中、下两卷讲到了不少副词的用法。例如，"数量"章涉及了"还、稍""极、太、很"等程度副词；"时间"章提到了不少《红楼梦》中的时间副词，如"如今""这会子""这早晚""当初""方才""将来"等；"正反·虚实"章介绍了很多近代汉语使用的否定副词、情态副词；"传疑"章则讨论了表示反诘语气的副词"难道"、表示测度语气的副词"别是"和"莫非"、表示或然之意的副词"大概"和"只怕"等。

王力的《中国现代语法》将常见副词的用途分为八大类，即程度修饰、范围修饰、时间修饰、方式修饰、可能性和必要性、否定作用、语气末品、关系末品。该书介绍了每类副词下的各副词的具体用法，有时还会指出其语法演变规律，如

---

① 严复编纂：《英文汉诂》，商务印书馆，1933，第80页。
② 严复编纂：《英文汉诂》，商务印书馆，1933，第81页。

"有些从动词或形容词演变而成的末品,表示意见或意志者,都可归入方式副词一类"①。在"语气末品""关系末品"章节也细致讨论了语气副词、关系副词的相关问题。

高名凯的《汉语语法论》不认同《马氏文通》中有关副词的界说,认为马建忠所划分的六种状字中只有"言事之如何成者"和"度事成之又如许者"才是真正的副词,并将它们合称为"量词"。第二编"范畴论"第十章"量词"专门讨论了量词的定义、类别以及量词在古文和口语中的更替。量词分为率词、比词、渐词三类。口语中表示全体的率词有"都、一总、通、统统、一齐、全、总"等,表示部分的率词有"各、每",表示仅数的率词只有"只",表示繁数的率词有"继续、一连、常常"等,表示约数的率词有"大约、差不多、头"等;口语中的比词有表示差级的"更",表示极级的"最",表示绝对极级的"太、挺、特别、非常、顶顶"等;口语中表示程度深浅的渐词有"略、稍(稍微)""很、得很、慢"等,表示程度急缓的渐词有"快(赶快)、马上、立刻""慢慢、渐渐"等。

王力的《汉语史稿》(中册)是语法史专著。该书探讨了作为副词词尾的"然"和"地",否定副词"弗""勿""毋""莫",以及指代性副词"相"的用法及演变轨迹。该书考察的副词基本上在上古就已产生,大多由最初的口语词逐渐书面语化,而副词"莫"仍在唐人口语中活跃。

日本汉学家太田辰夫的《中国语历史文法》中列举了近代汉语中一百多个常用副词,其中大部分都列举了较早的例子,并初步探讨了部分副词的来源。如"挺"用作副词始见于清代,在其较早例子中,必定复合成"挺硬",但时代往后,"挺"能放在很多形容词前面,因此,可认定其已经是程度副词了。又如"颇",在古代汉语中使用,在近代汉语中也使用,为"甚也""稍也"之意,而此种含义也流传到了现代汉语,只是在较书面的文语中使用。

张相的《诗词曲语辞汇释》收录了很多唐宋金元明诗词曲中常用的副词,例如,张相指出:"更,甚辞,犹云不论怎样也","苦,甚辞,又犹偏也;极也;多或久也"②。

---

① 王力:《中国现代语法》,商务印书馆,1985,第137页。
② 张相:《诗词曲语辞汇释》,中华书局,1953,第65页。

## 本 章 小 结

纵观这一时期近代汉语连词的研究成果,我们可以发现:成书于二十世纪初的《英文汉诂》是继《马氏文通》之后最早对近代汉语连词的用法及分类进行讨论的著作。该书将连词称为"挈合字",对每一类下的英语挈合字和汉语挈合字均作了讨论。

二十世纪二十年代之前,关于近代汉语连词研究较有代表性的著作是章士钊的《中等国文典》、黎锦熙的《新著国语文法》、陈承泽的《国文法草创》以及金兆梓的《国文法之研究》等。《中等国文典》是最早对《马氏文通》进行重要修订和补益的著作,该书将连词称作"接续词",且开始关注汉语连词的结构。虽然章氏讨论的大多为古汉语中接续词的用法,与近代汉语有关的仅仅有晚唐五代时期的部分接续词,但他关于汉语接续词的分类标准已经开始关注到词所表达的语法意义及其在句子中的功能,在近代汉语连词研究史上具有重要意义。《新著国语文法》是这一时期唯一一部以白话文为研究对象的语法著作,该书将连词归入"关系词"一类,且依照复句的类型来划分连词的类型。在例句的选用上,黎氏多次引用《西厢记》《琵琶记》《儒林外史》等元明清文学作品,同时自创了"就图解辨别词品"的图解法。黎氏的《新著国语文法》开始从句法功能的角度关注连词的分类,与以往单纯从意义和逻辑上给连词进行分类相比有了进一步的突破,但在例句的选用上又常伴有古今杂用现象,不免存在任意解释的嫌疑。《国文法草创》将连字分为一般连字和条件连字两种类型。陈氏所讨论的连字中包括许多近代汉语连字,且在分析连字时多有与近人商榷之辞。《国文法之研究》首次使用联词(连词)这一术语,并提出了划分介词和连词的标准。

整个二十世纪三十年代,学界没有关于近代汉语连词的研究成果,二十世纪四十年代关于近代汉语连词研究的主要成果有吕叔湘的《中国文法要略》、王力的《中国现代语法》以及高名凯的《汉语语法论》。《中国文法要略》通常会援引文言和白话中的例句来讨论汉语连词，加以对比分析，对于我们认识近代汉语连词有很大帮助。《中国现代语法》选取了清代比较典型的口语性文献《红楼梦》以及《儿女英雄传》作为语料，对其中的连词进行了考察。但该书并没有将连词单独划分为一类，而是将所有具有联结作用的虚词都划分为联结词，其中还包括介词等词类。《汉语语法论》将连词归入结构虚词一类中。该书大量引用了《水浒传》《金瓶梅词话》《红楼梦》等小说中的语料作为近代汉语连词研究的例证，探讨了近现代汉语及方言中连词的用法，因此这本书是第一部真正意义上系统地讨论近代汉语连词的语法著作。在连词的分析方法上，高氏不仅分析了每个连词的音韵地位，从词源学的角度出发，讨论连词的意义演变过程，同时还比较了印欧语系与汉语中连词的差异，在语言事实上通常会伴之以理论的解释，但在讨论的过程中有从西方语言学理论出发来找汉语材料的倾向，因此还不能完全摆脱西方语法的影响。

二十世纪五六十年代关于近代汉语连词的研究成果较少，主要有王力的《汉语史稿》（中册）、太田辰夫的《中国语历史文法》以及张相的《诗词曲语辞汇释》。《汉语史稿》（中册）讨论了几个联结词从上古到近现代的发展演变过程，同时也对同一属性词语的用法作了对比分析，且对部分词的连词用法进行了溯源探究。《中国语历史文法》对唐代直至明清的历史发展的描写尤为细致，可以说是近代汉语语法史的开创之作。该书从复句的类型对连词进行了分类，在连词的讨论中常引用《祖堂集》《金瓶梅词话》《儿女英雄传》《红楼梦》等晚唐五代至明清时期的语料作为例证，在讨论每个连词的发展演变情况时，常会把该词在每个时期的不同用法作对比描写。但该书也有其局限性，对于很多连词的描写不是很细致，有的只用一句话带过。《诗词曲语辞汇释》是近代汉语词汇研究的重要著作，该书汇集了唐宋金元明诗词曲中常用的连词，但张氏在书中并没有明确指出连词的性质，而把它们统称为"语助词"。

可以看出，从二十世纪初开始，学界对近代汉语连词的研究成果逐渐增加，研究逐渐深入，研究特点主要体现在以下几个方面：对连词的分类标准由意义标准到注重从语法的角度进行分类，更加关注连词在句子中的句法功能；开始注重描写连词的发展演变轨迹；在研究理论和方法上深受西方语法理论的影响。

纵观这一时期近代汉语助词的研究成果，我们可以发现：

二十世纪以来，一大批汉语语法研究的著作问世，有关近代汉语助词的研究逐渐增多，学者不仅从训诂的角度考察助词，也开始探讨助词的语法作用。

二十世纪二十年代之前关于近代汉语助词的研究成果主要有章太炎的《新方言》、章士钊的《中等国文典》等。《新方言》论及近代汉语中的一些助词，如认为句中的"的（底）"来自"之"字，句末的"的（底）"来自"者"字。《中等国文典》根据词的意义将词分为名词、代名词、动词、形容词、副词、介词、接续词、助词和感叹词等九类，并对助词进行了定义，该书讨论的助词大致相当于我们今天所说的语气助词。

二十世纪二十年代关于近代汉语助词的主要成果有陈承泽的《国文法草创》、金兆梓的《国文法之研究》以及黎锦熙的《新著国语文法》等。陈承泽的《国文法草创》把助词称为"助字"，将其分为"语首助字""语间助字""语末助字"三类，这些助词也相当于语气助词。金兆梓的《国文法之研究》按词的位置把词分为实字、虚字、传感字三大类，虚字中的"联系虚字""传吻虚字"分别涉及了结构助词和语气助词。黎锦熙的《新著国语文法》所探讨的助词主要也是语气助词，用在词句末尾，表示全句的"语气"。该书描写助词具体用法时，引用了不少《红楼梦》《儒林外史》《水浒传》等书中的用例。

二十世纪三十年代几乎没有关于近代汉语助词的研究成果。到了二十世纪四十年代，近代汉语助词的研究成果陡增，不仅体现在语法著作中，还出现了一批关于近代汉语助词研究的论文。其中语法著作较有代表性的有吕叔湘的《中国文法要略》、王力的《中国现代语法》以及高名凯的《汉语语法论》。《中国文法要略》分别在"时间"章和"传信"章讨论到了近代汉语助词，"时间"章主要涉及了动态助词、事态助词、句末助词等的讨论。"传信"章讨论了一些近代汉语使用的语气助词，如"呢、啊、呀、的呀、么（末）"等。《中国现代语法》通过归纳《红楼梦》《儿女英雄传》中的语料，讨论了分造句法、语法成分、替代法和称数法、特殊形式、欧化的语法等问题。该书没有划分出助词一类，但实际上在"记号""情貌""语气"等章节已体现了对助词的讨论，对我们研究近代汉语助词有重要的启发作用。《汉语语法论》在第一编"构词论"中讨论了汉语动态助词、结构虚词、口气虚词等。在第二编"范畴论"第六章"体词"里，考察了上古至近代的体词，引用了《敦煌变文集》《大宋宣和遗事》《水浒传》《红楼梦》等文献中的语料作为例证，有力地说明了近代汉语中动态助词的用法。在第三编"造句论"中，以《水浒传》《老残游记》为代表，考察了"价"字的用法，并深入研究了结构助词"的"的语源。

这一时期除了这些语法著作，还诞生了一批关于近代汉语助词研究的论文。吕叔湘在二十世纪四十年代发表了一系列关于近代汉语助词的文章，如《释〈景德传灯录〉中"在"、"著"二助词》、《论"底"、"地"之辨及"底"字的由来》等。《释〈景德传灯录〉中"在"、"著"二助词》主要讨论了《景德传灯录》中的"在""著"两个助词的用法，并对前贤时哲的观点提出了质疑。《论"底"、"地"之辨及"底"字的由来》首先列举了 de 的用法，之后讨论了"底"和"地"在没有写成"的"的时候的用法区别和它们的来源及其书写统一的问题。

二十世纪五十年代关于近代汉语助词的研究成果主要有王力的《汉语史稿》（中册）、张相的《诗词曲语辞汇释》、太田辰夫的《中国语历史文法》以及吕叔湘、孙德宣的《助词说略》等。《汉语史稿》（中册）中讨论的助词主要是语气词，考察了陈述语气词和疑问语气词在上古汉语、中古汉语和近代汉语中的发展，探究了语气词"吗""呢"的来源，并对近代汉语中常用的陈述语气词和疑问语气词进行了考察。《诗词曲语辞汇释》汇集了唐宋金元明诗词曲中常用的特殊语辞，其中包括不少助词，张相称其为"语助辞"，并给出了诗词曲中的用例。《中国语历史文法》讨论的助词概念比较广，将助词定义为能放在词组后面的附属词，并根据助词所处位置，把助词分为词组助词、句末助词和准句末助词。该书引用了《祖堂集》《金瓶梅词话》《朱子语类》《红楼梦》等晚唐五代至明清时期的语料作为例证，描写了每个助词的用法，有时还会追溯起源或考察该词在各时期的用法演变情况。《助词说略》系统总结了各家对助词的研究，详细介绍了各家对每组助词的归类，认为"助词"既可以是语气词又可以是语气词加上语气副词。

可以看出，自《马氏文通》出版以来，学界研究近代汉语助词取得的成果逐渐增多，学者从注重意义开始转向注重句法的分析。这一时期，在研究汉语助词时积极学习、运用西方语法理论和方法，从最初的完全模仿到用普通语言学理论来指导研究，不得不说是一大进步。而且，学者展现出的百家争鸣的趋势，有助于汉语助词研究的进一步发展。

纵观这一时期近代汉语介词的研究成果，我们可以发现：

二十世纪二十年代之前关注到近代汉语介词的主要有严复的《英文汉诂》以及章士钊的《中等国文典》。《英文汉诂》将介词称为"介系字"，并将"介系字"大致分为繁简两类，且详细介绍了介系中一些重要的词的用法。该书用汉语诠释英语语法，常用英汉语法的共同点加以解说，实际上这也是对汉语介词的叙述与分类。《中等国文典》是继《马氏文通》之后第一次使用"介字"这个词类术语的著作，该书第七章专讲"介词"，且将介词分为两种类型：前置介词和后置介词。此外，章士钊还从组合的角度来看待介词的特征，这在当时具有很大的进步。

进入二十世纪二十年代，学界关于近代汉语介词的研究成果不多，较有代表性的是黎锦熙的《新著国语文法》。该书将介词分为时地介词、因缘介词、方法介词和领摄介词等四类，在描写介词时，作者常引用近代汉语中的文献如《儒林外史》中的例句作为例证。

二十世纪三十年代学界没有出现关于近代汉语介词的研究成果，直到二十世纪四十年代，这种沉寂局面才被打破。这一时期关于近代汉语介词研究较有代表性的主要有吕叔湘的《中国文法要略》、王力的《中国现代语法》、高名凯的《汉语语法论》等。《中国文法要略》将文言、白话中常用的介词放在一起比较异同，还讨论了白话常用的介词"从""打""过""往（望）""朝""向""到"等。"第十三章"中"连系时间词的关系词"绝大部分也都是介词。《中国现代语法》以《红楼梦》《儿女英雄传》中的语言为标准，把介词也归入"联结词"中，并注意到介词与动词的辨别问题。《汉语语法论》在第三编"造句论"第四章"汉语的受导词"部分对汉语介词的用法进行了考察，不仅讨论了古文中的介词，也探讨了近现代口语中介词的用法。这一时期除了语法著作中讨论到了近代汉语介词的用法，还出现了关于近代汉语介词的文章。吕叔湘是第一个详尽讨论近代汉语介词的学者，他的论文《"把"字用法的研究》讨论了介词"把"和"将"的语源问题和句法功能情况。

二十世纪五六十年代关于近代汉语介词的研究成果主要有王力的《汉语史稿》

（中册）、太田辰夫的《中国语历史文法》以及张相的《诗词曲语辞汇释》等。王力在《汉语史稿》（中册）第三章"语法的发展"中特辟出一节说明了介词和连词的发展。因为介词和连词的界限历来不清，所以该书将介词和连词合称为"联结词"。该书详细论述了"於""之""以""而""则""与"等六个联结词的使用情况，其中，作者认为"而"和"与"是介词和连词兼用的，专用为介词的是"於""之""以"，专用为连词的是"则"。《中国语历史文法》列举了十七类介词，并对这些介词的用法及其发展演变情况进行了总结。《诗词曲语辞汇释》汇集了唐宋金元明诗词曲中常见的介词，介绍介词的用法，探讨其流变演化，援引典型例证。

纵观这一时期学界关于近代汉语代词的研究成果，我们可以发现：

严复的《英文汉诂》是二十世纪学界最早关注到近代汉语代词的学术著作，该书首次提出了"三身"的概念，对于后期吕叔湘对代词的研究有很大影响。此后一直到二十世纪二十年代之前，这中间陆陆续续出现了一些语法著作和论文，但几乎均是关于现代汉语语法或文言语法的，关于近代汉语代词讨论的篇什甚少，只是在章太炎的《新方言》中看到不多的一些相关文字。

到了二十世纪二十年代，在《马氏文通》的影响下相继出现了一批效仿它的汉语语法学著作，其中较有特色的是章士钊的《中等国文典》、黎锦熙的《新著国语文法》和陈承泽的《国文法草创》。章士钊的《中等国文典》首次将代词分为人称、疑问、指示三类，排除了《马氏文通》中提出的"接读代字"，但其中关于代词用法的总结存在着诸多疏漏。与《中等国文典》不同的是，黎锦熙的《新著国语文法》主要从近现代汉语中的代名词出发，联系了北方方言中代名词音的转变的因素，探索近现代汉语代名词的源头。他将代名词分为四大类：称谓代名词、指示代名词、疑问代名词和联接代名词。书中首次提出了联接代名词这一说法，但仅设一章进行了分类说明，没有作具体阐述。陈承泽的《国文法草创》则沿用了《马氏文通》的说法，仍将代词称为代名字，该书首次注意到了代词的来源问题。到了二十世纪三十年代初，杨树达的《高等国文法》也对汉语代词系统进行了探讨，在展开讨论时作者基本使用逐个代词进行分析、例举的方法，引用了前人有关古籍的按语、注释、笺语等，且根据同义字的声韵关系来为其表同一语义作佐证，同时对《马氏文通》中关于代词的观点做了补充和修订，但遗憾的是，仅有简单的分类列举，没有详细的文字说明。

二十世纪四十年代关于近代汉语代词研究的重要成果主要有吕叔湘的《中国文法要略》、王力的《中国现代语法》以及高名凯的《汉语语法论》等。吕叔湘的《中国文法要略》首次将汉语代词系统分为指称（有定）和指称（无定）两大部分，且在人称代词名称上沿用了严复的"三身代词"的说法，所研究的代词范围主要是近现代汉语代词，同时对近代汉语代词的来源进行了考察。但书中对各个代词仅有简单的介绍，并没有深入剖析，且有一些代词用法规律的总结值得商榷。王力的《中国现代语法》首次提出了人称代词复数的包括式和排除式等概念，该书从近现代汉语出发，大量引用了《红楼梦》中的例句，分析并总结了"其""之"等代词的不同用法，因此虽然该书名为"现代语法"，但主要讨论了近代汉语部分的语法问题。高名凯的《汉语语法论》也讨论了近现代汉语以及现代汉语方言中的代词，但该书仅讨论了指示词和人称代词，而没有论及疑问代词的用法。在对汉语代词进行考察的过程中，该书最大的特点是从近现代汉语中代词的使用情况追溯到中古以及上古汉语中，因此该书将关注的重点放在近现代汉语代词的用法上。但该书主要致力于揭示汉语代词不同于西方语言代词的用法特点，关于汉语代词本身特点的讨论较少。

除了以上几部语法著作之外，这一时期还产生了一批关于近代汉语代词研究的文章。吕叔湘在二十世纪四十年代先后发表了一系列近代汉语代词研究的论文，如《释"您"，"俺"，"咱"，"喒"，附论"们"字》、《"这""那"考原》、《说汉语第三身代词》（英文）等。《释"您"，"俺"，"咱"，"喒"，附论"们"字》一文主要讨论了"您、俺、咱、喒"等四个近代汉语代词，同时对复数"们"的用法进行了探讨。《"这""那"考原》一文则主要从语音上考察了近代汉语指示代词"这""那"的来源。吕叔湘的这些文章不但开启了近代汉语研究的先河，也开启了近代汉语代词研究的先河。

二十世纪五六十年代关于近代汉语代词研究比较重要的成果主要有王力的《汉语史稿》（中册）以及太田辰夫的《中国语历史文法》。《汉语史稿》（中册）主要讨论了汉语人称代词、指示代词、疑问代词等的历时发展，其中也涵盖了近代汉语代词的发展演变，该书对近代汉语代词的讨论较为系统。《中国语历史文法》梳理了汉语代词从先秦至清代中期的发展演变轨迹，大量的语料呈现以及简洁的总结、归纳性的叙述描写是该书的主要特点。六十年代关于近代汉语代词的研究成果较少，唯一一篇讨论近代汉语代词的文章是陈治文的《近指指示词"这"的来源》，该文对近代汉语指示代词"这"作了语源上的探讨。

纵观这一时期近代汉语副词的研究成果，我们可以发现：

这一时期学界对近代汉语副词的研究成果较少，且均分布在语法研究著作中，没有关于近代汉语副词研究的专著或者论文。二十世纪二十年代之前关于近代汉语副词的研究仅有严复的《英文汉诂》，该书将副词称为"疏状字"，并将"疏状字"分为七类，即以时言者、以地言者、更番之疏状、以容状言者、程度之疏状、俞哗之字和因果之字，对每一类"疏状字"都列举了用例。书中注重以汉语事实诠释英语语法，在讨论"疏状字"的定义和分类时，都采用了汉语用例加以说明。

二十世纪二十年代关于近代汉语副词的研究也仅有黎锦熙的《新著国语文法》，该书将副词分为时间副词、地位副词、性态副词、数量副词、否定副词和疑问副词等六大类，每一大类副词下又分为诸多小类，并引用了不少《儒林外史》《西厢记》《红楼梦》《水浒传》等近代汉语文献中的句子作为例证。

之后整个二十世纪三十年代都没有关于近代汉语副词的研究专著或文章。关于近代汉语副词的研究集中在二十世纪四十年代，较有代表性的有吕叔湘的《中国文法要略》、王力的《中国现代语法》以及高名凯的《汉语语法论》等。《中国文法要略》讨论构词和词类的篇幅极少，但全书尤其是中、下两卷讲到了不少近代汉语副词的用法，如"时间"章提到了不少《红楼梦》中的时间副词，"正反·虚实"章介绍了很多近代汉语使用的否定副词、情态副词。《中国现代语法》将常见副词的用途分为八大类，并介绍了每类副词下各副词的具体用法，有时还会指出其语法演变规律。在"语气末品""关系末品"章节也细致讨论了语气副词、关系副词的相关问题。《汉语语法论》对《马氏文通》提出的有关副词的界说提出了质疑，认为马建忠所划分的六种状字中只有"言事之如何成者"和"度事成之又如许者"才是真正的副词，并将它们统称为"量词"。该书在第二编"范畴论"第十章"量词"部分专门讨论了量词的定义、类别以及量词在古文和口语中的更替。

二十世纪五六十年代学界关于近代汉语副词的研究成果也不多，较有代表性的有王力的《汉语史稿》(中册)、太田辰夫的《中国语历史文法》以及张相的《诗词曲语辞汇释》等。《汉语史稿》(中册)探讨了作为副词词尾的"然"和"地",否定副词"弗""勿""毋""莫",以及指代性副词"相"的用法及演变轨迹。该书考察的副词基本上在上古就已产生,大多由最初的口语词逐渐书面语化,而副词"莫"仍在唐人口语中活跃。《中国语历史文法》中列举了近代汉语中一百多个常用副词,其中大部分都列举了较早的例子,并初步探讨了部分副词的来源。《诗词曲语辞汇释》收录了很多唐宋金元明诗词曲中常用的副词,并对这些副词的语义进行了探讨。

# 参 考 文 献

陈承泽. 1982. 国文法草创[M]. 北京: 商务印书馆.
陈治文. 1964. 近指指示词"这"的来源[J]. 中国语文, (6): 442-444.
高名凯. 2011. 汉语语法论[M]. 北京: 商务印书馆.
金兆梓. 1955. 国文法之研究[M]. 北京: 中华书局.
黎锦熙. 1956. 新著国语文法[M]. 上海: 商务印书馆.
吕叔湘. 1947. "这""那"考原[J]. 国文月刊, (61): 3-32.
吕叔湘. 1984a. 释"您","俺","咱","喒",附论"们"字[M]//汉语语法论文集(增订本). 北京: 商务印书馆: 1-38.
吕叔湘. 1984b. 释《景德传灯录》中"在"、"著"二助词[M]//汉语语法论文集(增订本). 北京: 商务印书馆: 58-72.
吕叔湘. 1984c. 说汉语第三身代词(英文)[M]//汉语语法论文集(增订本). 北京: 商务印书馆: 38-57.
吕叔湘. 1984d. "把"字用法的研究[M]//汉语语法论文集(增订本). 北京: 商务印书馆: 176-199.
吕叔湘. 1984e. 论"底"、"地"之辨及"底"字的由来[M]//汉语语法论文集(增订本). 北京: 商务印书馆: 122-131.
吕叔湘. 2014. 中国文法要略[M]. 北京: 商务印书馆.
吕叔湘, 孙德宣. 1956. 助词说略[J]. 中国语文, (6): 33-39.
上海人民出版社. 2014. 章太炎全集•新方言、岭外三州语、文始、小学答问、说文部首均语、新出三体石经考[M]. 上海: 上海人民出版社.
太田辰夫. 1987. 中国语历史文法[M]. 蒋绍愚, 徐昌华译. 北京: 北京大学出版社.
太田辰夫. 2003. 中国语历史文法[M]. 2版. 蒋绍愚, 徐昌华译. 北京: 北京大学出版社.
王力. 1980. 汉语史稿(中册)[M]. 北京: 中华书局.
王力. 1985. 中国现代语法[M]. 北京: 商务印书馆.
严复. 1933. 英文汉诂[M]. 上海: 商务印书馆.
杨树达. 1930. 高等国文法[M]. 上海: 商务印书馆.
张相. 1953. 诗词曲语辞汇释[M]. 北京: 中华书局.
章士钊编纂. 1921. 中等国文典[M]. 上海: 商务印书馆.
太田辰夫. 1958. 中国語歴史文法[M]. 東京: 江南書院.

# 第三章　二十世纪八十年代的近代汉语虚词研究

## 第一节　二十世纪八十年代的近代汉语连词研究

进入二十世纪八十年代，近代汉语连词的研究进入一个新的阶段，这一时期学者越来越关注近代汉语语法，打破了以往学界将汉语语法研究关注的焦点放在上古汉语和现代汉语两级的局面，其中就包括近代汉语连词的研究。

整个八十年代，一大批汉语语法研究的著作问世，其中很多都讨论了近代汉语连词的发展演变情况，较有代表性的有潘允中的《汉语语法史概要》、史存直的《汉语语法史纲要》、王力的《汉语语法史》、志村良治的《中国中世语法史研究》和赵克诚的《近代汉语语法》等。

潘允中在其《汉语语法史概要》（图9）中讨论了几个连词的发展演变情况，如"和""与""而""以""且""则""然而""顾""但是""但"等。其中"与"和"和"既可以作介词，也可以作连词，因此把它们置于介词一章下讨论，如讨论到连词"和"时，潘氏提到："现代汉语的'和'原是个动词，在中古时期产生了一个新义，有连同的意思……在宋元时代的作品里，'和'开始用作介词，同时也作连词用。"[①]该书虽然讨论了汉语连词的发展演变情况，但

---

[①] 潘允中：《汉语语法史概要》，中州书画社，1982，第140页。

在具体讨论过程中对连词在近代时期的发展演变情况着力不多,大多都一笔带过,如在谈到中古后"而"和"且"的用法时,潘氏指出:"中古以后,'而'和'且'的这些用法继续沿用,一直至现代汉语还是基本上不变,只是'而且'已经结合成为一个关系词,使用得更多些。"①

史存直在其《汉语语法史纲要》(图10)中也考察了近代汉语连词的使用情况。他将介词和连词放在一章讨论,统称为"介系词",并选取了"与""而""且""则""即"等几个连词加以讨论,但关于近代汉语部分也着力不多,大多数连词仅关注它在上古时期的用法,只有在涉及连词"和"时才讨论了它在近代的用法,同时也没有具体说明"和"的发展演变轨迹,只简单论述如下:"'和'字也同样既是连词又是介词。这个'和'字大约是在唐宋之间产生的。"②

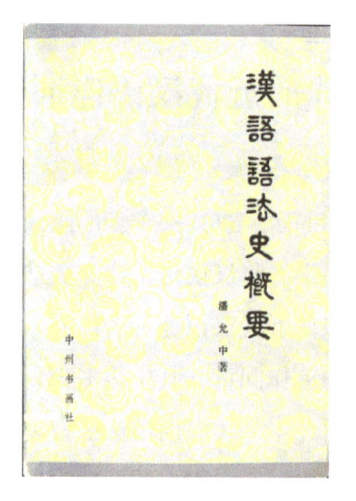

图9 《汉语语法史概要》　　图10 《汉语语法史纲要》

出版于八十年代末的王力的《汉语语法史》(图 11)也讨论了近代汉语连词的使用情况,王氏认为"多数介词和连词都是由实词虚化而成的,大致可以分为六种情况:1. 动词虚化为介词;2. 动词虚化为连词、介词;3. 动词虚化为介词再发展为连词;4. 形容词虚化为连词;5. 副词虚化为连词;6. 词组虚

---

① 潘允中:《汉语语法史概要》,中州书画社,1982,第148页。
② 史存直:《汉语语法史纲要》,华东师范大学出版社,1986,第138页。

化为连词"①。在讨论连词虚化的过程中，王氏不仅讨论了该词虚化为连词的类型和时代，还刻画了其虚化的过程，如在讨论连词"因"的虚化情况时，他指出："后代连词'因'字（表示因为）是由介词'因'字发展来的，但是时代很晚。恐怕直到宋代以后才有连词'因'字出现……'因'字虚化的过程是：名词→动词→介词→副词→连词。"②在讨论近代汉语连词的演变情况时，王氏常引用《三国演义》《水浒传》《红楼梦》等文学作品中的例证来加以说明，相对于这一时期的其他语法著作，《汉语语法史》对近代汉语连词的发展演变情况的描写更为具体。

图 11 《汉语语法史》

志村良治在其《中国中世语法史研究》（图 12）的第十八"连词"部分讨论了中世汉语连词的用法，其中主要是纵予连词的用法，如"纵""纵使""就复""就使""但使""乍可""遮莫""从他""任是""任他""纵饶""据"等。虽然该书将语料的选取范围定为"中世"，也就是"中古汉语"，但这一时期很多连词可以说相当于近代汉语大部分连词的祖先，在此期间也发生了较大的变迁。此外，作者在讨论中古汉语连词的过程中详细地记述了该连词从产生到发

---

① 王力：《汉语语法史》，商务印书馆，2005，第 149 页。
② 王力：《汉语语法史》，商务印书馆，2005，第 155 页。

展至近现代这一漫长时期内的变化过程,如在讨论到连词"和"的发展演变情况时,该书提到:"杜甫的'云水长和岛屿青'(《题郑十八著作文》)似乎也可以看作连词,但是当时'和'用来表示包括和共同的例子很多,如'和网'(连网一起)'和泪'(带着泪)等。直到近世出现了'争甚是和非'(赵长卿《水调歌头》),无论从哪方面看,这个'和'都是'与'的意思,应该算作跟现代用法一样了。"①可以看出,该书讨论的范围已经远远超出了其所说的"中世"的范围。

图 12 《中国中世语法史研究》

除此之外,这一时期还出现了近代汉语语法研究的著作,较有代表性的是赵克诚的《近代汉语语法》(图13)。作为第一部近代汉语语法研究的专著,赵克诚的《近代汉语语法》从发展演变方面研究近代汉语语法,该书在第十二章"复句和连词"中讨论了近代汉语连词,将近代汉语的复句分为因果复句、让转复句、假设复句、条件复句、并列复句、顺承复句、递进复句以及选择取舍复句等八种类型,在每种复句类型下列出了对应的连词,基本上概括了整个近代汉语中的连词类型,这也是学界首次针对近代汉语连词进行的系统分类。往往在分析一个连词时,赵氏会首先指出该词在上古时期的用法和出处,再讨论其在近代的使用情

---

① (日)志村良治著,江蓝生、白维国译:《中国中世语法史研究》,中华书局,1995,第89页。

况,正如高元白在该书的序中所提到的:"其特点在于不是割断历史,专讲近代,而是解释词句,上考上古、中古之源,下察现代之流。"①如在讨论到连词"纵"的使用情况时,赵氏指出:"'纵'这个表示让步关系的连词,见于《左传·襄公二十七年》:'纵无大讨,而又求赏,无厌之甚也。'到了近代汉语里,'纵'的这种用法,仍被沿用。"②但是该书也有一定的局限性,在例句的选用上不是很严谨,如赵氏认为《西厢记》中"兄弟,莫管他死活,我和你且去寻师父去"③一句中的"莫管"是连词,笔者认为不妥,此处的"莫管"在句中充当句法成分,不能把它作为一个连词处理。

图 13 《近代汉语语法》

值得注意的是,这一时期日本汉学家香坂顺一专注于对近代汉语词汇的研究,较有代表性的是他的《白话语汇研究》和《水浒词汇研究(虚词部分)》。

《白话语汇研究》(图14)挑选了近代汉语中一些比较有特色的连词进行了笔记式的言简意赅的描述,对它们进行了溯源工作,并且与现代汉语进行比较。在讨论某个连词时,作者通常会把该类连词的分类情况和与该连词有关的其他连词一并讨论,如书中提到假定连词"如是"时指出:"近代汉语所见主要的

---

① 赵克诚:《近代汉语语法》,陕西师范大学出版社,1987,第2页。
② 赵克诚:《近代汉语语法》,陕西师范大学出版社,1987,第329页。
③ 赵克诚:《近代汉语语法》,陕西师范大学出版社,1987,第348页。

假定连词,以《水浒》为资料来分析,大约可以分成'如·若'类、'假'类、'设'类、'倘'类、'但'类、'果'类(还有'只要''不争'等,但它们还未完全虚化)。其中'若'同纵予连词混用。"①该书对这些连词的特点描述有力,但总体来说只是零星提及,并非穷尽式研究,作者的许多论断也带有假说的性质。

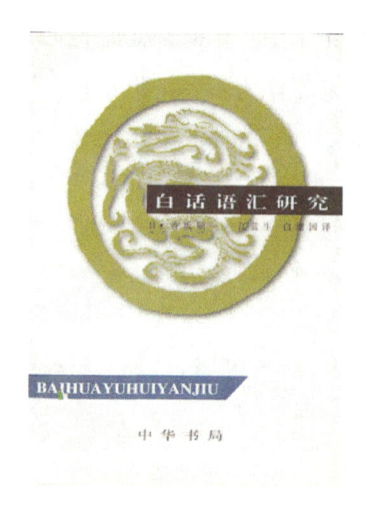

图 14 《白话语汇研究》

《水浒词汇研究(虚词部分)》(图15)在第四章"连词"部分讨论了《水浒传》中的连词,该书将《水浒传》中的连词分为并列、累加、选择、承接、反转、因果、假定、让步等类别。作者在考察《水浒传》中连词的用法时,通常会与该词在现代汉语中的用法加以比较,如在探讨连词"比及"时,作者提到:"近代汉语中,有的'比及'是现代汉语中'等到'的意思。"②讨论一个连词的用法,作者往往会同时讨论该词别的用法,如"及"除了可以作连词也可以作介词、副词,"况"除了作连词还可以作副词等。值得注意的是,作者将我们现代意义上的关联词语归为"表示同时并列的连词"一类中,如"一面……一面……""一边……一边……"等。总体而言,该书比较详细地讨论了《水浒传》中连词的用

---

① (日)香坂顺一著,江蓝生、白维国译:《白话语汇研究》,中华书局,1997,第14页。
② (日)香坂顺一著,(日)植田均译,李思明校:《水浒词汇研究(虚词部分)》,文津出版社,1992,第362页。

法,是第一部专书连词研究的著作,但遗憾的是在考察的过程中也只有简单列举,没有作相关的计量统计。

图 15 《水浒词汇研究(虚词部分)》

此外,这一时期还出现了关于近代汉语连词研究的论文,较有代表性的是李思明、刘坚等的作品。

李思明选择了《水浒全传》《红楼梦》《家》这三部小说作为语言材料,对其中的"与"进行了考察,其中就包括"与"作连词的情况。作者对三部小说中"与"作连词的情况作了对比计量分析,将"与"作连词的用法分为"以连接事物为主"和"以连接人为主"[①]两种情况,除此之外,还讨论了同类连词"和""并""同""及(以及)""合"等,对我们了解"与"在近代汉语中的用法有很大帮助。之后,李思明还对《水浒全传》中连接并列成分的连词进行了考察,主要有"和""与""并""及""同""与同"六个,文章主要对这几个连词的条件和它们的体系分类及特点进行了相关介绍。值得一提的是,李氏在对《水浒全传》中的并列连词进行计量考察之后,对其分工特点进行了总结:"连接动词语的只有'并——及'组,连接人称代词的只有'和——与'组。又如,三组

---

① 李思明:《从〈水浒全传〉、〈红楼梦〉、〈家〉看"与"字的发展》,《安徽师大学报》(哲学社会学科版),1981年第4期。

虽然都连接名词语，但'并——及'以连接主次的为主，其他两组则以连接平等的为主。"①刘坚②讨论了连词"和"字的发展演变轨迹。连词"和"产生于唐代以后，因此刘氏基本上论述了"和"字在近代的发展演变过程，同时附带论述了与此相关的"共"字和"连"字。作者从文献资料中归纳出了"和"字的实际用法，指出了"和"字在唐代已经开始由动词发展为连词，并对前贤的观点作了一些补充。

总体而言，从二十世纪八十年代开始，近代汉语连词的研究进入一个新的发展阶段，这一时期学界开始关注近代汉语连词的发展演变过程，关于近代汉语连词的分类也更加具体，出现了近代汉语连词研究的专书、论文等。

## 第二节 二十世纪八十年代的近代汉语助词研究

二十世纪八十年代开始，语法研究进入活跃发展时期，不少语法著作和论文问世。

潘允中的《汉语语法史概要》没有专门的章节讨论助词，但在第四章"动词的发展"中考察了现代汉语动词语助"了""着"的来源。助词"了"是由动词虚化而来的，南北朝时期用作表示完成的形尾，"了"的动词和助词用法都沿用至现代。"着"也是由动词虚化为表示进行体的形尾，最初写作"著"。唐代以后，"著"已写作"着"，并且已经完全虚化为助词。在第十二章"句子语气词的发展"中谈到了近代汉语语气词，如语气词"也"不仅可表陈述语气，也可表疑问语气。这一章节还探究了语气词"呢""哩""么""吗""吧""罢"的起源。

史存直的《汉语语法史纲要》第七章按照助词在句子中的位置，将助词分为语首助词、语中助词和语末助词。该书主要考察了上古汉语的助词，但也讨论了一些近代汉语助词的来源和发展，主要包括语中助词"岂""其""宁""可"

---

① 李思明：《〈水浒全传〉中的并列连词》，《安庆师范学院学报》1988年第4期。
② 刘坚：《试论"和"字的发展，附论"共"字和"连"字》，《中国语文》1989年第6期。

"难道"和语末助词"的、了、吗、呢"。

赵克诚的《近代汉语语法》在第八章讨论了助词,包括"之、的、底""而、地、的""得、的、将""者、所、的"四组词,通过丰富的例证说明了近代汉语新兴助词的使用情况及其源流。

王力的《汉语语法史》对近代汉语助词的讨论主要体现在第二十三章"语气词的发展"。该章讨论了近代汉语语气词"了""罢了"的用法,指出大约在宋代以后,"了"已在口语里取代上古常用的语气词"矣",表示不满语气的"罢了"取代了"耳(爾)"。该章还考究了语气词"吗""呢"的来源。

在这个时期,我国的东邻日本也出现了一些涉及近代汉语助词的论著。香坂顺一专注于对近代汉语词汇的研究,取得了不俗的成绩。1983年,他的《白话语汇研究》在日本光生馆出版。四年后,他又在同一出版社出版了《水浒词汇研究(虚词部分)》。《白话语汇研究》以近代汉语文学语言为研究对象,选取了其中具有特色的词语加以考察,其中包括不少值得注意的助词,如时态助词"得、的"、结构助词"价、家、假"、语气词"吗"等。《水浒词汇研究(虚词部分)》对《水浒传》中六十多个虚词进行了细致描写,包括代词、副词、介词、连词和助词五大类,助词部分包括动态助词"了""得、的",表示持续、进行的助词"着""过",结构助词"的、地""价、假、家""似的、也似",语气助词"么、罢、着、则个、休、也、了、裏、俚、里、哩、来、时"等。

志村良治的《中国中世语法史研究》定位为研究魏晋南北朝至唐末五代语法词汇的专著,但书中涵盖内容远不止于此。该书第一部分"中世汉语的语法和词汇——概论"的"助词"章节讨论了结构助词"地、底"和语气助词"来""在""著""许""磨、摩、麼"等。作者不仅在语法词汇研究中结合了语音考察,而且联系了上古汉语和近代汉语共同探究,如在该书"关于动词'著'——从它的原义和破读到使成复合动词化及补助动词化"专题部分就涉及近代汉语助词的讨论。

太田辰夫的《汉语史通考》(图16)收录了不少有关近代汉语助词研究的成果,其中较有代表性的是论文《〈祖堂集〉语法概说》。该文考察了《祖堂集》中的名词、代名词、数词、量词、形容词、动词、介词、副词、连词和助词,展现了晚唐五代时期的语言面貌。该文采用了《中国语历史文法》中对助词的分类方式，描写了《祖堂集》中每一个助词用法，对"底""不""聻、尼、你""在"等助词的用法作了详细考察与说明，其见解对后来的研究有很大的启发作用。

图 16 《汉语史通考》

八十年代出现了大量研究近代汉语助词的论文，总结下来主要有两种类型：专书研究和个案研究。

专书研究中，《祖堂集》《老乞大》《元杂剧》《水浒传》《儿女英雄传》等比较典型的近代汉语语料，学者几乎都有涉及。这一时期，关于《祖堂集》的助词研究，较有代表性的是曹广顺的《〈祖堂集〉中与语气助词"呢"有关的几个助词》[1]和《〈祖堂集〉中的"底（地）""却（了）""著"》[2]。《〈祖堂集〉中与语气助词"呢"有关的几个助词》以《祖堂集》为依据，结合其他文献，概述了"聻、那、在"三个助词从唐至元这段时期的发展过程，从而把握语气助词"呢"的发展线索。曹广顺认为"聻、那、在"是三个不同来源、不同归宿的语气助词，"聻"是"呢"的主要来源，"那"曾兼有"呢"和"吗（么）"的功能，但随着"呢"和"吗（么）"的发展而逐渐被淘汰了，"在（哩）"曾和

---

[1] 曹广顺：《〈祖堂集〉中与语气助词"呢"有关的几个助词》，《语言研究》1986 年第 2 期。
[2] 曹广顺：《〈祖堂集〉中的"底（地）""却（了）""著"》，《中国语文》1986 年第 3 期。

"聻（呢）"一起表示感叹语气，但它之后被"呢"所兼摄。现代汉语语气词"呢"正是在"聻、那、在"三个近代语气词的兴衰变化中最后形成的。《〈祖堂集〉中的"底（地）""却（了）""著"》分析了《祖堂集》中助词"底（地）""却（了）""著"的使用、发展情况。先是介绍了结构助词"底（地）"，它在《祖堂集》中出现在名词、动词、形容词和副词之后，构成"底（地）"字结构，充当主语、宾语、定语、状语和谓语。完成貌助词"却（了）"出现在"动+却""动+却+宾"两种格式中，语法功能和意义与现代汉语完成貌助词"了"相近。助词"却"的产生在汉语发展史上是一个重要的变化，它改变了汉语以时间词语或表示完成义的动词来表达动态的方法，产生了一种新的句式和一个新的词类。汉语趋向补语由连动式产生，补语紧跟动词，早期补语之后一般不能带宾语，以后虽然出现宾语，但补语紧跟动词的格式仍居统治地位。"却"的历史来源决定了"动+却""动+却+宾"两种语法格式的建立。唐以后，汉语完成貌助词有所更替，但由"却"造成的完成貌句式却始终稳定不变。《祖堂集》中完成貌表示法，除用"却"外，也可用表示完成的动词"了、已、讫、竟"，其句式为"动（+宾）+完成动词"。以"了"为例，从晚唐起，表示完成的动词"了"出现虚化趋势，位置从"动+宾"之后，逐渐前移到"动+宾"之间助词"却"的位置上。但是在《祖堂集》中，"却"是唯一的完成貌助词，它产生于初唐，衰亡于南宋中晚期。现代汉语完成貌助词"了"在《祖堂集》中还是表示完成的动词，它由完成动词变为助词的时间可能在晚唐，但到五代尚未被广泛使用。北宋前期"了"开始大量使用，南宋中晚期开始取代"却"。文章还分析了"著"在《祖堂集》中保留有其从动词到助词变化过程的一些用法。现代汉语表示进行貌的助词"着"就是在表示持续的基础上发展起来的。"著"在《祖堂集》中已经变成表示持续态的助词，但是，同时也残留着"著"演变成助词之前，表示"附着"义动作结果和表示包括持续在内的一般性动作结果的用法。

刘宁生的《〈世说新语〉〈敦煌变文集〉中"着"之比较研究》[1]利用专书，对"着"在不同时期的特点进行了比较研究。《世说新语》和《敦煌变文集》分

---

[1] 刘宁生：《〈世说新语〉〈敦煌变文集〉中"着"之比较研究》，《南京师大学报》（社会科学版），1985年第4期。

别是"着"发展演变的不同阶段的代表。《世说新语》中只有"著"和"箸",《敦煌变文集》中还有"着"。两书中"着"都分单用和与动词或形容词连用的情况。《世说新语》和《敦煌变文集》中虚化了的"着"的差别可以概括为三点:第一,"着"在时态助词的基础上发展出语气词的新用法;第二,"着"在"中"义动词的基础上发展出结果补语的新用法;第三,"着"的时态助词用法已经趋向于成熟,但只能表示状态持续而不能表示动作进行。

关于《老乞大》的助词研究,这一时期较有代表性的学者是刘公望和陈志强。刘公望研究了《老乞大》中的助词"也""着""来"。《〈老乞大〉里的语气助词"也"》①详尽考察了语气助词"也"的使用情况,可以用在陈述句中,表已然,强调已产生的新变化或出现的新情况,含有解释说明的意味;预计将要出现的新情况或推论将产生的后果,且表自信之坚;表行为动作将然,含确定的语气。用在感叹句中,对既成事实发生感慨,表"该当如此";表示对现状将引出结果的焦虑和担忧;用于表判断的句子末尾表强调、赞叹;用于句首的名词语之后表强调,含有估量、评价或重点解说的意味。用于祈使句,表肯定、决断的语气,并语含邀约、催促意。用于疑问句的是非问句末,表明说话者对自己假想或推测的自信,同时要求对方证实。《〈老乞大〉里的"来"》②考察了《老乞大》中"来"的动词、趋向动词、概数、语气助词等四种用法,详细描写了各种用法的语法特点。《〈老乞大〉里的"着"》③全面分析了《老乞大》里"着"的用法,对人们普遍认为的"着"作助词或词尾的用法,他提出了作为语素看的见解,因为"着"还保留"附着"义,所以可以作为动词性语素,黏着地后附于其他同义语素,构成联合型复合词,例如:"后头有一个骑马的贼,带着弓箭跟着行。"当然,文章也不否认语素"着"已兼有"表事态之持续"的语法意义。这也正好反映了"着"已由动词演化为黏着的语素并进而向纯粹的虚词演变之中的一个过渡。书中"着"还作为语气助词,用于句末(多为祈使句末),表达丰富多样的语气;"着"还用于条件句或句与句之间的过渡词语之后,表示假设关

---

① 刘公望:《〈老乞大〉里的语气助词"也"》,《汉语学习》1987年第5期。
② 刘公望:《〈老乞大〉里的"来"》,《延安大学学报》(社会科学版),1988年第4期。
③ 刘公望:《〈老乞大〉里的"着"》,《兰州大学学报》1988年第2期。

系，其后多为祈使句，表明在前假设条件下所应采取的对策或将出现的结果，例如："那般着，我打水去，你将马来。"也有时体助词的用法，用于某些持续性动词之后，表示保持、持续某种势态或正在进行某动作，例如："我沿路上慢慢的行着等候来""那贼只道是死了，便赶着那驴往前行"。用于某些表状态的动词或形容词之后，表示某人或某物处于某状态，动词后一般不带宾语，例如："离得远些儿拴，又怕绳子纽着""火伴，你将料捞出来，冷水里拔着"。陈志强也探讨了《老乞大》里的助词"着"[①]，不像刘文把《老乞大》中"着"的动词、语素、助词、介词等用法都列举出来，陈文专门探讨助词"着"的用法，并分为四小类，即表动作或状态持续的事态助词、表动作完成的助词、句末语气词，以及没有实在意义的既不表时态又不表全句语气的助词。比较可以发现，刘文中归为"语素"的"着"，陈文认为是助词。此外，陈志强[②]以白文本《老乞大》为依据，考察了里面的两个虚词"将"和"的"。《老乞大》里的"将"字，都是用在动词后，未发现有用在形容词之后的，也未发现有用在句末的，并且它前面的动词都是单音节的。补充音节，使其偶数化，是"将"的一个作用。值得注意的是，在《老乞大》里，"动+将"或"动+将+宾"的后面都有一个趋向动词，"来""去""去来"做动词的补语。这个补语除在某些特殊的句式中，一般都在句子的末尾，助词"将"是趋向动词出现的标记。对"将"所表示的时态，通过书中的实际例子证实了"将"能表动作的开始、持续和结束。总之，"将"能表动作的各种情态。因此，文章认为，"将"在表动作时态方面是不起作用的，"将"的作用在于：一是协调音节，二是"预示"趋向动作的出现。对于"的"字，文章同意王力的观点，即"的"字的应用在元代之后，大多数是做定语的标志或与词、词组结合形成"的"字短语。"这（那）+的"除了修饰名词或以名词为中心的词组之外，还可以单独地充当句子的主语。在元明时代"的"字往往可以黏附在别的词的后面，起衬词的作用，《老乞大》中也有相当多没有词汇意义和语法意义的衬词"的"。

---

① 陈志强：《试论〈老乞大〉里的助词"着"》，《广西师院学报》1988年第3期。
② 陈志强：《〈老乞大〉"将""的"初探》，《广西师院学报》1988年第1期。

对《元杂剧》里助词的研究，有沈孟璎的《元杂剧的语气词》①。文章论述了元杂剧中不代表实在概念、在句子的末尾、作用是表达句子语气和区别句子不同用途的那些语气词。按语气词明显的时代特征，将语气词分为三大类型：一是保留文言语气词的；二是元杂剧的特有语气词；三是现代口语仍使用的语气词。文章还详细介绍了在元杂剧全部语气词这个范围内，跟其中的文言语气词和现代口语语气词相比照而言的元杂剧特有语气词，如"者""咱""波""个""来"等。

关于寒山诗里助词的研究，钱学烈的《寒山诗语法初探（下）》②指出，时态助词"了""着"是由动词逐渐虚化而来的，"了"在寒山诗中有的仍做动词用，表示"了解""明了""了结""终了"之意，例如："所为在贫穷，未能了因果""速了黑暗狱，无令心性昏"。虚化为时态助词的"了"正是从"了结""终了"的意义演变而来的。"死了万事休，谁人承后嗣"中的"了"放在不及物动词之后，表示完成貌。"了"放在及物动词之后，后面还带有宾语，形成了"动+了+宾"结构，例如："但看木傀儡，弄了一场困。"后两个例句说明，真正的时态助词"了"和"动+了+宾"结构，早在唐代八世纪就产生了。"着"本作"著"，寒山诗中都做"著"，"著"既可以做动词表示"衣著""附著"，也有开始虚化的，与前面的动词构成类似动补性结构，用于处所状语之前，动词后不带宾语，例如："饿著首阳山，生廉死亦乐""埋著蓬蒿下，晓月何明明"。真正表示行为在进行中的时态助词"著"，在寒山诗中也已经有了这样的用法，例如："子细推寻著，茫然一场愁""上贤读我诗，把著满面笑"。这种"著"紧跟在动词之后，后面不再有处所状语。

对《水浒传》里助词的研究，有杨占武的《〈水浒传〉中的"了""着"和"将"》③和《与〈水浒传〉中"动词+得+宾语"相关的几个问题》④。前者主要探讨了"了""着""将"在《水浒传》中的应用情况，有作动词的用法，有类似副词的用法，也有虚化后的词尾用法。"了"作词尾时放在动词之后，

---

① 沈孟璎：《元杂剧的语气词》，《南京师大学报》（社会科学版），1982年第4期。
② 钱学烈：《寒山诗语法初探（下）》，《语言教学与研究》1983年第3期。
③ 杨占武：《〈水浒传〉中的"了""着"和"将"》，《固原师专学报》（社会科学版），1984年第2期。
④ 杨占武：《与〈水浒传〉中"动词+得+宾语"相关的几个问题》，《固原师专学报》（社会科学版），1986年第1期。

表动作的完成、持续。"着"放在动词后,表示行为正在进行中。"了""着"的分工这时仍不十分明确。《水浒传》中最起码有"了""着"混用的残迹。"将"的典型的词尾用法是嵌在动词和趋向动词之间。《水浒传》中它们的用法,体现了实词虚化过程中"新规则"和"旧规则"的并存,它们的语言特点是过渡性的语言特点。后者则讨论"动+得+宾"格式中的宾语、"动+得+宾"格式中的动词、"得"的性质以及"得"在现代汉语中的分化等问题。

对《儿女英雄传》里助词的研究,谭枝宏发表了两篇论文分别探究了《儿女英雄传》中助词"着"和"将"的使用情况。《〈儿女英雄传〉中助词"着"的使用》[①]认为,在《儿女英雄传》中,单谓语句动词后附助词"着"时,在语法上主要是表示动作在进行或持续。有点特别的是,"说着"的"着",有"说完"的意思,在语法意义上表示动作已经完成,并表示后面的另一个动作紧接着就要发生。考察《儿女英雄传》中动词和"在+处所词"组合,发现动词的位置有居前和居后两种,凡是居前的动词都没有后附"着",而居后的则可以后附"着"。"动$_1$+着+动$_2$"格式也大量存在,有连动式、偏正式和部分兼语式。第二篇文章《〈儿女英雄传〉中虚词"将"的使用》[②]全面介绍"将"作为介词、副词和助词的用法。"将"为助词时,紧附在动词后,构成"动+将+趋向动词"的格式,并且为了认识和说明这部小说使用助词"将"的特点,作者先简略地考察一下"将"在以前的文献中的使用情况,文献包括《敦煌变文集》《水浒传》等。最后得出结论,《儿女英雄传》中只有"动+将+趋向动词"格式,"将"的出现次数也少,是助词"将"趋于消失的时期。

除了在专书中对助词进行封闭语料的研究之外,还有很多学者对单个助词作了溯源、梳理工作。梅祖麟的《现代汉语完成貌句式和词尾的来源》[③]从现代汉语完成貌句式"动+了+宾"出发探究了其来源,并从语义和语法方面解释了演变缘由,在这个探讨中也涉及了"了"由动词向完成貌词尾的演变。作者认为现代汉语完成貌句式是由"动+宾+完成动词"句式经过词汇变化、词序变化两个阶段

---

① 谭枝宏:《〈儿女英雄传〉中助词"着"的使用》,《安庆师范学院学报》1987年第4期。
② 谭枝宏:《〈儿女英雄传〉中虚词"将"的使用》,《安庆师范学院学报》1988年第2期。
③ 梅祖麟:《现代汉语完成貌句式和词尾的来源》,《语言研究》1981年第1期。

而成。在南北朝时期，"动+宾+完成动词"句式中完成动词多为"毕、讫、已、竟"，到唐代时，已发生词汇变化，"动+宾+完成动词"中，"了"是最常用的表示完成的动词。从中唐到宋代，完成貌"了"字挪到动词和宾语之间的位置，即句式发展为"动+了+宾"。挪动一是因为动宾短语后面的"（不）得"和结果补语同时也往前挪，一是因为放在动宾之间的结果补语早就表示完成貌。曹广顺专门探讨了语气词"了"的来源，把"了"的流变过程展现得细致、清晰。《语气词"了"源流浅说》①根据近代文献资料，讨论"了"具备成句功能和"动+了₁宾了₂"格式出现的大概时间和过程。魏晋前后，表示完成义的动词"了"开始与"已、讫、毕、竟"等动词一起，进入"动+宾+完成动词"格式，用于表示完成貌。"动+宾+完成动词"格式，唐代继续广泛使用，但其中的完成动词却从以"已、讫、毕、竟"为主转变为以"了"为主，特别是到中晚唐以后，这种趋势更加明显。宋代是"了"最终形成的时期。

刘公望在语法研究方面多有成就，他的《关于语气助词"的"》②从语气助词"的"的语法作用、"的"的分布、语气句的结构特点三方面进行了介绍。"的"的语法作用是用于陈述句句末，表示肯定和确认语气，它的存在不是出于结构的需要，而是出于句子语气的需要。语气助词"的"只限用于谓语是谓词性词语的句子，而且句中确有所强调的对象。"的"在意义上和全句发生联系，在结构上和全句相对立。语气句的结构特点表现在语气助词"的"只使全句产生一种附加的语气意义，并不直接和句子的某一个成分发生结构关系，所以"的"一般可以省去，省去后句子的基本意义不变，只是强调和确认的语气有所减弱。

刘宁生在近代汉语助词研究方面用力颇多，除了前面提到对专书中助词"着"的研究，他还对助词"着"作了一些个案研究。他发表的论文《论"着"及其相关的两个动态范畴》③同意日本学者木村英树区分两个"着"的观点——一个表示状态持续，是补语性词尾，一个表示动作进行，是时态词尾，并进一步扩大讨论的范围，从方言角度、英汉对比角度等多方面寻求论据，根据有标记无标记理

---

① 曹广顺：《语气词"了"源流浅说》，《语文研究》1987年第2期。
② 刘公望：《关于语气助词"的"》，《青海民族学院学报》1982年第1期。
③ 刘宁生：《论"着"及其相关的两个动态范畴》，《语言研究》1985年第2期。

论对"着"进行了解释,还通过对大量文献的统计,从"着"的出现频率探讨它的语法语用特点。他的另一篇论文《"着"字的特殊意义和用法》[①]认为动态助词"着"语法意义很复杂,用法也很灵活。文章讨论了它的一些比较特殊的意义和用法,例如动补式后附"着"的情况,"着"与"忽然""突然"等同现的情况,动态助词"着"与"了"连用的情况,"V 着"与另一动词连用表示"接续"的情况等。

刘瑞明的《助词"复"续说》[②]针对蒋绍愚《唐诗词语札记(二)》提出"复"为语助的观点,提出了不同意见。文章详细考察了"复"用于副词、形容词、连词后的情况,认为"△复"式词中,"复"没有实在意义,并且"复"只"助于词后,未见有助于结构或句末的",因此把"复"当作词缀更加恰当。

木霁弘的《"过"字虚化的历史考察》[③]细致考察了"过"的虚化历程,认为其萌芽于魏晋南北朝,在唐代进一步虚化,至宋代"过"的助词用法已基本成熟,明清时助词"过"普遍应用。作者在"过"虚化过程的每个阶段都用了不少对应当时时代的文献语料,清晰而有力地展现了"过"的虚化脉络。

这一时期,梅祖麟还结合方言对近代汉语的助词展开了研究。《吴语情貌词"仔"的语源》[④]指出吴语中的"仔"有两种用法,一种表完成("吃仔饭哉"),一种表持续("骑仔马寻马"),并认为"仔"来源于"著(着)"。作者从语音、语法方面找了很多书面和口语依据进行论证,很有参考价值。《明代宁波话的"来"字和现代汉语的"了"字》[⑤]比较简略,在总结前人观点的基础上,指出明代宁波话里的"来"和现代汉语里表示变化的句末词"了"应当是同一个词。

总体而言,继学界近二十年的沉寂之后,近代汉语助词研究在二十世纪八十年代重新恢复活力,进入一个全新的发展阶段。国内外近代汉语助词研究成果的数量增加,涌现了不少对单个助词溯源、专书助词研究的论文,还有的学者运用方言研究近代汉语助词。

---

① 刘宁生:《"着"字的特殊意义和用法》,《逻辑与语言学习》1987 年第 2 期。
② 刘瑞明:《助词"复"续说》,《语言研究》1987 年第 2 期。
③ 木霁弘:《"过"字虚化的历史考察》,《思想战线》1989 年第 2 期。
④ 梅祖麟著,陆俭明译:《吴语情貌词"仔"的语源》,《国外语言学》1980 年第 3 期。
⑤ 梅祖麟:《明代宁波话的"来"字和现代汉语的"了"字》,《方言》1981 年第 1 期。

## 第三节　二十世纪八十年代的近代汉语介词研究

到了二十世纪八十年代，无论是语言学方面的专著还是论文都如雨后春笋般发展繁荣起来。

潘允中的《汉语语法史概要》是这一时期第一部语法史专著，对虚词语源的探索比较有新意。上编"词类的发展"第九章专门讲了"介词的发展"，共分为四节：第一节"于（於）、乎、在"的演变；第二节"之"的演变；第三节"以、为"的演变；第四节"与、同、和"的演变。书中对具体介词的语法意义以及发展变化、介词的主要功能以及发展变化都做了分析和说明，如"和"原本是动词，宋元时期"和"开始用作介词，用例如《京本通俗小说》中的"和你同去问婆婆"。[①]

赵克诚的《近代汉语语法》第七章主要探讨了介词"于、以"发展到近代汉语里的情况。既细致描写了多义介词"于、以"在近代汉语里的用例，又全面描写了"于、以"的不同介词用法逐渐被新产生的介词所代替的情况。如在近代汉语中，介词"于"仍旧保留了表示动作的起点这一用法，同时介词"自、从、打"也可以表示相同用法，而且组成的双音词"自从"表示时间的起点，"打从"表示动作经过的地点，介词表意愈发准确细致。

王力的《汉语语法史》第十章谈到了近代汉语介词，包括上古已产生的介词"于""与"和近代汉语时期才出现的"和""同"。王力认为介词主要由动词、形容词虚化而来，如动词"与"在上古时虚化为介词，形容词"和"大约在唐代虚化为介词。

志村良治的《中国中世语法史研究》对近代汉语介词也有所涉及，简要讨论了"把""将""被""向""在""用""自、自从""於""去""和"等的介词用法。

香坂顺一的《白话语汇研究》中选取了一些近代汉语介词加以考察，一般探

---

[①] 潘允中：《汉语语法史概要》，中州书画社，1982，第140页。

讨其用法、发展情况，如表使役的介词"教、交、叫"。有时也会把同类介词放在一起比较，如通过介词"把"在元曲、《西游记》、《红楼梦》中具有用于骂语的特殊用法而介词"将"没有此种用法推断"把"更加口语化。

香坂顺一的《水浒词汇研究（虚词部分）》对《水浒传》中的介词进行了细致描写，主要讨论了11类介词，包括表所在的介词"在、在于、向、就"，表经过、起点的介词"从、打、打从、去、上"，表方向的介词"向、往、望、朝着、投"，表对象、共同的介词"对、问、和、共、同、与"，表处置的介词"将、把、把来、把与、连"，表使役的介词"教、交、叫、使、着、由、得"，表动机、目的的介词"与、替、同、和"，表被动的介词"为、被、吃、着"等等。

太田辰夫的《汉语史通考》中对近代汉语介词的研究，较有代表性的是论文《〈祖堂集〉语法概说》。该文采用《中国语历史文法》中的介词分类，描写了出现在《祖堂集》中的五类介词，包括表所在的介词"向、就"、表到达的介词"到、投、待"、表目的的介词"与"、表材料和用具的介词"用"、表处置的介词"把、将"，对每个介词的具体用法都加以说明，并引用《祖堂集》中的用例，但未深入探讨。

就论文而言，二十世纪八十年代出现了一大批近代汉语介词的专书研究。李思明的《从〈水浒全传〉、〈红楼梦〉、〈家〉看"与"字的发展》[①]对"与"字从近代汉语到现代汉语的发展做了专门的阐释，其中就涉及其作为介词的发展变化。文章以《水浒全传》《红楼梦》《家》这三部小说作为语言材料，考察"与"字在近代汉语中的情况，以及它后来的发展变化。就使用情况而言，文章对"与"的动词、介词和连词用法都作了一一阐释，其中介词"与"细分出六种用法：引进交付、传递等动作的接受者；引进动作的受益者；表示共同、协同进行某一动作；指示与动作有关的对方；引进用来比较的对象；表示与某事物有联系。就介词"与"用法的变化或发展趋势来看，它和起相同作用的其他介词在《水浒全传》《红楼梦》《家》这三部作品中的地位是依次下降的，到《家》时几乎已完全消失。文章继续往纵向延伸，把"与"字的用途和用法作了更加深远的历时比较和

---

① 李思明：《从〈水浒全传〉、〈红楼梦〉、〈家〉看"与"字的发展》，《安徽师大学报》（哲学社会学科版），1981年第4期。

梳理，指出从古代汉语杨树达的《词诠》到现代汉语的《家》，"与"字本身所承担的词类以及用法都是在慢慢减少的。李思明的这篇论文结构布局一目了然，阐述简洁清晰，既有共时比较，也有涉及古代汉语、近代汉语、现代汉语的历时比较，可谓研究"与"字论著中的力作。

钱学烈的《试论〈红楼梦〉中的把字句》[①]对《红楼梦》中的把字句和将字句进行了穷尽的统计和分析。文章不仅统计了"把"和"将"在《红楼梦》一百二十回中分别作为介词和其他语法成分出现的频率，还析出"把"和"将"在书中对举的用例说明"把"字句和"将"字句在表达上已经没有什么差别。此外，文章还对"把""将"出现的场合进行了统计，指出对话中把字句占优势、叙述中将字句占优势，并作出相关推测。统计了"把"和"将"在全书每一回中出现的频率，列成一目了然的表格，发现的结果也为《红楼梦》前八十回与后四十回写作时间不同提供了例证，体现了语言学研究的价值。除了技术上的计量统计和分析外，文章还进行详尽的描写，指出了把字句在全书中出现的几种比较特殊的类型，包括表示行为方式的把字句、否定式把字句和施事把字句。值得注意的是，文章检索利用的是深圳大学中文系与电脑中心联合制作的《红楼梦》电脑多功能检索系统。在计算机技术尚不发达的八十年代，这一举措可谓走在了时代的前列。

1988—1989年，许仰民陆续发表了三篇关于被动介词的论文。许仰民首先发表了《〈水浒全传〉的"吃"字句》[②]，这篇文章分别考察了"吃"的语法形式、语法意义和语法功能。作者既运用计量统计的方法，统计出《水浒全传》"吃"字式各式频率表，还把"吃"和"被"这两个用法十分接近的被动介词进行比较，共时比较了被动介词"吃"和"被"的关系，也用历时比较的方法说明了被动介词由实变虚的大致轨迹，以及被动介词"吃""被"发展到现代汉语的现状。从整体上来说，"吃"字式被动句产生时间较晚，其表现力也远远不及"被"字式被动句。许仰民的《论〈金瓶梅词话〉的"乞"字句》[③]主要研究《金瓶梅词话》

---

① 钱学烈：《试论〈红楼梦〉中的把字句》，《深圳大学学报》（人文社会科学版），1986年第2期。
② 许仰民：《〈水浒全传〉的"吃"字句》，《信阳师范学院学报》（哲学社会科学版），1988年第3期。
③ 许仰民：《论〈金瓶梅词话〉的"乞"字句》，《信阳师范学院学报》（哲学社会科学版），1989年第2期。

的"乞"字句,既窥探了近代汉语"乞"字式被动句的全貌,也分析了其演变发展的脉络。文章对"乞"在《金瓶梅词话》中的出现频率做了计量统计,主要从"乞"构成的语法结构、语法意义、语源等角度探讨了"乞"的用法、由实变虚的演变轨迹,并从共时和历时两方面比较了"乞"和"吃"的渊源关系。1989 年,许仰民在《信阳师范学院学报》第 4 期上发表论文《论〈金瓶梅词话〉的"被"字句》[①]。此篇论文的研究思路与他之前发表的两篇论文《〈水浒全传〉的"吃"字句》《论〈金瓶梅词话〉的"乞"字句》基本一致,以近代汉语专书为蓝本选取语言材料进行统计分析,而后从介词"被"的语法结构、语法作用、语法意义等展开研究,以反映出近代汉语介词的概貌。正文中所阐述的介词"被"的语法结构、语法作用、语法意义与之前两篇文章中的"吃"和"乞"大同小异。但是最后,作者也指出了被动介词"被"的特别之处:语法结构上,"被+双宾+动"式、"被+宾(主谓)+动"式结构是近代汉语独有的;语法意义上,介入人事兼工具、介入情状、介入原因等也是古今汉语所不具备的;"被"字式与介词套用,亦开现代汉语先河。作者还对《金瓶梅词话》和《水浒全传》进行了历时比较,认为《金瓶梅词话》中的"被"更接近现代汉语,更趋规范化。

1988 年,沈锡伦发表了论文《晚唐宋元被字句考察》[②]。文章共分为三大部分。第一部分作者从语源上考察了被字句的早期形式。"被"在先秦文献中只能做助词,形成被动句式"N+被+V",其中受事 N 为名词性成分,V 为动词性成分。两汉以后"被"字由助词转化为介词。这一时期,被字句产生了一种新兴的结构形式"N+被+$N_1$+V",该结构出现了一个施事 $N_1$。与此同时,"被"也跟动词脱离了关系,改为与施事 $N_1$ 结合成被字结构。到晚唐五代时,"被"作为介词的结构"N+被+$N_1$+V"已经发展为近代汉语被字句的一种基本形式。第二部分讨论了被字句的发展情况,包括被字句中动词构词法的发展、"N+被+$N_1$+V"结构复杂化趋势,以及"吃""叫"与"被"字功能相同但在风格色彩和使用范围上有所不同。第三部分中,作者阐述了近代汉语被字句的特点,说明了几种在近代

---

① 许仰民:《论〈金瓶梅词话〉的"被"字句》,《信阳师范学院学报》(哲学社会科学版),1989 年第 4 期。

② 沈锡伦:《晚唐宋元被字句考察》,《上海师范大学学报》(哲学社会科学版),1988 年第 3 期。

汉语尚有，但已被现代汉语淘汰的被字句类型。

徐静茜以"三言二拍"为研究对象发表了论文《"三言二拍"中的"把"和"将"》①。文章收集整理了"三言二拍"中"把"和"将"的用例，从共时角度来说，不仅分别比较了"把"和"将"自身作为动词和介词的语法结构和语法意义差异，还对"把"和"将"进行比较。从历时角度来说，文章还侧重将"把"和"将"与现代汉语中的用法进行比较，试图从中发现这两个词从古代汉语的动词发展为现代汉语的介词的演变轨迹。作者研究介词用法，但没有忽视其同时作为动词的用法，将作为动词和介词的差异进行比较，非常强有力地说明了当时"把"字不曾完全虚化。文章对王力先生所说的"处置式又专为积极的处置而设，所以把字后面不能用否定语"②提出了疑问，徐静茜提出，"三言二拍"中否定语可以用在"把"字后面，该书中的把字式不受王力先生所说的这个限制。这在近代汉语被动介词研究上是个很大的推进。

1988 年，谭枝宏在《安庆师范学院学报》第 2 期发表论文《〈儿女英雄传〉中虚词"将"的使用》③。全文探讨了"将"作为介词、副词、助词使用的情况。此处我们重点说明"将"作为介词使用的情况。根据"将"的宾语与动词的关系，文章把"将"的作用概括为两点，一个是在句中其引进工具手段的作用，相当于"用"或"拿"，另一个是强调对动作对象的"处置"，把动词的宾语提到动词前面去。作者的思路同吕叔湘《"把"字用法的研究》一致，也是从动词、宾语、结构三个角度分析。从动词角度来看，《儿女英雄传》中介词"将"句中所有的动词如"按、带、靠"等都有两个共同点：一是表示行动，需要带宾语；二是只有跟别的词相结合，意思才能显豁。从宾语角度看，"将"的宾语都是"有定"的，它们都是名词性成分，或者指专人，或者用"这、那"或别的修饰语限制，或者是类似于"弓梢"这样看似空泛而实际所指具体的事物。"将"的宾语实际就是动词的宾语，并把动词宾语提前。从句法结构的角度来看，《儿女英雄传》中介词"将"句中谓语都比较复杂：有的是动词后带补语，或者带结果补语和处

---

① 徐静茜：《"三言二拍"中的"把"和"将"》，《湖州师专学报》1988 年第 1 期。
② 王力：《中国现代语法》，商务印书馆，1985，第 83 页。
③ 谭枝宏：《〈儿女英雄传〉中虚词"将"的使用》，《安庆师范学院学报》1988 年第 2 期。

所补语，或者带趋向补语；有的动词前带副词或带"都"；有的在动词后带宾语比如数量宾语。谭枝宏把"将"字同"把"字相比较，提出只就《儿女英雄传》而言，它们有两个不同之处：一是"把"字的宾语不是动作的受事，而是动作的施事；二是"把"字的宾语表示动作发生的处所。这两点都是"将"字所没有的。

奈良产业大学副教授植田均的《近代汉语中介词"和、同、替"的特殊用法》[①]把现代汉语中表示"共同、协同""对象"的"和""同"归为一类，把表示"动机、目的"的"替"单独归类。相比现代汉语中的用法，近代汉语的"和、同"有表示"动机、目的"和表示"动作行为的对象"这两种特殊用法。而相比现代汉语中的用法，近代汉语的"替"有以下三种特殊用法，它都表示"介绍动作行为的对象"，但是又分为三小类：表示"从……那里"；表示"共同、协同""对象"；表示"有方向性也有礼节性"。作者逐一考察了介词"和、同、替"上述每一类特殊用法在明清时期白话小说《水浒传》《金瓶梅词话》《儒林外史》《醒世姻缘传》《红楼梦》里的分布情况并进行了详尽的计量统计。在考察时，作者还涉及相关介词固定句型结构的分析，比如"和"字结构有两类：一类是"[东西]+和+[对象]+V"，另一类是"和+[对象]+V+[东西]"。第一种句型几乎都是介词的特殊用法，第二种句型尚有歧义。最后作者得出结论："和、同、替"这三个介词的特殊用法在《儒林外史》中出现得较多，这和《儒林外史》系属南方语系词汇系统有关。同时，作者还指出"动机、目的"类"和"在《金瓶梅词话》的分布应当分开来看，一部分所在的回数与《水浒传》对应重复，另一部分是南方人补作之处。文章最后还附有"和、同、替"介词每一类特殊用法在以上每一部白话作品中的出现频率表。

汉语的介词与动词的关系十分密切，现代汉语中几乎所有的介词都从动词虚化而来。但是，一个动词演化成一个介词确是个漫长而复杂的过程。马贝加的《介词"沿、往、望、朝"的产生》[②]正是探讨了介词在形成过程中词义虚化的方式及其语法特点的变化等问题。这篇论文细致地追溯了"沿、往、望、朝"四个介词的产生过程，对每一阶段的变化都举以当时的例证，论证充分，条理清晰。在分析

---

① 植田均：《近代汉语中介词"和、同、替"的特殊用法》，《安庆师范学院学报》1989年第3期。
② 马贝加：《介词"沿、往、望、朝"的产生》，《温州师范学院学报》1987年第1期。

虚化的方式时，作者运用"义素"这一概念，同时在说明词义虚化的过程时，还解释了词的语法特征的发展变化主要表现在搭配关系的变化即组合特征的差别。

江蓝生的《被动关系词"吃"的来源初探》重点探讨了表示被动的"吃"（古代也写作"喫""乞"）的来源。文章对《水浒传》《金瓶梅词话》这两种主要资料进行考察，也参考了元曲、平话、话本等其他的白话文献。文章主要分成四大部分。第一部分是对"吃"的格式和意义的考察。作者指出了"吃"的两种意义：①"吃"表被动，此时有两种格式："吃+动"（甲式）和"吃+名+动"（乙式）。甲式较少见，在动词后往往带补语，如"若无免贴，定然喫打三下"。乙式以动词后带各种补语最常见，动词后带宾语的也时或可见，前者如"妇人吃他几句抢的通红了面皮"。在明代乙式也常和处置式结合使用，如"乞金莲向前把马鞭子夺了"。乙式不仅动词后的成分复杂，动词前也经常带状语，如"乞他大爹再三央陪伴他坐坐儿"。②"吃"表原因。此时"吃""乞"可释为"因""因为"，与"被"的用法相同。第一部分末，作者从时间、地域对"吃"进行了说明。就产生时间而言，"吃"字的产生最迟不会晚于北宋，不过当时还不多见，到宋元话本、元明长篇白话小说以及明代拟话本中使用得十分频繁了，到清代白话小说突然销声匿迹了。就地域而言，表示被动的"吃"主要在山东、江苏、浙江等地通行，在南方系白话资料和北方系白话资料中均有出现。尽管如此，在这些地域中，表示被动的还是以"被"字式占主导地位。第二部分重点论述被动关系词"吃"的来源。作者考证了大量唐五代的"吃"的用例并得出结论："被动关系词'吃'本字为'喫'，'喫'本义为'食'，自唐代始有'遭受'义，'吃'的被动用法即来自其'遭受'义，如同'被'的被动用法是其'遭受'义一样。'被'和'吃'用作被动关系词的事实反过来又证明具有'遭受'义的动词是汉语被动式关系词的来源之一。"①之后，作者还对与"吃"字相关的用字进行考察和解释，对《水浒传》《金瓶梅词话》《清平山堂话本》中"喫、吃、乞"的用字情况都做了介绍并列成表格。此外，作者通过这些字的使用情况，对该三本著作的作者、地域作了简要分析。第三部分，作者专门考察了"乞"的来源问题，

---

① 江蓝生：《被动关系词"吃"的来源初探》，《中国语文》1989年第5期。

认为《水浒传》《清平山堂话本》等资料里的被动词"乞"不是来源于"给予"义的"乞",而应该是"吃"的同音借字。第四部分,作者从音韵的角度出发,否定了"现代汉语中的被动词'给'是由'吃'发展来的"这一说法。

刘坚的《试论"和"字的发展,附论"共"字和"连"字》[①]从文献资料中归纳出了"和""共""连"三字的实际用法,详细论述了"和"字由动词发展为连词和介词的过程,以作为"实词虚化"的例证。同时,附带论述了与此类似的"共"和"连"字。文章的最后附有两张表格,清楚地说明了"和""共""连"在唐、宋、元三个时期作为连词或介词的情况,以及"和""共""连"作为连词或介词时拥有过的多项语法意义。文章的第一部分讲"和"字。该部分从唐代和宋金元这两个时间段分别论述了"和"的语法意义、语法结构的变化情况。"和"本有来"拌和"之意,如"以肉汁和饭饲之"。后来发展为"连带、连同"义的情况,如唐诗"远雪和霜积,高花占日开",这是"和"由动词转变为"连词"的关键。不过,此时"和"为动词的性质还比较明显,如"和稞而卖"。但是,实际上唐诗里已经有像"只有醉和吟"型的"N+N结构"(N不限于名词),可见"和"字作为连词不是始于宋元。到了宋金元时代,"和"字用作连词的例子明显增多,如"和姬昌都教处死,永除后患也",此处"和"已经是比较典型的介词用法。也就是说,宋代"和"既为连词也是介词。介词的"和"除了"连带、连同"之意外,还有"甚至"之意,有了比较强的夸张意味。元代,介词"和"的"连带"和"甚至"义都逐渐失去,最后发展成了现代汉语里只表示"协同"义的介词"和"。文章的第二部分讲"共"字。"共"也有"连带、连同"和"协同"之意。文章列举了六朝时"共"字的三种格式:①"(与N)共V",如"四姓欲共治之";②"与共V",如"与共结盟";③"共NV",如"共多人众坐于屋中"。唐宋元时期还在使用的是其中的第三种格式"共NV",如"我见神雀,共皇后观之",这时的"共N"都不能独立,后面必须有一个动词V,所以此时的"共"已经是介词。在相当长的一个时期内,"和"与"共"并存过,一些情况下还可以互换。文章的第三部分讲"连"字。现代汉语中表示"连带"

---

[①] 刘坚:《试论"和"字的发展,附论"共"字和"连"字》,《中国语文》1989年第6期。

和"甚至"义的介词"连",其来源是最早的。"连"表示"连带、包括在内"时与表示"连带"的介词"和"相同,如"旧山连药卖,孤鹤带云归",此时的"连"多少带有动词性。到了宋代,"连"字已发展为纯粹的介词了。这一时期,"连N"都是不能独立的,如"久住则连肉烂了"。"连"字也可以表示"强调"意味,此时常与副词"也、都、犹、尚自"等呼应,如"今人连写也自厌烦了"。在话本小说里还能见到"和"与"连"并用的句子。

## 第四节 二十世纪八十年代的近代汉语代词研究

进入二十世纪八十年代,近代汉语的研究才真正迎来了春天,近代汉语代词的研究也出现了可喜的局面,出现了一批今天看来依然没有过时的珍贵的成果,其中首屈一指的就是吕叔湘著、江蓝生补的《近代汉语指代词》[①]一书(图17)。

图17 《近代汉语指代词》

从该书的作者自序中可以获知:吕叔湘本来想写一部近代汉语历史语法,1947—1948年,他把收集的材料里面关于指代词的部分分类排比,略加贯串,写

---

[①] 吕叔湘著,江蓝生补:《近代汉语指代词》,商务印书馆,2017。

成初稿，作为近代汉语历史语法的一部分。后来因为工作有了改变，就把稿子搁了下来。1983 年取出旧稿，先由江蓝生整理一遍，补充了一部分材料，再经吕叔湘亲自调整，写成了《近代汉语指代词》一书。全书共分为十章：①三身代词；②们和家；③谁；④什么；⑤这、那；⑥哪；⑦这么、那么；⑧怎么；⑨几、多少、多（么）、大小、早晚；⑩些和点。其中①、②、⑤这三章是作者以前讨论过的话题；③、④、⑥、⑦、⑧这五章的话题其他语法著作也讨论过，但没有该书讨论得这么详尽；⑨、⑩这两章则是该书开拓的新领域。该书建立了一个完整的近代汉语指代词系统，全书对人称代词，名词性、定语性指代词，状语性指代词和数量指代词作了全面的论述，每个词都既举出大量的例句说明用法，又从使用方法、音韵关系上探求其语源关系，全书描绘出了近代汉语指代词使用和发展的一个完整面貌。

此书面世后，梅祖麟专门撰文予以积极评价。梅祖麟指出："无论从内容看，还是从方法看，《指代词》都是汉语语言学的一个里程碑。语法史的领域里出了这么一部书，实在是值得庆幸的事情。"①在文章中梅祖麟进一步指出了该书的四大优点：①组织严密。从目录就可以看出近代汉语指代词的整个体系。1—3 章是人称指代词，4—6 章是名词性、定语性指代词，6—8 章是状语性指代词，9—10 章是数量指代词。②该书每个指代词都举例说明它的各种用法，这是吕先生独特的学风：描写语法同时要注意虚词的用法和语义，而且要从实例着手。③在讨论语源方面，完全是采取现代语言学的论证方法，把资料按照时代先后排列，再从用法和音韵两方面去考察先后两个语词是否有语源关系。结果是搜出大部分近代汉语指代词的根，另外有些语词的来源，作者的解释未必能完全令人信服，不过作者已经把他所见到的材料井井有条地摆了出来，理由也写了下来，后人可以补充一些资料或理由，或者另辟途径。④写得娓娓动听，引人入胜。

当然，梅文也指出了《近代汉语指代词》需要改进的方面：从全书格局上看缺少一章通论，至少包含"就语源可以确定的语词来说，指代词的音韵演变都不怎么合乎普通话音变的规律""从南北朝到五代这段时间，指代词另一个

---

① 梅祖麟：《关于近代汉语指代词》，《中国语文》1986 年第 6 期。

显著的演变是复音化"两方面的内容；另外梅祖麟还就"他""其、渠""你""们、咱、俺""自己、自家""底""只没、没""这"等个别问题提出了自己的看法。

《近代汉语指代词》作为国内第一部近代汉语语法史著作、第一部近代汉语代词研究专著，其里程碑意义和学术引领作用等都是不言而喻的。也正因为它是第一部，筚路蓝缕，开拓新领域新境界，也就难免会有一些缺憾。关于这一点，吕叔湘在《近代汉语指代词》的自序中也已作了交代："我知道这本书缺点不少。它是作为近代汉语语法的一部分来写的，这个工作在当时多少有点垦荒的性质，广种薄收，在所难免。"相对于这部著作的巨大贡献而言，它的不足实属白璧微瑕。即使在今天，这部《近代汉语指代词》依然是我们了解近代汉语代词发展演变轨迹的唯一一部学术著作，依然对近代汉语代词的深入研究具有重要的指导和启迪作用。

关于近代汉语代词，八十年代一些近代汉语语法著作中均设有专章或专节加以讨论。赵克诚的《近代汉语语法》是国内第一部对近代汉语语法系统进行全面系统研究的专著。该书以近代汉语语法现象为研究对象，整个近代汉语语法系统都有所涉及，论述也比较全面。书中专门设有代词一章，从人称代词、指示代词、疑问代词三方面进行考察，以文献为依据，有对代词演变的探讨，还有对代词在句中所作具体成分的语法考察，这一点是值得肯定的。当然，也存在一些不足，如对人称代词的考察不够全面，近代新出现的一些代词没有进行讨论。同时，作者所采用的材料以近代白话小说为主，研究的方法也仅限于"例证式"。材料和方法的局限，使人感到作者对语法现象的历史发展变化的研究显得简单粗略，缺乏深度。

张永绵的《近代汉语概要》（图18）是国内第一部以近代汉语的各个层面作为研究对象的著作，既有对近代汉语语音系统的考察，也有对近代汉语词汇系统的讨论，当然也有对近代汉语语法系统的研讨。其中涉及近代汉语代词的是在语法一章中，一节是"人称代词和表复数的们"，另一节是"指示代词"。这两节结合近代汉语文献对汉语人称代词和指示代词的发展演变进行了初步的讨论，但没有对近代汉语疑问代词进行研讨。全书既有共时平面的描写，也有历时角度的勾勒。唯一的不足，正如其书名标示的，这是一本概要性质的著作，重在介绍基本概貌，属于宏观的研讨，不可能对每一种具体的语言现象都作细致深入的刻画描写，因而对近代汉语代词的研究不够深入。

图 18　《近代汉语概要》

潘允中的《汉语语法史概要》讨论了近代汉语代词的发展演变情况，潘氏在第六章"人称代词的发展及其变格问题"中考察了人称代词的发展演变情况，其中对人称代词在近代的发展演变情况进行了讨论，且多讨论近代新出现的人称代词，如对近代新出现的第一人称代词"咱"的用法进行了考察："近代宋、金词曲里还出现了一个新词'咱'，大概是'自家'二字的合音，所以最初是接在'我''你'后面一起用，成为'我咱''你咱'，即'我自家''你自家'的意思。"[1]潘氏在第七章"指示代词、疑问代词的发展"对指示代词和疑问代词在近代的发展演变情况进行了考察，在考察的过程中，作者注重探索同类指示代词和疑问代词之间的关系，如在讨论到近代新出现的指示代词"这"时指出："在中古时期的唐代，'之'已变作'者'，也作'这'，宋人作'遮'。现代汉语的'这'即来源于此。"[2]同时，潘氏也注重对指示代词和疑问代词发生演变的原因进行考察，

---

[1] 潘允中：《汉语语法史概要》，中州书画社，1982，第 77 页。
[2] 潘允中：《汉语语法史概要》，中州书画社，1982，第 94 页。

如该书讨论了指示代词"之"变为"者",之后又演变为"这"的原因。但总体而言,该书研究的重点在上古和中古时期代词的用法,对近代汉语代词的讨论较少,只有简单的叙述,并没有深入考察。

史存直在《汉语语法史纲要》的第五章"代词的发展"中也讨论了代词在近代的发展演变情况。该书讨论代词在近代汉语中的发展演变情况时一般仅讨论近代新出现的代词,如在讨论第一人称代词的发展演变过程时,只讨论了宋代新出现的第一人称代词"俺"和"咱"的用法。该书对近代汉语代词的讨论也不多,且很多结论带有猜测性,并没有去论证,如在讨论到指示代词"那"时,作者提到:"现代通用的远指指示代词'那',当是从'若''尔'或'乃'演变出来的。"[1]在讨论到其他远指指示代词时,作者指出:"'宁馨''宁许'中的'宁'字,'能''能尔''能许''能亨''能底'中的'能'字以及稍晚一点的'恁''怎么''恁地'中的'恁'字,大约也都出于同一来源。"[2]

王力的《汉语语法史》也对近代汉语人称代词、指示代词以及疑问代词的发展演变情况进行了讨论,在讨论的过程中注重对代词的来源进行溯源考察。值得注意的是,王氏注重对代词某一时期演变规律的总结,如他总结了中古以后汉语人称代词的发展演变特点:"第一,人称代词有了新的形式,如'侬''俺''咱''你''伊''渠''他';第二,人称代词有了复数,如'我们''你们''他们'。"[3]王氏注重从代词的语音特点来归纳总结代词的语义及其产生的时代,如在论及近代汉语疑问代词"争"时,他指出:"'作么生'和'争'或'怎生'在语音上是可以相通的。'怎生'可能来自'作么生'('怎'是'作么'的合音)。"[4]总体而言,《汉语语法史》从语音、语义等方面对近代汉语代词的发展演变情况进行了考察,同时注重对同类近代汉语代词之间关系的探索,对我们梳理近代汉语代词的发展演变过程有很大帮助。

这一时期还有一本重要的语法研究著作,那就是日本学者志村良治的《中国

---

[1] 史存直:《汉语语法史纲要》,华东师范大学出版社,1986,第120页。
[2] 史存直:《汉语语法史纲要》,华东师范大学出版社,1986,第120页。
[3] 王力:《汉语语法史》,商务印书馆,2005,第51页。
[4] 王力:《汉语语法史》,商务印书馆,2005,第83页。

中世语法史研究》，该书对中国中世汉语代词的使用情况进行了考察。这本书在第一部分"中世汉语的语法和词汇"分三节分别讨论了汉语的人称和称谓、指示代词、疑问代词的用法，作者通过对敦煌变文等中世文献中新出现的代词的考察，对这一时期代词的全貌进行了描写。值得一提的是，作者在讨论的过程中结合了当时当地口语中代词的实际语音对代词的源流进行了梳理，如在讨论到代词"甚"和"是物"的语音关系时，作者指出："我认为'甚'不是'是物'的合音，当时口语的实际语音仍是复音节疑问词 śim ma，并没有成为单音节 śim。五代写作'什摩''甚摩'（《祖堂集》），宋代写作'甚么''什么'（《景德传灯录》8）。"[①]可见，作者不仅讨论了那个时代新出现的代词的使用情况，且探讨了不同时期代词更迭转变的原因。

  值得注意的是，这一时期还有两本日本学者撰写的词汇研究专著，其中也不乏对近代汉语代词的探讨。香坂顺一在其《水浒词汇研究（虚词部分）》中讨论了《水浒传》中的代词系统，与以往学者的分类不同，该书将《水浒传》中的代词分为人称代词、指事（物）代词、指处代词、态式代词、疑问代词等五大类，其中的指事（物）代词、指处代词、态式代词相当于我们今天的指示代词，但分类的角度和以往学者大不一样，具有创见性。此外，作者针对很多代词的来源问题提出了自己的观点，如"'兀'可能是从宋代的'阿'来的"[②]。关于"那"的来源问题，作者梳理了学者的观点，进而提出了关于"那"来源的两个系统：始见于汉代的"那得"一类的"那"的来源是出自"奈"或出自"若""乃"，唐代"那个"亦作"若个"的"那"的来源是出自"若""乃"。[③]香坂顺一的另一本词汇著作《白话语汇研究》也论及了近代汉语代词的演变规律，但该书是以《水浒传》中代词的使用情况作为研究材料的，得出的结论也和《〈水浒〉词汇研究（虚词部分）》中关于代词的研究成果没有太大差异，我们在这里不再赘述。

---

  ① （日）志村良治著，江蓝生、白维国译：《中国中世语法史研究》，中华书局，1995，第44页。
  ② （日）香坂顺一著，（日）植田均译，李思明校：《水浒词汇研究（虚词部分）》，文津出版社，1992，第24页。
  ③ （日）香坂顺一著，（日）植田均译，李思明校：《水浒词汇研究（虚词部分）》，文津出版社，1992，第53页。

二十世纪八十年代，讨论近代汉语代词的论文明显增加，而且在学术质量上也大大超迈前人。

早在1980年，唐作藩、郭锡良分别发表了有关第三人称代词起源和发展的文章。这两篇文章都是从历时的角度来讨论第三人称代词的，不同的是唐文专门讨论第三人称代词"他"的起源，郭文除此之外还讨论了"之""其""伊""渠"的起源和发展。这两篇文章虽然不是专门讨论近代汉语代词的，但其中涉及对近代汉语代词"他"的讨论。唐文认为两汉以前的"他"均为指示代词，魏晋南北朝以降是"他"由秦汉的无定指示代词转变为现代的有定第三人称代词的过渡阶段，这个过渡阶段一直延续到隋唐时代，大约在盛唐以后才完成这个第三人称代词的转变，从而终结过渡阶段。但在唐代由于"伊""渠"的运用仍处于优势，"他"的用法还不多见，到宋代以后，"他"才成为第三人称代词的基本形式。[①]郭文则通过对《寒山子诗集》《游仙窟》《李太白全集》《杜诗详注》等的考察得出结论："……汉末南北朝时期'他'由'别的'演化出'别人'的意思，成为向第三人称代词转变的重要阶段。初唐'他'开始具有第三人称代词的语法功能，盛唐以后才正式确立起作为第三人称代词的地位。"[②]由此可见，两篇文章的结论基本一致，均认为"他"在盛唐以后才具有第三人称代词的功能。唐作藩和郭锡良均是治学扎实严谨的学者，他们的结论均是通过对语料的梳爬分析而得到的。郭文后还附有魏晋以后"他"字的用例，详细例举了《搜神记》《法显传》《世说新语》《百喻经》等文献中的"他"字用例，版本、出处一一例举，材料之扎实由此可见。

1981年，王锳发表了一篇短文《元曲中人称代词的特殊用例》[③]，指出了"伊"和"俺"在元曲中被大家忽略的用法："'伊'表第一人称，'俺'表二三人称。"解释"伊"的用法时作者援引了吕叔湘在解释"伊"代"你"时的原因："利用'伊'字的平声来协律，因为'你'字没有一个平声的同义字，不象'我'字可

---

[①] 唐作藩：《第三人称代词"他"的起源时代》，见北京大学中文系《语言学论丛》编委会编《语言学论丛（第六辑）》，商务印书馆，1980，第55—63页。

[②] 郭锡良：《汉语第三人称代词的起源和发展》，见北京大学中文系《语言学论丛》编委会编《语言学论丛（第六辑）》，商务印书馆，1980，第64—93页。

[③] 王锳：《元曲中人称代词的特殊用例》，《中国语文》1981年第4期。

以利用'咱'字。"而对于"俺"用为第二人称，作者推测："'俺'和'你'虽同属仄声，但也有去、上之别，依'律诗须谐平仄，词曲并严上去'（《诗词曲语辞汇释》序言）的规则，也许在运用上亦不得不稍作变通吧？"全文比较短小，其最大的价值就在于发现了常人未曾发现的用法，丰富了近代汉语代词的研究内容，但其解释很简短，仅仅是受吕叔湘的启发从韵律上进行推测，没有作进一步的考察，描写有余而解释不足。

1982年张惠英发表了《释"什么"》[①]一文。作者首先对"什么"来历的三种说法，即"什么"来源于"恁"、"甚么"由"甚"变来、由"何物"变来加以否定，进而提出"什么"可能由"什物"演变而来的新见解，并从意义和声音两个方面加以说明。从意义上说，"什物"原指各种东西，和疑问词问什么东西意义上有所关联，因而也就有可能演变为疑问词。文章主要从声音上加以探求，分析了"什么"的写法如"甚物""什么物""是物"等十几种形式前字、后字的语音联系，特别是"什"具有"忱"音、"谌"音，因而易与"甚"挂钩，进行了详细的论证。最后分析了北京话"什么"的语音现象，通过方言进一步证实"什么"可能源于"什物"的结论。文章能从不同的方面支持自己的结论，尤其是方言佐证提供了新的研究视角，但文中的一些观点似乎仍有商榷之处。1985年，孙锡信专门撰写《〈释"什么"〉商榷》[②]一文进行讨论。孙锡信对"什么"来源于"什物"的看法提出疑问，并从两个方面进行否定的论证：①从"什物"在历史上的运用情况看，"什物"的前身是"什器"，而"什器"的前身是"任器"，"什物"表示器用之物，即器具的意思，与张文所引玄应《一切经音义》的例子是一致的，不是泛指"各种东西"，因此与"疑问词问什么东西"相去甚远，"什物"与"什么"之间不存在词义引申转化的关系。"什物"自出现以后历代沿用，至今没有消失，而历代运用"什物"均保留原意，基本未变，从未见有"什物"表示"什么"的用例。②从"什么"早期形式在历史上出现的先后来看，"甚物"约出现于七世纪中叶，"甚摩""什摩""什么"出现于十世纪，"什物"与"甚物"无发展关系，"甚物"比"什么"早出，说"什么"来自"甚物"可以成立，

---

[①] 张惠英：《释"什么"》，《中国语文》1982年第4期。
[②] 孙锡信：《〈释"什么"〉商榷》，《中国语文》1985年第3期。

但与"什物"无关。鉴于以上两点理由作者认为"什么"的来源较合理的解释还是"甚"。孙锡信通过对"什么"在历史文献的用法及出现时代进行考察从而得出结论，有理有据，令人信服。

1983年孙锡信发表《〈祖堂集〉中的疑问代词》①一文，文章对《祖堂集》中的疑问代词进行了四个方面的考察。第一，《祖堂集》中有一部分疑问代词是上古、中古文言承用下来的。这部分疑问代词数量不多，使用也不频繁，《祖堂集》中所使用的大部分疑问代词是在唐代开始产生的口语词汇，从使用频率看远远超过了由历史继承下来的疑问代词，显示了强大的生命力，这些疑问代词的语域及语法特点各不相同，起了多方面的语法作用，表明唐代的疑问代词体系已发展得相当成熟。第二，一个疑问代词兼有多种用法的情况到了唐代已发生改变，不同的用途已分由不同的疑问代词来完成。如《祖堂集》中问事物用"什摩"，问原因用"为什摩"等，不同的分工把疑问代词语域作了一定程度的划分，这逐渐成为疑问代词使用的新规范。第三，从语法特点上看，《祖堂集》中这批新的疑问代词可分为三类：第一类是体词性的，主要有"阿谁""阿那个""什摩"；第二类是副词性的，主要有"争""作摩"；第三类为谓词性的，有"作摩生"。第四，《祖堂集》中有些意义及语法作用相同或相近的疑问代词同时并见如"什摩""甚摩""争""怎"等，作者从语音、年代等方面对其语源进行了探求。文章通过对《祖堂集》中疑问代词的使用情况进行的这些考察，说明汉语的疑问代词体系在唐代就已经发生明显的变化，近现代汉语的主要疑问代词在唐代已经产生，并且奠定了现代汉语疑问代词体系的基础。通过孙文我们可以发现学者已开始关注专书中的语言现象，这种对专书的考察对汉语史的构建有不可小觑的作用。

在古代汉语中，人称代词复数是与单数同形的，与现代的表达法迥异，这一阶段学者对这一现象给予了关注。1985年李思明发表的《〈水浒全传〉〈红楼梦〉中人称代词复数表示法》②对近代汉语的两本专著《水浒全传》和《红楼梦》中

---

① 孙锡信：《〈祖堂集〉中的疑问代词》，见上海市语文学会编《语文论丛（第2辑）》，上海教育出版社，1983，第122—129页。
② 李思明：《〈水浒全传〉〈红楼梦〉中人称代词复数表示法》，《安庆师范学院学报》1985年第1期。

人称代词的复数表示法进行了考察,主要包括人称代词的单音节形式和合成词形式在人称代词复数中所占比例、各人称复数使用的代词、作句子成分情况等三方面的内容。文章发现,复数表示法从古到今是由单音节复数向合成词复数的过渡,而近代汉语时期二者并存,是过渡期。文章通过对专书的研究比较得出人称代词复数使用的基本情况,这对于人称代词复数表示法的发展历史的研究有益。值得一提的是,作者在研究中进行了详细的统计,不局限于实例分析,而是用数据说话,更加具有说服力,这是研究方法上的一大进步。李思明随后在 1986 年又对《水浒全传》中的指示代词[①]和疑问代词[②]进行了考察。两篇文章结构基本相同,主要从结构系统、使用情况、时代层次三方面考察,略有不同的是指示代词多归纳了一条主要特点,文中依旧是用了大量的统计,通过大量的数据统计及分析,作者认为《水浒全传》中的指示代词和疑问代词都已经比较完备,处于近代汉语的成熟期。

  吕叔湘在 1987 年也发表了一篇关于专书代词研究的文章《〈朴通事〉里的指代词》[③]。《朴通事》和《老乞大》在很大程度上反映元朝和明朝初年的北方官话。作者比较仔细地检查了《朴通事》里的指代词,又拿《老乞大》粗略查看有无异同,吕叔湘认为:"作为我那本书(即《近代汉语指代词》)的一种补充,也还是有点意思的。"[④]文章将《朴通事》里的指代词分为三身代词、区别代词、疑问代词及其他等四类,详细例举了各类指代词,并以加号表示出现次数的多寡,出现次数较少的用法酌量举例,括注页码,出现次数较多的用法不举例。因为有研究近代汉语指代词的专书,吕叔湘的这篇文章完全是语料的统计,没有分析,为后来进一步的研究提供了材料准备。

  同年,梅祖麟在《中国语文》第 3 期上发表了《唐、五代"这、那"不单用作主语》[⑤]。文章在其他学者的研究基础上结合具体文献中的例句进行分析,指出"这、那"两个指代词在唐代产生以后,一直只能用作定语,不能用作主语,

---

[①] 李思明:《〈水浒全传〉的指示代词》,《语文研究》1986 年第 1 期。
[②] 李思明:《〈水浒全传〉中的疑问代词》,《安庆师范学院学报》1986 年第 4 期。
[③] 吕叔湘:《〈朴通事〉里的指代词》,《中国语文》1987 年第 6 期。
[④] 吕叔湘:《〈朴通事〉里的指代词》,《中国语文》1987 年第 6 期。
[⑤] 梅祖麟:《唐、五代"这、那"不单用作主语》,《中国语文》1987 年第 3 期。

这是"这、那"和"彼、此"很大的一个差别。要用指代词作为主语的时候，晚唐五代用"这个、那个"。后来在宋代产生"这底、那底"，也可以用作主语。这种情形在北方一直维持到元末。在江南变化发生得较早，在《朱子语类》里"这""那"已经可以用作主语。明初以后，北方官话和南方官话"这""那"都可以用作主语。文章最后通过今天广东话和客家话进一步证明唐五代"这、那"不单独用作主语的事实。对于近代汉语指示代词"这、那"的研究早在四十年代吕叔湘就专门撰文讨论过，但主要是考察其语源，而梅祖麟的这篇文章则是从句法功能来探究，使得对"这、那"的讨论更加全面。

当然，学者对近代汉语指示代词的研究仍在继续，叶友文《"这"的功能嬗变及其他》[①]认为"这"最早见于唐代，语法作用是放在名词或量词"个"前作修饰成分。唐至北宋一直是连体性成分，不能单独作主语，如"这是什么"。到了南宋才变成具有独立性功能的成分。《朱子语类》有许多单独作主语的"这"。然而，这种变化仅限于江南，中原地区的"这"仍然是连体性的。金代作品《董解元西厢记》《刘知远诸宫调》以及元刊《全相平话五种》可证。根据文献反映的情况，文章得出一个"这"从连体性功能到独立性功能的渐变模型，即这个$_1$+名→这个$_2$+名→这个$_2$→这，并通过客家方言里的梅县方言印证了这一模型。这种变化过程因地域而异，在元代大都"这"则是由"这的"嬗变而来的。通过对"这"嬗变过程的研究，作者对"这"的来源提出了自己的看法：首先，来源于"之"说应该否定。"之"从来都可以作宾语，若"这"源于"之"，其宾语功能不当消失殆尽。其次，来源于"者"说也应否定。"者"在古汉语中虽然也是连体性的，但它是后附的，而"这"是前置的。如果"者"能从后面移到前面，必须是在具有独立性以后。根据"这"的原始特性，从古代任何代词中找不到它的前身，只能说它是新生的。文章在最后结合梅县方言讨论了"这个"中的"个"和"这的"中的"的"的有关情况。叶友文的文章和梅祖麟的《唐、五代"这、那"不单用作主语》可以说是从同一个角度（句法功能）来研究近代汉语指示代词的，两篇文章的基本观点是一致的，即"这"在其初期是不能单独作主语的。

---

[①] 叶友文：《"这"的功能嬗变及其他》，《语文研究》1988年第1期。

当然，相对于梅文，叶文的论证更加详细、系统，全文通过文献例证论证了"这"从连体性功能发展为独立作主语的功能即"这×→这"的变化过程，并指出×因地域而不同：在中原以南的部分地区，×＝个；在元代大都，×＝的。据此文章对"这"来源于"之""者"一一进行了反驳，提出了自己的新观点，即"这"是新生的。在整篇文章中作者还利用梅县方言进行旁证，梅文中虽也涉及方言佐证，但只是略微提及。可以说，叶文不论在内容还是方法上都有很大提高，具有一定的学术参考价值。

1988年《语言学论丛（第十五辑）》上发表了两篇关于北方方言包括式和排除式的文章：刘一之的《关于北方方言中第一人称代词复数包括式和排除式对立的产生年代》[1]和梅祖麟的《北方方言中第一人称代词复数包括式和排除式对立的来源》[2]。二者讨论的角度不同，刘文主要是考察产生的年代，而梅文则是探讨其来源。刘一之考察了从唐到明十六种文献材料，对北方方言中排除式和包括式对立的产生过程作了详细的论证。文章指出，十二世纪初已产生了第一人称代词复数的包括式和排除式。北宋末期的文献反映，北方方言中已有了第一人称代词复数排除式和包括式的区别，在金代的两种诸宫调中排除式和包括式的对立非常明显。包括式有过"自家、自家懑、咱每、喒、咱们"等书写形式，明清以后统一为"咱们"；排除式有过"我懑、俺、俺每、我每、俺们、我们"等书写形式，在早期以"俺"最常见，明清以后统一为"我们"。梅祖麟讨论了第一人称代词复数包括式和排除式对立的来源。梅文指出，从历史的观点看，汉语一直到唐代还没有包括式和排除式的区别，北方官话中包括式和排除式的对立在汉语本身找不到来源，通过近代汉语文献推测可能是通过语言接触受了女真语或契丹语的影响而引进包括式和排除式的对立，而现代闽语和部分吴方言中包括式和排除式的对立是受了底层某种非汉语的影响。梅祖麟的这一观点还有待于进一步讨论。

通过八十年代的研究我们可以看出：

---

[1] 刘一之：《关于北方方言中第一人称代词复数包括式和排除式对立的产生年代》，见北京大学中文系《语言学论丛》编委会编《语言学论丛（第十五辑）》，商务印书馆，1988，第90—140页。
[2] 梅祖麟：《北方方言中第一人称代词复数包括式和排除式对立的来源》，见北京大学中文系《语言学论丛》编委会编《语言学论丛（第十五辑）》，商务印书馆，1988，第141—145页。

从数量上看，不论是专著还是论文，研究成果都显著增多。

从研究内容上看，对人称代词、指示代词、疑问代词的探讨均有涉及，其中有语源的探讨，也有语法功能的讨论，如梅祖麟的《唐、五代"这、那"不单用作主语》。人称代词中开始关注人称代词的复数，如李思明的《〈水浒传〉〈红楼梦〉中人称代词复数表示法》、梅祖麟的《北方方言中第一人称代词复数包括式和排除式对立的来源》。此外，这一阶段还对专书中的代词进行探讨，如孙锡信的《〈祖堂集〉中的疑问代词》、李思明的《水浒传》系列《〈水浒全传〉的指示代词》和《〈水浒全传〉中的疑问代词》、吕叔湘的《〈朴通事〉里的指代词》，可以说这一阶段近代汉语代词的研究内容是不断扩大的。

从研究方法上看，通过语音来探求语源是近代汉语研究中常见的一种方法，吕叔湘、王力在探求语源时均采用了这种方法。语言的研究离不开语料，近代汉语的很多研究都是通过具体文献的例句考察代词的来源及运用。当然，这一时期的研究还采用了一些新方法，如计量统计法，李思明在考察《水浒全传》中的代词时就统计了数据，通过数据来说明结论。此外，利用方言作为旁证，比较典型的像叶友文的《"这"的功能嬗变及其他》结合梅县方言讨论了"这个"中的"个"和"这的"中的"的"的有关情况，从而为自己的结论提供多方的证明。

## 第五节　二十世纪八十年代的近代汉语副词研究

二十世纪八十年代，国内外有不少语法著作研究了近代汉语副词。

潘允中的《汉语语法史概要》在第五章"形容词和副词的发展"专辟一节探究了词尾"的""地"的产生和发展。"的""地"的前身是"之""者"。"之""者"最先在南朝时演变为"地"，"地"可作副词词尾，有时也可作形容词词尾。唐代时，"底"开始用作形容词词尾。此后，"的"出现了，宋代以后，"的"专门用作形容词词尾，"地"则多半用作副词词尾。

王力的《汉语语法史》是对《汉语史稿》的扩充和修订。该书在第九章讨论了副词词尾"地"的来源及发展情况、否定副词"弗、勿、莫"的使用情况。因该章内容较《汉语史稿》未作太大改动，不再赘述。

赵克诚的《近代汉语语法》第六章探讨了时间副词、范围副词、程度副词、肯定与否定副词、重复连续副词等在近代汉语中的使用情况，包括古代已产生的副词在近代汉语中的用法和近代汉语新产生的副词。如时间副词中，"遂、乃、即、便"这几个表示即将发生某种动作、行为的时间副词在上古已产生，这一章节介绍了这几个时间副词在近代汉语中的用例，也介绍了近代汉语新产生的时间副词如"随即、即刻、即时"等。

日本学者在这一时期也涉及了近代汉语副词相关研究。

志村良治的《中国中世语法史研究》在第一部分"中世汉语的语法和词汇——概论"第十七章总结了副词在中世汉语的概况。这里所说的"中世"指从魏晋至唐末五代时期，因此该章也涵盖了部分近代汉语副词的发展情况。该章没有按副词类别逐一说明，而是选择了这个时期中的重要副词加以介绍，讨论其副词用法以及具有相同用法的副词，如在说明唐末开始使用的副词"极其"的用法时，还一并介绍了副词"最、尤、更"。志村良治特别关注副词复合化现象，并用较大篇幅考察了"忽~""~是""~相""~自"等复音节化副词的情况。

在该书专论部分，志村良治以《祖堂集》和《景德传灯录》为主要语料来源，结合语音理论，撰写了文章《指示副词"恁么"考》[①]，考察了"恁么"的来源和语法功能。文章指出，指示副词"恁么"出现在唐代俗语中，与"异没、与摩、任摩"是同一来源的词，语音同化在这个词的历史变迁中起到了很大作用。"恁么"有着多种语法功能，指示副词"恁么"兼指远称"那么"和近称"这么"。

香坂顺一的《白话语汇研究》中考察了很多近代汉语副词的用法。有时在考察某个副词时，还会一并讨论相关副词，如探讨副词"尽行"的用法和使用场合时，还提到了"尽皆""尽数""都皆""咸皆"等平行副词的使用情况，指出近代汉语中明显的复合化倾向。

此外，他的《水浒词汇研究（虚词部分）》对《水浒传》中的副词进行了细致描写，根据意义、用法分为三十类，如表示程度的副词"最、最是、极、极是"

---

① （日）志村良治著，江蓝生、白维国译：《中国中世语法史研究》，中华书局，1995，第268—288页。

"甚、好、好生、颇""十分、十二分、十分之""太、忒、煞",表示正比的副词"越、越发""愈、愈加""一发、益发",表示轻微的程度副词"略、略略",表示几近的副词"几、几乎""险、争"等。

太田辰夫的《汉语史通考》收录了作者自二十世纪五十年代至八十年代所发表的汉语语法相关论文。论文中包含不少对近代汉语副词的论述,其中最具代表性的是《〈儿女英雄传〉的副词》。该文以《儿女英雄传》为中心,结合《红楼梦》《小额》等著作,对清代语法史上应引起注意的副词进行讨论,包括"顶、很、挺、越发、将、刚、已就、这就、快、简直、敢情、好在、偏偏、别、没有、只怕、特意、差点儿、大概、偏巧、约莫"等副词,并列举了大量例句来说明这些副词在清代的使用情况,例如指出"越发"可能是当时的口语,表示时间的意味更强,有表示比较的用法,还有的用法跟"索性"相同。该书收录的论文《〈祖堂集〉语法概说》比较全面地描写《祖堂集》中出现的副词。该文对副词的分类与《中国语历史文法》基本一致,分为接尾辞、程度副词、时间副词、范围副词、情态副词、否定副词、疑问副词和指示副词八大类,描写了每个副词的用法,并用较多篇幅探究了"伊摩""与摩""任摩"三个词的关系。

论文方面,学术界从不同角度对副词展开研究,取得了一定的成就。不少学者探求副词的来源,试图从历时的角度诠释副词的特征,其中较有代表性的学者有祝鸿杰、詹开第和袁宾。祝鸿杰的《试论若干甚辞的来源》[1]一文讨论了唐宋以降诗文中一些甚辞的来龙去脉和词义发展演变的历程。该文认为大量甚辞的前身原是名词、动词或形容词,往往这些词含有"穷尽"义或含有"超越常度"义,而慢慢虚化成副词。除此之外,该文还从词义渗透、正反同词、同义复用三方面探讨了一些甚辞的产生,如"颇"虚化后一义表"稍微",一义表"很",而"偏"虚化后仅用作表出乎意料的副词,义为"偏偏",但由于"颇"与"偏"近义,"颇"的"甚"义也渗透到"偏"的含义范围,于是"偏"也取得了甚辞的资格。此文较早地探讨了程度副词的来源,具有一定的参考价值。

詹开第的《早期北京话的"直"字及其来源》[2]讨论了"直"表"简直""径

---

[1] 祝鸿杰:《试论若干甚辞的来源》,《语言研究》1987年第2期。
[2] 詹开第:《早期北京话的"直"字及其来源》,《中国语文》1987年第3期。

直"的两种用法。该文通过考察较早的北京话材料如《红楼梦》《儿女英雄传》《七侠五义》等书的用例,指出目前的北京话已没有这些用法,总结了"直"在早期北京话里是常用的口语词,"直"表示径直义使用范围比今北京话广,而"直"表示"简直"的用法可追溯到近代白话。

袁宾在《疑问副词"可"字探源》[①]中追溯"可"最早出现的文献是在明清白话中,同时他考察了古籍中的"岂",认为"岂""可"皆是溪母上声字,读音接近,推测《祖堂集》中以及后代的疑问副词"可",其前身可能就是汉魏以来的"岂"。由于时代的推移,口语中这个表反复问的疑问副词"岂"的韵母稍有变异,五代以后,人们便觉得用"可"字来记录更加准确。他联系到方言中的"克"和"格",得出了"汉魏以来两千年左右的汉语口语里,始终存在着一个以舌根音为声母、可以构成反复问句的疑问副词"的结论。一年后,袁宾在前人研究基础上,通过研究敦煌变文以及宋、元、明白话中的语料,进一步考察了疑问副词"还"以及带"还"的疑问句[②]。其文章指出,表疑问的副词"还"可用于选择问句、反复问句、特指问句等多种疑问句,而且带"还"的疑问句主要有三种类型,即"还……以(已)否""还……""还"用在特指问句中。作者推测这三类带"还"的疑问句最早产生于敦煌变文时代。

从共时角度考察副词较有代表性的学者是曹广顺。他的《试说"就"和"快"在宋代的使用及有关的断代问题》[③]介绍了副词"就"和形容词"快"在一些宋代文献中的使用情况,并对其产生、发展过程作了简单的探讨。对比元代资料,宋元明之间,"就""快"的使用频率呈现一种"多—少—多"式的变化过程,这种情况使得它们不宜作为从语言角度给此期作品断代的标准。

这一时期,已有较多专书副词研究成果,较有代表性的如高伟的《敦煌变文中的双音副词》[④]。该文从副词的构成方式出发,分别细致探讨了联合式双音副词、重叠式双音副词、附加式双音副词、偏正式双音副词等,共提出变文中 262

---

① 袁宾:《疑问副词"可"字探源》,《语文月刊》1988 年第 3 期。
② 袁宾:《说疑问副词"还"》,《语文研究》1989 年第 2 期。
③ 曹广顺:《试说"就"和"快"在宋代的使用及有关的断代问题》,《中国语文》1987 年第 4 期。
④ 高伟:《敦煌变文中的双音副词》,《敦煌学辑刊》1985 年第 1 期。

个双音副词,并举出用例。作者提出了自己对双音词划分的看法,统计出变文中双音副词较单音副词而言已占压倒多数,并指出汉语双音化不仅是修辞需要、避免歧义,也有助于确定词性。

黄家全的《〈王梵志诗一卷〉中的否定副词》从基本词汇的三个特性,即全民性、稳定性和组合能力强为切入点,结合先秦和现代,探究了《王梵志诗一卷》中的否定副词"莫""不""无""勿""未""非"的使用情况,认为常用的否定副词应当算作基本词。作者发现该书的否定副词与近乎同时的《燕子赋》以及南宋话本《错斩崔宁》相比,具有不少特别之处,并由此认为"《王梵志诗一卷》中的否定副词,代表了由文言向白话转变初期的语言状况"[①]。

常青的《〈祖堂集〉副词"也""亦"的共用现象》[②]通过比较副词"也""亦"在《祖堂集》中的用法,发现副词"亦"的用法自上古以来基本未变,而"也"的副词功能不仅是新产生的,而且使用频率增长较快,已成问鼎之势。副词"也"的语法功能主要有表示承接关系、表示并列关系、表示语意强调和表示语意的委婉。

# 本 章 小 结

进入二十世纪八十年代,近代汉语连词的研究进入一个新的阶段,这一时期学者越来越关注近代汉语语法的研究,打破了以往学界将汉语语法研究关注的焦点放在上古汉语和现代汉语两级的局面,其中就包括近代汉语连词的研究。

整个八十年代,一大批汉语语法研究的著作问世,其中很多都讨论了近代汉语连词的发展演变情况,较有代表性的有潘允中的《汉语语法史概要》、史存直的《汉语语法史纲要》、王力的《汉语语法史》、志村良治的《中国中世语法史研究》和赵克诚的《近代汉语语法》等。潘允中的《汉语语法史概要》讨论了几个连词的发展演变情况,如"和""与""而""以""且""则""然而""顾""但是""但"等,该书虽然讨论了汉语连词的发展演变情况,但在具体讨论过

---

[①] 黄家全:《〈王梵志诗一卷〉中的否定副词》,《敦煌研究》1985年第2期。
[②] 常青:《〈祖堂集〉副词"也""亦"的共用现象》,《天津师大学报》1989年第1期。

程中对连词在近代时期的发展演变情况着力不多,大多都一笔带过。史存直的《汉语语法史纲要》考察了近代汉语连词的使用情况,他将介词和连词放在一章讨论,统称为"介系词",并选取了"与""而""且""则""即"等几个连词加以讨论,但关于近代汉语部分也着力不多,只有在涉及连词"和"时才讨论了它在近代的用法,同时也没有具体说明"和"的发展演变轨迹。王力的《汉语语法史》也讨论了近代汉语连词的使用情况,且把连词的虚化分为六种类型,王氏不仅讨论了该词虚化为连词的类型和时代,还刻画了其虚化的过程,在讨论近代汉语连词的演变情况时,王氏常引用《三国演义》《水浒传》《红楼梦》等文学作品中的例证来加以说明,相对于这一时期的其他语法著作,《汉语语法史》对近代汉语连词的发展演变情况的描写更为具体。志村良治的《中国中世语法史研究》讨论了中世汉语连词的用法,其中主要是纵予连词的用法。作者在讨论中古汉语连词的过程中详细地记述了该连词从产生并发展至近现代这一漫长时期内的变化过程,讨论的范围已经远远超出了其所说的"中世"的范围。

除此之外,这一时期还新出现了近代汉语语法研究的著作,较有代表性的是赵克诚的《近代汉语语法》。该书从发展演变方面研究近代汉语语法,在第十二章"复句和连词"中讨论了近代汉语连词,将近代汉语的复句分为八种类型,在每种复句类型下列出了对应的连词,基本上概括了整个近代汉语中的连词类型,这也是学界首次针对近代汉语连词进行的系统分类。但是该书也有一定的局限性,在例句的选用上不是很严谨。

值得注意的是,这一时期日本汉学家香坂顺一专注于对近代汉语词汇的研究,较有代表性的是他的《白话语汇研究》和《水浒词汇研究(虚词部分)》。《白话语汇研究》挑选了近代汉语中一些比较有特色的连词进行了笔记式的言简意赅的描述,对它们进行了溯源工作,并且与现代汉语进行比较。该书对这些连词的特点描述有力,但总体来说只是零星提及,并非穷尽式研究,作者的许多论断也带有假说的性质。《水浒词汇研究(虚词部分)》比较详细地讨论了《水浒传》中连词的用法,是第一部专书连词研究的著作,但遗憾的是在考察的过程中也只有简单列举,没有作相关的计量统计。

此外,这一时期还出现了关于近代汉语连词研究的论文,较有代表性的是李思明、刘坚等的作品。李思明对《水浒全传》《红楼梦》《家》这三部小说中"与"作连词的情况进行了考察。之后，李思明对《水浒全传》中连接并列成分的连词进行了考察，主要有"和""与""并""及""同""与同"六个，文章主要对这几个连词的条件和它们的体系分类及特点进行了相关介绍。刘坚则讨论了连词"和"字的发展演变轨迹，连词"和"产生于唐代以后，因此刘氏基本上论述了"和"字在近代的发展演变过程，同时附带论述了与此相关的"共"字和"连"字。作者从文献资料中归纳出了"和"字的实际用法，并对前贤的观点作了一些补充。

总体而言，从二十世纪八十年开始，近代汉语连词的研究进入一个新的发展阶段，这一时期学界开始关注近代汉语连词的发展演变过程，关于近代汉语连词的分类也更加具体，出现了近代汉语连词研究的专书、论文等。

二十世纪八十年代近代汉语助词的研究进入了初步繁荣阶段，这一时期关于近代汉语助词的研究成果逐渐增多。在著作方面，一大批语法研究专著问世，其中不乏对近代汉语助词的讨论，一些词汇研究专著中也对近代汉语助词进行了考察，尤其是白话词汇研究著作。在论文上，无论是专书还是个案的近代汉语助词研究都有了突破性的进展。

这一时期语法研究专著中对近代汉语助词研究较有代表性的主要有潘允中的《汉语语法史概要》、史存直的《汉语语法史纲要》、王力的《汉语语法史》、志村良治的《中国中世语法史研究》、赵克诚的《近代汉语语法》等。潘允中的《汉语语法史概要》在第十二章"句子语气词的发展"中谈到了近代汉语语气词，同时还对语气词"呢""哩""么""吗""吧""罢"等进行了探讨。史存直的《汉语语法史纲要》主要考察了上古汉语的助词，但也讨论了一些近代汉语助词的来源和发展，主要包括语中助词"岂""其""宁""可""难道"和语末助词"的、了、吗、呢"等。王力的《汉语语法史》对近代汉语助词的讨论主要体现在第二十三章"语气词的发展"。该章讨论了近代汉语语气词"了""罢了"的用法，也对语气词"吗""呢"的来源进行了考究。志村良治的《中国中世语法史研究》对中古和近代汉语中的助词进行了探讨，分别向我们介绍了动态助词、结构助词和语气助词的用法。赵克诚的《近代汉语语法》比较全面地展现了近代汉语助词的整体面貌，通过丰富的例证说明了近代汉语新兴助词的使用情况及其源流。

这一时期日本学者香坂顺一专注于近代汉语词汇的研究，较有代表性的有《白话语汇研究》和《水浒词汇研究（虚词部分）》，其中均涉及了近代汉语助词的研究。《白话语汇研究》以近代汉语文学语言为研究对象，选取了其中具有特色的助词如时态助词"得、的"、结构助词"价、家、假"、语气词"吗"等加以考察。《水浒词汇研究（虚词部分）》对《水浒传》中六十多个虚词进行了细致描写，包括代词、副词、介词、连词和助词五大类，助词部分包括动态助词，表示持续、进行的助词，结构助词，语气助词等。

此外，日本学者太田辰夫的《汉语史通考》也收录了不少有关近代汉语助词研究的成果，其中较有代表性的是论文《〈祖堂集〉语法概说》。该论文对《祖堂集》中助词的用法进行了考察，展现了晚唐五代时期的语言面貌，对"底""不""聻、尼、你""在"等助词的用法作了详细考察与说明，其见解对后来的研究有很大的启发作用。

这一时期也出现了大量研究近代汉语助词的论文，总结下来主要有两种类型：专书研究和个案研究。

专书研究中，《祖堂集》《老乞大》《元杂剧》《水浒传》《儿女英雄传》等比较典型的近代汉语语料，学者几乎都有涉及。这一时期，关于《祖堂集》的助词研究，较有代表性的是曹广顺的《〈祖堂集〉中与语气助词"呢"有关的几个助词》和《〈祖堂集〉中的"底（地）""却（了）""著"》。刘宁生的《〈世说新语〉〈敦煌变文集〉中"着"之比较研究》利用专书，对"着"在不同时期的特点进行了比较研究。关于《老乞大》的助词研究，这一时期较有代表性的学者是刘公望和陈志强。刘公望分别对《老乞大》中的助词"也""着""来"各种用法的语法特点进行了描写，陈志强也探讨了《老乞大》里的助词"着"，但在具体方法上有一定的区别。对《元杂剧》里助词的研究，较有代表性的有沈孟璎的《元杂剧的语气词》。关于寒山诗里助词的研究，较有代表性的是钱学烈的《寒山诗语法初探（下）》。对《水浒传》里助词的研究，较有代表性的是杨占武的《〈水浒传〉中的"了""着"和"将"》和《与〈水浒传〉中"动词+得+

宾语"相关的几个问题》。对《儿女英雄传》里助词的研究，谭枝宏发表了两篇论文分别探究了《儿女英雄传》中助词"着"和"将"的使用情况，分别是《〈儿女英雄传〉中助词"着"的使用》和《〈儿女英雄传〉中虚词"将"的使用》。

除了在专书中对助词进行封闭语料的研究之外，还有很多学者对单个助词作了溯源、梳理工作。梅祖麟的《现代汉语完成貌句式和词尾的来源》从现代汉语完成貌句式"动+了+宾"出发探究了其来源，并从语义和语法方面解释了演变缘由。《语气词"了"源流浅说》根据近代文献资料，讨论"了"具备成句功能和"动+了$_1$宾了$_2$"格式出现的大概时间和过程。刘公望的《关于语气助词"的"》从语气助词"的"的语法作用、"的"的分布、语气句的结构特点三方面进行了介绍。刘宁生在近代汉语助词研究方面用力颇多，除了前面提到对专书中助词"着"的研究，他还对助词"着"作了一些个案研究，较有代表性的是《论"着"及其相关的两个动态范畴》和《"着"字的特殊意义和用法》。刘瑞明的《助词"复"续说》针对蒋绍愚《唐诗词语札记（二）》提出"复"为语助的观点，提出了不同意见。木霁弘的《"过"字虚化的历史考察》细致考察了"过"的虚化历程。

除此之外，这一时期梅祖麟还结合方言对近代汉语的助词展开了研究。《吴语情貌词"仔"的语源》指出吴语中的"仔"有两种用法，一种表完成（"吃仔饭哉"），一种表持续（"骑仔马寻马"），并认为"仔"来源于"著（着）"。作者从语音、语法方面找了很多书面和口语依据进行论证，很有参考价值。《明代宁波话的"来"字和现代汉语的"了"字》比较简略，在总结前人观点的基础上，指出明代宁波话里的"来"和现代汉语里表示变化的句末词"了"应当是同一个词。

总体而言，继学界近二十年的沉寂之后，近代汉语助词研究在二十世纪八十年代重新恢复活力，进入一个全新的发展阶段。近代汉语助词研究在国内外研究成果的数量增加，涌现了不少对单个助词溯源、专书助词研究的论文，还有的学者运用方言研究近代汉语助词。

到了二十世纪八十年代，关于近代汉语介词的研究成果，无论是语言学方面的专著还是论文都如雨后春笋般发展繁荣起来。

在著作方面，这一时期关于近代汉语介词的研究主要体现在语法研究专著和近代汉语词汇研究专著中。语法研究的专著较有代表性的有潘允中的《汉语语法史概要》、王力的《汉语语法史》、志村良治的《中国中世语法史研究》以及赵克诚的《近代汉语语法》等。潘允中的《汉语语法史概要》在上编"词类的发展"第九章中专门讲了"介词的发展",书中对具体介词的语法意义以及发展变化、介词的主要功能以及发展变化都做了分析和说明。王力的《汉语语法史》第十章谈到了近代汉语介词,包括上古已产生的介词"于""与"和近代汉语时期才出现的"和""同"。志村良治的《中国中世语法史研究》对近代汉语介词也有所涉及,简要讨论了"把""将""被""向""在""用""自、自从""於""去""和"等的介词用法。赵克诚的《近代汉语语法》第七章主要探讨了介词"于、以"发展到近代汉语里的情况。既细致描写了多义介词"于、以"在近代汉语里的用例,又全面描写了"于、以"的不同介词用法逐渐被新产生的介词所代替的情况。

近代汉语词汇研究的专著中有不少也讨论了近代汉语介词的使用情况,以日本学者香坂顺一的《白话语汇研究》和《水浒词汇研究(虚词部分)》为代表。《白话语汇研究》选取了一些近代汉语介词加以考察,一般探讨其用法、发展情况,有时也会把同类介词放在一起比较。《水浒词汇研究(虚词部分)》对《水浒传》中的11类介词进行了细致描写。

除此之外,日本学者太田辰夫的《汉语史通考》中也涉及了近代汉语介词的讨论,如《〈祖堂集〉语法概说》,该文对每个介词的具体用法都加以说明,并引用《祖堂集》中的用例,但未深入探讨。

就论文而言,二十世纪八十年代出现了一大批近代汉语介词的专书专字研究,这些研究成果集中在对"吃""被""把""将""与""和"等近代汉语介词的研究上。

对介词"与"的讨论以李思明的《从〈水浒全传〉、〈红楼梦〉、〈家〉看"与"字的发展》为代表。李思明的《从〈水浒全传〉、〈红楼梦〉、〈家〉看"与"字的发展》对"与"字从近代汉语到现代汉语的发展进行了梳理,其中就涉及其作为介词的发展变化。

对介词"把"和"将"的讨论较有代表性的有钱学烈的《试论〈红楼梦〉中

的"把"字句》以及徐静茜的《"三言二拍"中的"把"和"将"》。钱学烈的《试论〈红楼梦〉中的"把"字句》利用了《红楼梦》电脑多功能检索系统,对《红楼梦》中全部的"把"字句和"将"字句进行了穷尽的统计和分析。徐静茜以"三言二拍"为研究对象的论文《"三言二拍"中的"把"和"将"》收集了"三言二拍"中"把"和"将"的用例,进行了整理分析。谭枝宏的《〈儿女英雄传〉中虚词"将"的使用》也考察了"将"的使用情况,同时也关注到了"把"和"将"的关系。

对介词"吃"予以关注的学者以江蓝生和许仰民为代表。江蓝生的《被动关系词"吃"的来源初探》重点探讨了表示被动的"吃"(古代也写作"喫""乞")的来源。文章对《水浒传》《金瓶梅词话》这两种主要资料进行考察,也参考了元曲、平话、话本等其他的白话文献。许仰民也致力于对"吃"字句的考察,他的《〈水浒全传〉的"吃"字句》一文既运用了计量统计的方法,统计出《水浒全传》"吃"字式各式频率表,还运用了共时比较的方法,比较被动介词"吃"和"被"的关系,也用了历时比较的方法说明了被动介词由实变虚的大致轨迹,以及被动介词"吃""被"发展到现代汉语的现状。《论〈金瓶梅词话〉的"乞"字句》一文则主要研究了《金瓶梅词话》的"乞"字句,既窥探了近代汉语"乞"字式被动句的全貌,也分析了其演变发展的脉络。

对介词"被"加以讨论的以许仰民的《论〈金瓶梅词话〉的"被"字句》和沈锡伦的《晚唐宋元被字句考察》为代表。《论〈金瓶梅词话〉的"被"字句》一文从介词"被"的语法结构、语法作用、语法意义等展开研究,反映了近代汉语介词的概貌。沈锡伦的《晚唐宋元被字句考察》一文分析了晚唐宋元时期"被"字句的语法结构。

除此之外,这一时期也有学者关注到其他近代汉语介词的用法,植田均的《近代汉语中介词"和、同、替"的特殊用法》讨论了近代汉语中的"和""同""替"这三个介词,不仅指出了"和、同、替"这三个介词在现代汉语与近代汉语时期的不同用法,并把它们的特殊用法归纳为五小类,逐一考察它们在五部明清时期白话小说《水浒传》《金瓶梅词话》《儒林外史》《醒世姻缘传》《红楼梦》里的分布情况。刘坚的《试论"和"字的发展,附论"共"字和"连"字》从文献资料中归纳出了"和""共""连"三字的实际用法,详细论述了"和"字由动词发展为连词和介词的过程,以作为"实词虚化"的例证。同时,附带论述了与此类似的"共"和"连"字。马贝加的《介词"沿、往、望、朝"的产生》探讨了介词在形成过程中词义虚化的方式及其语法特点的变化等问题。

总体而言,与二十世纪六十年代之前相比,这一时期关于近代汉语介词的研究成果大量增加,尤其是关于近代汉语介词研究的论文,且这些文章大多专注于对近代汉语专书中某一个介词的研究。

进入二十世纪八十年代,近代汉语代词的研究出现了可喜的局面,出现了一批今天看来依然没有过时的珍贵的成果,其中首屈一指的就是吕叔湘著、江蓝生补的《近代汉语指代词》一书。该书建立了一个完整的近代汉语指代词系统,全书对人称代词,名词性、定语性指代词,状语性指代词和数量指代词作了全面的论述,每个词都既举出大量的例句说明用法,又从使用方法、音韵关系上探求其语源关系,全书描绘出了近代汉语指代词使用和发展的一个完整面貌。《近代汉语指代词》作为国内第一部近代汉语语法史著作、第一部近代汉语代词研究专著,其里程碑意义和学术引领作用等都是不言而喻的。即使在今天,这部《近代汉语指代词》依然是我们了解近代汉语代词发展演变轨迹的唯一一部学术著作,依然对近代汉语代词的深入研究具有重要的指导和启迪作用。此书面世后,梅祖麟撰专文《关于近代汉语指代词》予以积极评价,指出了这本书的四大优点,也指出了《近代汉语指代词》需要改进的方面。

除此之外,八十年代的一些语法著作中也设有专章或专节对近代汉语代词加以讨论,较有代表性的有赵克诚的《近代汉语语法》、张永绵的《近代汉语概要》、潘允中的《汉语语法史概要》、史存直的《汉语语法史纲要》、王力的《汉语语法史》以及志村良治的《中国中世语法史研究》等。赵克诚的《近代汉语语法》从人称代词、指示代词、疑问代词三方面进行考察,以文献为依据,有对代词演变的探讨,还有对代词在句中所作具体成分的语法考察。张永绵的《近代汉语概要》结合近代汉语文献对汉语人称代词和指示代词的发展演变进行了初步的讨论,但没有对近代汉语疑问代词进行研讨。全书既有共时平面的描写,也有历时角度的勾勒。潘允中的《汉语语法史概要》讨论了近代汉语代词的发展演变情况,但该书研究的重点在上古和中古时期代词的用法，对近代汉语代词的讨论较少，只有简单的叙述，并没有深入考察。史存直的《汉语语法史纲要》也讨论了代词在近代的发展演变情况，该书讨论代词在近代汉语中的发展演变情况时一般仅讨论近代新出现的代词。王力的《汉语语法史》也对近代汉语人称代词、指示代词以及疑问代词的发展演变情况进行了讨论，在讨论的过程中注重对代词的来源进行溯源考察，且注重对代词某一时期演变规律的总结。日本学者志村良治的《中国中世语法史研究》对中国中世中汉语代词的使用情况进行了考察。作者通过对敦煌变文等中世文献中新出现的代词的考察，对这一时期代词的全貌进行了描写。

值得注意的是，这一时期还有两位日本学者撰写的词汇研究专著，其中也不乏对近代汉语代词的探讨。香坂顺一在其《水浒词汇研究（虚词部分）》中讨论了《水浒传》中的代词系统，该书在代词的分类上角度和以往学者大不一样，具有创见性。香坂顺一的另一本词汇著作《白话语汇研究》也论及了近代汉语代词的演变规律，但该书是以《水浒传》中代词的使用情况作为研究材料的，得出的结论也和《水浒词汇研究（虚词部分）》中关于代词的研究成果没有太大差异。

二十世纪八十年代，讨论近代汉语代词的论文显著增多，从研究内容上看，对人称代词、指示代词、疑问代词的探讨均有涉及，其中有语源的探讨，如唐作藩的《第三人称代词"他"的起源时代》、郭锡良的《汉语第三人称代词的起源和发展》、张惠英的《释"什么"》以及孙锡信的《〈释"什么"〉商榷》等，也有语法功能的讨论，如梅祖麟的《唐、五代"这、那"不单用作主语》、叶友文的《"这"的功能嬗变及其他》等。人称代词中对人称代词的复数开始关注，如李思明的《〈水浒传〉〈红楼梦〉中人称代词复数表示法》、梅祖麟的《北方方言中第一人称代词复数包括式和排除式对立的来源》、刘一之的《关于北方方言中第一人称代词复数包括式和排除式对立的产生年代》等。此外，这一阶段还有对专书中的代词进行探讨的文章，如吕叔湘的《〈朴通事〉里的指代词》、孙锡信的《〈祖堂集〉中的疑问代词》、李思明的《水浒传》系列《〈水浒全传〉的指示代词》和《〈水浒全传〉中的疑问代词》、王锳的《元曲中人称代词的特殊用例》等，可以说这一阶段近代汉语代词的研究内容是不断扩大的。

从研究方法上看，通过语音来探求语源是近代汉语研究中常见的一种方法，吕叔湘、王力在探求语源时均采用了这种方法。语言的研究离不开语料，近代汉语的很多研究都是通过具体文献的例句考察代词的来源及运用。当然，这一时期的研究还采用了一些新方法，如计量统计法，李思明在考察《水浒全传》中的代词时就统计了数据，通过数据来说明结论。此外，利用方言作为旁证，比较典型的像叶友文的《"这"的功能嬗变及其他》结合梅县方言讨论了"这个"中的"个"和"这的"中的"的"的有关情况，从而为自己的结论提供多方的证明。

二十世纪八十年代近代汉语副词的研究进入一个新的发展阶段，语法著作上新出现了一些关于近代汉语语法的著作，也出现了一批近代汉语词汇研究专书，这些著作均对近代汉语副词进行了探讨。八十年代之前尚未出现关于近代汉语副词研究的论文，八十年代开始逐渐产生了一批研究近代汉语副词的文章。

在语法著作上，八十年代关注到近代汉语副词的语法著作主要有潘允中的《汉语语法史概要》、王力的《汉语语法史》、赵克诚的《近代汉语语法》、志村良治的《中国中世语法史研究》等。《汉语语法史概要》在第五章"形容词和副词的发展"专辟一节探究了词尾"的""地"的产生和发展。《汉语语法史》在第九章讨论了副词词尾"地"的来源及发展情况、否定副词"弗、勿、莫"的使用情况。《近代汉语语法》第六章探讨了时间副词、范围副词、程度副词、肯定与否定副词、重复连续副词等在近代汉语中的使用情况，包括古代已产生的副词在近代汉语中的用法和近代汉语新产生的副词。《中国中世语法史研究》对汉语副词的研究较为深入，该书选择了这个时期中的重要副词加以介绍，讨论其副词用法以及具有相同用法的副词。值得注意的是，该书特别关注副词复合化现象，并用较大篇幅考察了"忽~""~是""~相""~自"等复音节化副词的情况。之后，志村良治以《祖堂集》和《景德传灯录》为主要语料来源，结合语音理论，撰写了文章《指示副词"恁么"考》，考察了"恁么"的来源和语法功能。

这一时期日本学者香坂顺一的一些词汇研究专著中也对近代汉语副词的用法进行了探讨，他的《白话语汇研究》以及《水浒词汇研究（虚词部分）》均对近代汉语中的副词进行了细致的描写。

除此之外，太田辰夫的论文集《汉语史通考》中也包含不少对近代汉语副词的论述，其中最具代表性的是《〈儿女英雄传〉的副词》《〈祖堂集〉语法概说》

等。《〈儿女英雄传〉的副词》以《儿女英雄传》为中心，结合《红楼梦》《小额》等著作，对其中的副词进行了讨论，并列举了大量例句来说明这些副词在清代的使用情况。《〈祖堂集〉语法概说》比较全面地描写了《祖堂集》中出现的副词，并用较多篇幅探究了"伊摩""与摩""任摩"三个词的关系。

在论文方面，学界从不同角度对副词展开研究，取得了一定的成就。不少学者探求副词的来源，试图从历时的角度诠释副词的特征，其中较有代表性的学者有祝鸿杰、詹开第和袁宾等。祝鸿杰的《试论若干甚辞的来源》一文讨论了唐宋以降诗文中一些甚辞的来龙去脉和词义发展演变的历程，此文较早地探讨了程度副词的来源，具有一定的参考价值。詹开第的《早期北京话的"直"字及其来源》讨论了北京话材料如《红楼梦》《儿女英雄传》《七侠五义》等书中"直"表"简直""径直"的两种用法。袁宾在《疑问副词"可"字探源》中追溯了"可"最早出现的文献及其前身。

从共时角度考察副词较有代表性的学者是曹广顺。他的《试说"就"和"快"在宋代的使用及有关的断代问题》一文介绍了副词"就"和形容词"快"在一些宋代文献中的使用情况，并对其产生、发展过程作了简单的探讨。

这一时期，已有较多专书副词研究成果，较有代表性的如高伟的《敦煌变文中的双音副词》、黄家全的《〈王梵志诗一卷〉中的否定副词》、常青的《〈祖堂集〉副词"也""亦"的共用现象》等。高伟在其《敦煌变文中的双音副词》中提出了自己对双音词划分的看法，提出变文中262个双音副词，并举出用例。黄家全的《〈王梵志诗一卷〉中的否定副词》结合先秦和现代，探究了《王梵志诗一卷》中的否定副词"莫""不""无""勿""未""非"的使用情况。常青的《〈祖堂集〉副词"也""亦"的共用现象》比较了副词"也""亦"在《祖堂集》中的用法。

# 参 考 文 献

曹广顺.1986a.《祖堂集》中与语气助词"呢"有关的几个助词[J]. 语言研究, (2): 115-122.

曹广顺. 1986b. 《祖堂集》中的"底(地)""却(了)""著"[J]. 中国语文,(3):192-208.
曹广顺. 1987a. 语气词"了"源流浅说[J]. 语文研究,(2):10-15.
曹广顺. 1987b. 试说"就"和"快"在宋代的使用及有关的断代问题[J]. 中国语文,(4):288-306.
常青. 1989. 《祖堂集》副词"也""亦"的共用现象[J]. 天津师大学报,(1):79-80,78.
陈志强. 1988a. 试论《老乞大》里的助词"着"[J]. 广西师院学报,(3):62-70.
陈志强. 1988b. 《老乞大》"将""的"初探[J]. 广西师院学报,(1):75-82.
高伟. 1985. 敦煌变文中的双音副词[J]. 敦煌学辑刊,(1):8-42.
郭锡良. 1980. 汉语第三人称代词的起源和发展[M]//北京大学中文系《语言学论丛》编委会. 语言学论丛(第六辑). 北京: 商务印书馆: 64-93.
黄家全. 1985. 《王梵志诗一卷》中的否定副词[J]. 敦煌研究,(2):130-139.
江蓝生. 1989. 被动关系词"吃"的来源初探[J]. 中国语文,(5):370-377.
李思明. 1981. 从《水浒全传》、《红楼梦》、《家》看"与"字的发展[J]. 安徽师大学报(哲学社会学科版),(4):110-114,87.
李思明. 1985. 《水浒全传》《红楼梦》中人称代词复数表示法[J]. 安庆师范学院学报,(1):99-104.
李思明. 1986a. 《水浒全传》的指示代词[J]. 语文研究,(1):6-12.
李思明. 1986b. 《水浒全传》中的疑问代词[J]. 安庆师范学院学报,(4):61-71.
李思明. 1988. 《水浒全传》中的并列连词[J]. 安庆师范学院学报,(3):95-102.
刘公望. 1982. 关于语气助词"的"[J]. 青海民族学院学报,(1):90-92.
刘公望. 1987. 《老乞大》里的语气助词"也"[J]. 汉语学习,(5):23-24.
刘公望. 1988a. 《老乞大》里的"来"[J]. 延安大学学报(社会科学版),(4):70-78.
刘公望. 1988b. 《老乞大》里的"着"[J]. 兰州大学学报,(2):121-127.
刘坚. 1989. 试论"和"字的发展,附论"共"字和"连"字[J]. 中国语文,(6):447-459.
刘宁生. 1985a. 《世说新语》《敦煌变文集》中"着"之比较研究[J]. 南京师大学报(社会科学版),(4):16-22.
刘宁生. 1985b. 论"着"及其相关的两个动态范畴[J]. 语言研究,(2):117-128.
刘宁生. 1987. "着"字的特殊意义和用法[J]. 逻辑与语言学习,(2):37-38.
刘瑞明. 1987. 助词"复"续说[J]. 语言研究,(2):46-48.
刘一之. 1988. 关于北方方言中第一人称代词复数包括式和排除式对立的产生年代[M]//北京大学中文系《语言学论丛》编委会. 语言学论丛(第十五辑). 北京: 商务印书馆:90-140.
吕叔湘. 1985. 近代汉语指代词[M]. 江蓝生补. 上海: 学林出版社.
吕叔湘. 1987. 《朴通事》里的指代词[J]. 中国语文,(6):401-403.
马贝加. 1987. 介词"沿、往、望、朝"的产生[J]. 温州师范学院学报(社会科学版),(1):19-25.
梅祖麟. 1980. 吴语情貌词"仔"的语源[J]. 陆俭明译. 国外语言学,(3):22-28.
梅祖麟. 1981a. 现代汉语完成貌句式和词尾的来源[J]. 语言研究,(1):65-77.
梅祖麟. 1981b. 明代宁波话的"来"字和现代汉语的"了"字[J]. 方言,(1):66.
梅祖麟. 1986. 关于近代汉语指代词[J]. 中国语文,(6):401-423.
梅祖麟. 1987. 唐、五代"这、那"不单用作主语[J]. 中国语文,(3):205-209.
梅祖麟. 1988. 北方方言中第一人称代词复数包括式和排除式对立的来源[M]//北京大学中文系《语言学论丛》编委会. 语言学论丛(第十五辑). 北京: 商务印书馆:141-145.
木霁弘. 1989. "过"字虚化的历史考察[J]. 思想战线,(2):37-42.
潘允中. 1982. 汉语语法史概要[M]. 郑州: 中州书画社.
钱学烈. 1983. 寒山诗语法初探(下)[J]. 语言教学与研究,(3):142-153.
钱学烈. 1986. 试论《红楼梦》中的把字句[J]. 深圳大学学报(人文社会科学版),(2):1-7.
沈孟璎. 1982. 元杂剧的语气词[J]. 南京师大学报(社会科学版),(4):95-101.
沈锡伦. 1988. 晚唐宋元被字句考察[J]. 上海师范大学学报(哲学社会科学版),(3):101-106,116.
史存直. 1986. 汉语语法史纲要[M]. 上海: 华东师范大学出版社.

孙锡信.1983.《祖堂集》中的疑问代词[M]//上海市语文学会.语文论丛(第2辑).上海：上海教育出版社：122-129.
孙锡信.1985.《释"什么"》商榷[J].中国语文,(3)：214-220.
太田辰夫.1991.汉语史通考[M].江蓝生,白维国译.重庆：重庆出版社.
谭枝宏.1987.《儿女英雄传》中助词"着"的使用[J].安庆师范学院学报,(4)：106-110.
谭枝宏.1988.《儿女英雄传》中虚词"将"的使用[J].安庆师范学院学报,(2)：55-61.
唐作藩.1980.第三人称代词"他"的起源时代[M]//北京大学中文系《语言学论丛》编委会.语言学论丛(第六辑).北京：商务印书馆：55-63.
王力.2005.汉语语法史[M].北京：商务印书馆.
王锳.1981.元曲中人称代词的特殊用例[J].中国语文,(4)：307-308.
香坂顺一.1992.水浒词汇研究(虚词部分)[M].植田均译.李思明校.北京：文津出版社.
香坂顺一.1997.白话语汇研究[M].江蓝生,白维国译.北京：中华书局.
徐静茜.1988."三言二拍"中的"把"和"将"[J].湖州师专学报,(1)：48-55,122.
许仰民.1988.《水浒全传》的"吃"字句[J].信阳师范学院学报(哲学社会科学版),(3)：73-76,109.
许仰民.1989a.论《金瓶梅词话》的"乞"字句[J].信阳师范学院学报(哲学社会科学版),(2)：79-82.
许仰民.1989b.论《金瓶梅词话》的"被"字句[J].信阳师范学院学报(哲学社会科学版),(4)：70-76.
杨占武.1984.《水浒传》中的"了""着"和"将"[J].固原师专学报(社会科学版),(2)：69-73.
杨占武.1986.与《水浒传》中"动词+得+宾语"相关的几个问题[J].固原师专学报(社会科学版),(1)：48-56.
叶友文.1988."这"的功能嬗变及其他[J].语文研究,(1)：17-21.
袁宾.1988.疑问副词"可"字探源[J].语文月刊,(3)：17
袁宾.1989.说疑问副词"还"[J].语文研究,(2)：26-28.
詹开第.1987.早期北京话的"直"字及其来源[J].中国语文,(3)：201-204.
张惠英.1982.释"什么"[J].中国语文,(4)：302-305.
张永绵.1989.近代汉语概要[M].沈阳：沈阳出版社.
赵克诚.1987.近代汉语语法[M].西安：陕西师范大学出版社.
植田均.1989.近代汉语中介词"和、同、替"的特殊用法[J].安庆师范学院学报,(3)：16-23.
志村良治.1995.中国中世语法史研究[M].江蓝生,白维国译.北京：中华书局.
祝鸿杰.1987.试论若干甚辞的来源[J].语言研究,(2)：135-140.

# 第四章 二十世纪九十年代的近代汉语虚词研究

## 第一节 二十世纪九十年代的近代汉语连词研究

二十世纪九十年代是近代汉语连词研究的初步繁荣期，这一时期关于近代汉语词汇研究的专著大量出现，尤其是关于近代汉语虚词研究的专著，促使近代汉语连词的研究更加深入。同时，这一时期关于近代汉语连词的论文也层出不穷，其中主要是单个连词的发展演变研究。

九十年代关于近代汉语词汇研究的专著主要有以下三种类型：近代汉语整体词汇研究的专著、近代汉语虚词研究的专著以及近代汉语语言词典等。

关于近代汉语整体词汇研究的著作较有代表性的是蒋冀骋的《近代汉语词汇研究》，该书在第七章"近代汉语虚词研究"[①]中对近代汉语连词作了考察，并将近代汉语连词分为并列、递进、选择、顺承、转折、假设、因果、让步、比较等九类，蒋氏选择了近代汉语中才出现的几个连词进行了讨论。值得关注的是，该书提出了连词"还"出于"为"的论断，并分别从使用时限、音韵等角度加以佐证。该书虽然只讨论了五个近代汉语连词，但对这几个连词的出现时代和发展

---

① 蒋冀骋：《近代汉语词汇研究》，湖南教育出版社，1991，第176页。

演变进行了考证,对近代汉语连词研究有借鉴意义。

近代汉语虚词研究的专著主要有刘坚、江蓝生、白维国和曹广顺合作的《近代汉语虚词研究》以及董志翘、蔡镜浩的《中古虚词语法例释》等。刘坚等的《近代汉语虚词研究》(图19)对近代汉语新兴的助词、介词、连词、副词和词缀等进行了相关研究。该书将近代汉语连词放在"介词和连词"部分讨论,但主要内容与刘坚的《试论"和"字的发展,附论"共"字和"连"字》一文基本一致,未对其他近代汉语连词作相关研究。董志翘、蔡镜浩的《中古虚词语法例释》是一部专门研究虚词语法的著作,该书讨论的时限从魏晋至宋代,可以说填补了中古及近代汉语虚词研究的空白。与以往研究虚词的专著不同的是,该书注重对词义和用法的考释,如在讨论连词"不那""不奈"时,该书对这两个词的释义为:"因果关系复句中,表示原因的连词。表示无法改变的客观形势,无可奈何而产生某种结果。可译作'由于''无奈'等,用于表示原因的分句的开头。"[1]除此之外,该书发现了很多连词在近代新的用法或者是没有被人发现的新用法,如一般认为"合"在中古主要作助动词,该书指出了它的连词用法:"连接名词及名词词组,表示并列、联合的关系。可译作'连同''与''和'等。"[2]

图19 《近代汉语虚词研究》

---

[1] 董志翘、蔡镜浩:《中古虚词语法例释》,吉林教育出版社,1994,第44页。
[2] 董志翘、蔡镜浩:《中古虚词语法例释》,吉林教育出版社,1994,第218页。

随着近代汉语词汇研究的不断科学化和系统化，"近代汉语断代语言词典系列"应运而生，包括江蓝生、曹广顺编著的《唐五代语言词典》，袁宾、段晓华、徐时仪、曹澂明编著的《宋语言词典》，以及李崇兴、黄树先、邵则遂编著的《元语言词典》。该断代语言词典系列收录了近代汉语中的新词和特有词语，同时对每个词语产生的时代进行了考释，其中也包括很多近代汉语连词。该词典系列对近代汉语连词的演变轨迹进行了追索，如连词"和""比及"等，是我们研究近代汉语连词的重要参考词典。

除此之外，这一时期新出现的一些语法专著有很多也对近代汉语连词进行了考察，较有代表性的有孙锡信的《汉语历史语法要略》，俞光中、植田均的《近代汉语语法研究》，以及向熹的《简明汉语史》（下）等。

孙锡信在其《汉语历史语法要略》的第九章"连词"部分讨论了连词的发展演变轨迹，该书对近代汉语连词的发展演变特点进行了总结，且提出了唐五代以后连词发展的主要特点是"双音连词的大量出现"[①]。

俞光中、植田均的《近代汉语语法研究》（图20）是近代汉语语法研究的专著，该书"立足于现代汉语，视角对准近代汉语"[②]。该书第十二章"连词"的

图20 《近代汉语语法研究》

---

[①] 孙锡信：《汉语历史语法要略》，复旦大学出版社，1992，第212页。
[②] 俞光中、植田均：《近代汉语语法研究》，学林出版社，1999，前言第1页。

第一部分为"总论",在这部分讨论了与近代汉语连词、复句特别有关的三个问题:近代汉语里连词与副词界限问题、超线性关联和隐关联、正统连词和非正统连词等。之后,该书将连词分为条件关系连词、因果关系连词、转折关系连词、让步关系连词、联合关系连词。在每个类别下,分列相应连词,然后举出不同的用例和用法,有些做了简洁的解释。

向熹《简明汉语史》(图21)的下编为"汉语语法史",该书在"近代汉语连词的发展"中介绍了从唐宋到明清时期的新兴连词及其用法和用例,并且依据它们所连接成分的语义关系,将这些连词分为并列连词、承接连词、选择连词、递进连词、转折连词、因果连词、假设连词、条件连词、让步连词。向氏主要讨论了近代新产生的连词,值得关注的是,一些连词原本在上古和中古已有,但其连用现象是近代新出现的,如向氏在讨论到连词"因、为……所以(就、才)……"时提到:"'因'、'为'和'所以'是古已有之的因果连词,两者连用却是近代才出现的。"[①]

图21 《简明汉语史》

蒋冀骋、吴福祥在其《近代汉语纲要》的语法部分设"连"章,将近代汉语中使用频率和口语程度较高的四十几个连词分为并列、选择、递进、转折、因

---

① 向熹编著:《简明汉语史》(下),高等教育出版社,1993,第448页。

果、假设、纵予、让步、条件、取舍等十个小类，每个小类之下按照不同连词，给出用例，分析用法，并分析和考察了其中一部分连词的来源和发展演变情况。此外，该书还总结出了近代汉语连词系统的变化特点："系统内部新旧形式的更替、双音形式的剧增以及口语化程度的增强。"①

袁宾的《近代汉语概论》（图22）没有单列连词章节，把连词部分依附在复句中，将复句分为联合复句和主从复句，在论述联合复句中的并列复句时，作者引用了《变文集》《五灯会元》《元曲选·魔合罗》《张生彩鸾灯传》中的例句，由此叙述连词"又"的用法。这种研究还是偏向于句法方面，站在连词研究的立场上看，有"倒置"的感觉，而且和其他词类混在一块，较难总结出近代汉语连词的特点。

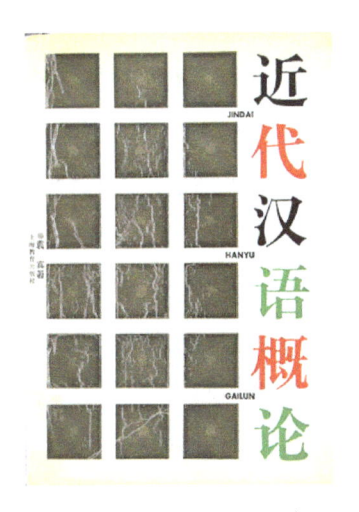

图22 《近代汉语概论》

这一时期专书的语法研究成果较为丰硕，因此出现了一批关于近代汉语连词专书的研究成果，其中较有代表性的是吴福祥的《敦煌变文语法研究》、祝敏彻的《〈朱子语类〉句法研究》和龚千炎的《〈儿女英雄传〉虚词例汇》等。

吴福祥在其《敦煌变文语法研究》（图23）中的"虚词篇"讨论了这一时期连词的用法，不仅系统而深入地分析和描写了变文连词的语法系统，而且还在此

---

① 蒋冀骋、吴福祥：《近代汉语纲要》，湖南教育出版社，1997，第502页。

图23 《敦煌变文语法研究》

基础上通过大量材料、科学方法对一些语法现象的来龙去脉进行了历史分析和动态解释,材料与方法并重、共时与历时并重,定量与定性结合、描写与解释结合。他将连词分为联合关系连词和主从关系连词,联合关系连词又分为并列、递进、选择三小类,主从关系连词分为假设、纵予、让步、条件、取舍、因果、转折等七类。之后,吴氏总结出敦煌变文连词的六个特点:第一,主要是双音连词;第二,绝大部分连词位置不固定;第三,在使用时,有相关连词、副词与之呼应;第四,主从关系复句中,已有带连词的从句后置于主句的语序;第五,在具体使用时,往往保留虚化之前造句方面的特点;第六,同一语法意义往往有几个乃至十几个连词来表示。[①]祝敏彻的《〈朱子语类〉句法研究》则只在复句部分讨论了部分连词的用法。龚千炎主编的《〈儿女英雄传〉虚词例汇》在性质上与词典等同,该书划分了《儿女英雄传》中虚词的词类,给每个虚词都注上了词性,其中就包括大量连词,该书的最大特点是给出了每个连词的具有代表性意义和用法的例句。

以上为九十年代近代汉语连词研究专著的情况,这一时期关于近代汉语连词的研究成果也有很多以论文形式问世。八十年代关于近代汉语连词的论文寥寥无几,研究的范围也比较局限。到了九十年代,学者对近代汉语连词关注的范围逐

---

① 吴福祥:《敦煌变文语法研究》,岳麓书社,1996,第283—285页。

渐拓宽,这时期的论文主要分为两种类型:一种是描写连词的发展演变轨迹,总结连词的发展演变特点,以李英哲和卢卓群(1997)为代表;另一种则是单个连词的溯源考察,以蔡镜浩(1995)、魏达纯(1998)、于江(1996)和高育花(1998)为代表。

李英哲和卢卓群的《汉语连词发展过程中的若干特点》讨论了汉语连词从上古发展到中古、近代、现代的历史发展过程,并总结出发展的四个特点,且提出:"中古以后,职务的分化与分担甚为明显。经过近代汉语的职务消长演化,连词分工精细,发展成为现代汉语运用的连词。"[①]作者选取了几个比较典型的连词,如"以""为""或者""却"等,考察了它们的发展演变特点,尤其是在近代的演变过程,得出结论:"近代汉语变化尤其大,变化的方式是同义竞争与同义替代,变化的结果是'职务分担',由一个词的多个义位变成多个词。兼职分工以后,各词各司其职,有的不担任连词职务了,如'为'。"[②]

魏达纯的《"所以"在六本古籍中的演变考察》从《世说新语》《颜氏家训》《敦煌变文集》《唐人小说》《丰干寒山拾得诗集》《祖堂集》等六种古籍入手,对连词"所以"从文言到白话中的发展演变情况进行了考察,从而得出结论:"'所以'大量地演变则明显发生于唐宋时期。"除此之外,这一时期同样对连词"所以"予以关注的还有甘子钦的《连词"所以"产生的时代与条件》和陈秀兰的《也谈连词"所以"产生的时代》等,甘文认为连词"所以"产生于汉代,陈文也认为连词"所以"产生于汉魏时期。

蔡镜浩的《中古汉语的连词"被"》讨论了中古时期连词"被"的发展变化,一般认为"被"为介词,但蔡氏通过对《刘知远诸宫调》《朱子语类》《敦煌变文集》等唐宋时期语料的考释,发现了"被"的连词用法,即"可用在因果关系的复句或句群中,表示原因,相当于'因为''由于'"[③],为汉语语法史研究补充了资料,也弥补了各种辞书的不足。

---

[①] 李英哲、卢卓群:《汉语连词发展过程中的若干特点》,《湖北大学学报》(哲学社会科学版),1997年第4期。
[②] 李英哲、卢卓群:《汉语连词发展过程中的若干特点》,《湖北大学学报》(哲学社会科学版),1997年第4期。
[③] 蔡镜浩:《中古汉语的连词"被"》,《中国语文》1995年第2期。

李崇兴的《选择问记号"还是"的来历》对选择问记号"还是"的来源进行了考察。文章对梅祖麟的《现代汉语选择问句法的来源》一文中的许多观点提出了质疑,并提出了自己的看法。文章中引用了很多《敦煌变文集》《朱子语类》《祖堂集》等近代语料中的例句来加以佐证,进而提出"连系选择问的'还'由表转折语气的'还'变来,而与表假设的用法无关"①的观点。

除此之外,"和"类虚词仍然是这一时期学界比较关注的词汇,较有代表性的是于江(1996)和高育花(1998)等。于江的《近代汉语"和"类虚词的历史考察》对近代汉语"共""连""和""同""跟"等"和"类虚词进行了考察,并对前人和时贤的一些看法作了一定的补充和修正。如学界认为连词"共"最早出现于宋代,于氏考证得到连词"共"始于南北朝;连词"同"被认为最早出现于清代,于氏经过考证发现了宋代就有连词"同"的用例。高育花的《近代汉语"和"类虚词的研究述评》则对近代汉语"和"类虚词的研究概况进行了述评,各家在"和"类虚词产生的年代及其词性的界定等问题上存在不同的看法,文章对这些研究情况作了综述,并针对其中的分歧提出了自己的看法。

总体而言,二十世纪九十年代近代汉语连词研究出现了初步的繁荣景象。随着近代汉语虚词研究专著的大量出现,近代汉语连词的研究更加深入。此外,这一时期关于近代汉语连词的论文也层出不穷,其中单个连词的研究范围拓宽,除了八十年代常讨论的连词"和"的研究成果外,还出现了关于连词"被""还是""所以"等词的研究文章,这种可喜局面为二十一世纪近代汉语连词研究的繁荣鼎盛打下了扎实的基础。

## 第二节　二十世纪九十年代的近代汉语助词研究

在二十世纪九十年代,一批专门讨论研究近代汉语助词的著作问世,这是八十年代所不曾出现的景观。

---

① 李崇兴:《选择问记号"还是"的来历》,《语言研究》1990 年第 2 期。

曹广顺在 1995 年出版了一本研究近代汉语助词的专著《近代汉语助词》（图 24）。作者在前人研究的基础上，通过翔实丰富的资料、细密清楚的论证，对近代汉语助词研究有不少创获。在研究方法上也有一些特色，具有比较严谨的治学态度，引用了十几种题材的 120 多种文献。该书深入研究了动态助词、事态助词、结构助词和语气助词，不局限于对单个词汇词义、用法的考察，而是较注意语法格式，把助词放到一定的语法格式中去考察它的产生、发展、消亡。并且在对助词作逐个研究的同时，有意识地把单个的助词放到近代汉语语法体系和助词体系的全局中去考察，注意助词之间语义、功能上的影响，体系对它们的制约，以及方言、历史文化背景在其形成和发展中的作用，尽可能历时地描述出助词产生和发展的原因和过程。动态助词里主要研究了"却、了、着、过、将、取、得"，事态助词里主要研究了"了、来、去"，结构助词里主要研究了"底、地、个"，语气助词里主要研究了"聻、那、在、里"。

图 24 《近代汉语助词》

1999 年，孙锡信出版了《近代汉语语气词——汉语语气词的历史考察》（图 25），这是第一部系统研究近代汉语语气词的专著，可以说"填补了汉语史研究的一个空白"。作者先在引论部分说明汉语表达语气的手段和语气词的界定，回顾了上古、中古的常用语气词和使用概况，总结了语气词在近代汉语的新面貌，

图 25 《近代汉语语气词——汉语语气词的历史考察》

并在接下来的三章分别考察了唐五代、宋元时期、明清时期语气词的演变。该书在对汉语语气词发展史整体把握的基础上,全面考察了近代汉语中的重要语气词,并在探究单个语气词来源及其发展时,结合音义系统考察,有很多创获。

九十年代还有一些其他的历史语法专著问世,书中都有对助词部分的研究。比较重要的有蒋冀骋的《近代汉语词汇研究》,冯春田的《近代汉语语法问题研究》,刘坚、江蓝生、白维国、曹广顺的《近代汉语虚词研究》,袁宾的《近代汉语概论》,孙锡信的《汉语历史语法要略》,杨伯峻、何乐士的《古汉语语法及其发展》,向熹的《简明汉语史》(下),蒋绍愚的《近代汉语研究概况》,祝敏彻的《近代汉语句法史稿》,蒋冀骋、吴福祥的《近代汉语纲要》,刘坚的《二十世纪的中国语言学》,俞光中、植田均的《近代汉语语法研究》,董志翘、蔡镜浩的《中古虚词语法例释》等。

蒋冀骋的《近代汉语词汇研究》在第七章"近代汉语虚词研究"第五节把近代汉语助词分为结构助词、时态助词、比况助词和语气助词四类,并选择了前人研究中争议较大的"底(的)""则个""呢"加以探讨。助词"底"始见于唐,元代时写作"的"。"底"字的语源问题,学界一直未统一观点,蒋冀骋从语音、语法上论证了"底"来自"者",并举出《五灯会元》中"底""者"代用的例子。关于"则个",蒋冀骋赞同钱南扬的意见,认为"则个"是表祈使的语气助词。该节还考究了语气助词"呢"的用法和来源,认为"呢"可表决定和疑问,指出"呢"是"那"的音转,推测其演变线索应当是"那—瀪—呢"。

冯春田的《近代汉语语法问题研究》主要对近代汉语介词、助词、词尾、疑问代词及其相关的语法问题进行了专门探究,助词部分考察了助词"底(的)"和"则个"。在讨论结构助词"底(的)"时,重点探究了"者"和"底(的)"的关系,还研究了助词"底(的)"的来源和"底(的)"字结构在宋代以后的主要变化。有关助词"则个"的研究,是在描述助词"则个"使用情况的基础上,分别同助词"在""著"比较分析,还一并讨论了助词"着"。

刘坚、江蓝生、白维国和曹广顺在1992年合作了《近代汉语虚词研究》,该书归纳整理了近代汉语语音、词汇、语法各方面已有的研究成果,有助于读者了解二十世纪九十年代以前近代汉语的研究概况。该书的主体是第二章"虚词专论",重点讨论了29个虚词,包括助词、介词、连词、副词和词缀等。助词部分着力较多,讨论了动态助词"却、了、将、得、取、着(著)、过"、事态助词"了、来、去"、结构助词"地、底、来、得来"、语气助词"呢(哩)"、概数助词"以来、来"。

袁宾的《近代汉语概论》是一本近代汉语的通论性著作,是作者修订上课讲义而成。在采用或综合前人研究成果的基础上,作者具体研究了不少问题,有其独到之处,比如在讨论近代汉语历史范围问题时,在总结了学界已有的几种意见后,提出了两个原则:①认识主干部分的原则;②前后阶段可以部分重叠的原则。该书第六章专门讨论了近代汉语语法问题,其中助词部分选取了一些重要的助词分类探讨,包括结构助词"底、地、的、里、得、将、教(交)"、时态助词"了、着、过、却"、语气助词"但、念、那、罢、波、休、看、煞、杀、死"等。

孙锡信的《汉语历史语法要略》(图26)的助词章里介绍了古汉语的句首助词、句中助词等,也讨论到"的、底、地"。这三个助词里面,"的"是后起的,出现较晚,"地、底"作为助词使用是从唐代开始的,五代以后已用得较普遍了。该书不仅总结了前人对其来源的研究,还具体介绍了它们演变的过程。

图26 《汉语历史语法要略》

  杨伯峻、何乐士的《古汉语语法及其发展》分为上、中、下三编：上编概述了古汉语的特点、词法和句法；中编指出词类划分的依据，将古汉语词类分为十四类，对每一类词的定义和特点详加叙述；下编细致分析谓语的各种结构及复句的构造，同时还扼要分析了语段。全书例句共8027例，用例多而不滥，力求从语言事实中还原古汉语语法特点。该书的用例以秦汉时期的语料为主，在探究一些语法问题的发展变化时，也会上溯甲骨、金文，下推唐宋、明清，有助于展现古汉语与近现代汉语的源流关系。该书对近代汉语助词的探讨主要体现在对结构助词"底、地、地底、的"，语缀助词"地、底""著、着""却""了""个（箇）、個""他""你""家（价）""裡""生""取""来"等的静态描写。

  向熹的《简明汉语史》（下）是继王力的《汉语史稿》（中册）之后的第二部研究汉语史的力作。该书既注重了语言演变的系统性、规律性，又介绍了一些特例，总结并吸收了前人的汉语史研究成果，介绍了汉语史的研究方法，勾勒了汉语三千年来发展的清晰轮廓。书中有专门章节介绍近代汉语助词的发展。近代汉语助词的发展，主要表现在结构助词和语末助词。结构助词着重讲解了"的"和"价"，结构助词"的"开始见于宋代，它兼有中古汉语"底""地""得"的各种用法。结构助词"价（家、假、加、介）"，主要用在状语和中心语之间，也可以用在句末，相当于"地"，这种用法已见于宋代，元明以后普遍应用。近代语气词的发展，表现在上古汉语通行的绝大多数语气词只能在文言文里通行，口语里逐渐形成了一个新的语气词系统。书中按陈述、疑问、祈使、感叹分类进行了讨论。

蒋绍愚的《近代汉语研究概况》（图27）全面介绍了近代汉语研究的资料，总结了近代汉语语音、语法、词汇以及作品的断代和方言成分的考察等方面的研究成果。助词部分主要考察了动态助词和结构助词，包括"了、着、底、地、的"。此外，还介绍了语气词"啊、吗、呢"的研究。

祝敏彻的《近代汉语句法史稿》（图28）对近代汉语语法作了系统描写，通过比较的方法凸显了词法、结构、句法在近代汉语中的新变化。该书涉及的内容十分丰富，其中助词一节主要讨论了"底、地、得"的各种用法。

图27 《近代汉语研究概况》　　图28 《近代汉语句法史稿》

蒋冀骋、吴福祥的《近代汉语纲要》的助词章节讨论了动态助词"却、了、将、得、取"等词，事态助词"了、来、去"，尝试态助词"看"，结构助词"地、底、的、得、来（得来）"，语气助词"聻（呢）、在、里（哩）、麽（吗）"。

刘坚主编的《二十世纪的中国语言学》（图29）由各个学科领域的专家分工撰写而成，包括十九个分支学科，全面总结了二十世纪中国语言学的研究成果，展现了中国语言学的发展脉络。第五节是"二十世纪的近代汉语研究"，由蒋冀骋执笔，考察的问题有近代汉语的上下限问题、语音、词汇和语法相关问题等。关于近代汉语助词的研究，主要总结了前人对"了""着""底""地"的来源及演变过程的研究成果，也提出了一些自身的观点。

图 29 《二十世纪的中国语言学》

俞光中、植田均的《近代汉语语法研究》立足于现代汉语，主要探讨了近代汉语不同于现代汉语的语法特点。全书共十三部分，前五部分讨论了句法，包括后置处所句、"得"字补语句与无"得"字补语句、"被"字句、"把"字句、疑问句；后八部分主要探讨了词法问题，包括动词和形容词、名词、数量词、代词、副词、介词、连词和助词。该书研究的助词有"底、地、的""来""那（聻、你、尼、呢）""裏（在、在裏、哩）""也、呵（附'啊''呀'）""去""者、著、咱、则个""无、也无、摩（磨、麼）""始得（是的、是得）""也似（似、似的、是的）""价"。作者在前人对这些助词研究的基础上，有着自身独到的见解，对促进这些问题更深层次的研究有推动意义。

董志翘、蔡镜浩的《中古虚词语法例释》考察了魏晋至宋代时期的 59 个助词，注重考释词义和用法，如讨论助词"处"时，该书对这个词的释义为"语气助词，带有感慨的语气兼表停顿。可译作'呢''呵''啊'"[①]，并说明"处"

---

[①] 董志翘、蔡镜浩：《中古虚词语法例释》，吉林教育出版社，1994，第 73 页。

在句中的位置："常见用在句子或分句的末尾……有时用在单句中间或紧缩复句中间。"①

这一时期，也有一些专书研究的著作问世。祝敏彻的《〈朱子语类〉句法研究》（图 30）从汉语语法史角度研究了《朱子语类》的句法，研究中同其他时期的句法作了一些历时比较，体现出《朱子语类》所处时期汉语的句法特点。该书以研究《朱子语类》语言结构的句法功能为契机，研究了不少新生虚词与新生结构或新生句式的关系。就助词而言，附录部分专门讨论了"地、底、著、了、过、得"等。

图 30 《〈朱子语类〉句法研究》

吴福祥的《敦煌变文语法研究》是在作者博士论文的基础上写成的，收入"中国传统文化研究丛书"第二辑。该书以敦煌变文为研究对象，对变文中的语法现象作了穷尽性考察，并且将变文中的语法特点同《祖堂集》《朱子语类辑略》等唐宋时期十五种白话文献比较，归纳探讨了唐五代主要语法现象的共时差异和历时变化，可以说这是第一部以敦煌变文为主要资料，详细描写、系统归纳晚唐五代语法特点的著作。全书共分为称代篇、虚词篇和造句篇，称代篇详细探讨了代词相关问题，虚词篇包括对副词、介词、连词、助词的探究，造句篇主要是对句法结构如动补结构、处置式、被字句、反复问句等的研究。对变文中的助词分类

---

① 董志翘、蔡镜浩：《中古虚词语法例释》，吉林教育出版社，1994，第 74 页。

探究，着墨较多，有动态助词、事态助词、结构助词、语气助词、尝试态助词、概数助词等。不但对变文中的每一个助词进行定量分析，而且在前人成果基础上，对不少助词的源流进行动态研究，论证结果具有一定的开创性。

龚千炎的《〈儿女英雄传〉虚词例汇》（图31）共收录了《儿女英雄传》中的虚词1117条，给这些虚词标注了词性，并以汉语拼音字母顺序排列。收录的虚词中包含了一些助词，每个助词都给出了《儿女英雄传》中的多个例句。

图31 《〈儿女英雄传〉虚词例汇》

这个时期出版了一系列断代语言词典，包括江蓝生、曹广顺编著的《唐五代语言词典》、袁宾等编著的《宋语言词典》以及李崇兴等编著的《元语言词典》。这些断代语言词典收录不少唐五代、宋代和元代的助词，例如《唐五代语言词典》中的"地""早个"等。

这个时期有关近代汉语助词研究的论文主要是专书研究和个案研究。专书研究中比较有代表性的是对《祖堂集》里助词的研究。李崇兴的《〈祖堂集〉中的助词"去"》[1]先列举了《祖堂集》中"去"作助词的例子，并分类进行了分析。作者认为例句意义虽然有别，但其中的"去"字的作用却是共同的，它们都联系一种事象，把这种事象作为某种变化结果和归宿展示出来。至于事象之将然已然，

---

[1] 李崇兴：《〈祖堂集〉中的助词"去"》，《中国语文》1990年第1期。

则要由整个句子来认定,"去"字本身并没有时间意义。助词用法的"去"多在句子的末尾,还要注意与动词用法的"去"和趋向动词用法的"去"相区别。"去"(助)和"去"(动)都接续于一个谓词性成分,但两者的性质完全不同。"去"(动)前面的谓词性成分无非形容词语和动词语两类,"去"(助)前面的谓词性成分有三类:形容词语、主谓词组、动词语。"去"(助)跟"去"(趋)的区别是,"去"(助)完全没有实义,"去"(趋)则多少有几分实义。"去"(趋)都用于动词语之后。此外,在《祖堂集》中,"去"还有一种比较特殊的用法,它的作用是联系一种动作,表示动作的完成,也应该视为助词,与助词"却"的用法相当。李思明的《〈祖堂集〉中"得"字的考察》[①]主要介绍了"得"的词类分布、意义和使用特点。在助词"得"里,分了两类,即"得₁""得₂",助词"得₁"放在动词之后,表示动作的"可能"。"动·得"有带宾语的,也有不带宾语的,这跟动词的音节和主被动有关系。助词"得₂"既表动作的已然,又引出并强调动作已得之结果,可以称为"时态—结果"助词,这是唐宋以来近代汉语特有的助词。它的特点是前面的动词只限于及物动词,其后必带宾语。

  除了对《祖堂集》中的助词研究外,还有不少其他专书研究。对《水浒传》的专书研究,刘宁生的《〈水浒〉中的"着"》描写了在《水浒传》中出现频率极高的"着",大体可分为三种类型:单用作动词;作补语的虚化动词;作助词。表"状态持续"的时体助词"着",它前面的动词都有一个共同的语义特征"安置"。"着"在表示"动作进行"时,有两个语法作用,表示"伴随",表示"接续"。当然,"着"也可以用在祈使句尾,分析为语气助词。黄革的《〈水浒传〉中的"却"》详尽地讨论了《水浒传》中的"却"字,它有副词、连词、助词和动词用法。"却"作助词,用在动词后,只表示时态,表示动作已经或将要完成,相当于"了"。但是在《水浒传》中,作助词的例子很少,作者认为这和动态助词"了"字的产生和占据优势有关。

  对《金瓶梅词话》里助词的研究,有许仰民的《论〈金瓶梅词话〉的助词"着"

---

[①] 李思明:《〈祖堂集〉中"得"字的考察》,《古汉语研究》1991年第3期。

与"来"》。文章指出助词"着"在《金瓶梅词话》中所表示的语法意义大致可分为两大类：一是用在动词之后，表示动作的持续或事物存在的方式，我们可以将其视为动态助词；二是用在句子末尾，煞句，表示某种语气，即语气助词。作为语气助词，"着"有其鲜明的特点，它不仅可以用于祈使句，还可用于反诘、疑问、感叹与陈述句，帮助句子表示相应的语气。"来"可用于句中、句末作语气助词，从句子结构来看，语气助词"来"多附在动词谓语句之后，表示各种语气，尤以表疑问最为常见。

傅书灵、邓小红的《〈歧路灯〉句中助词"哩"及其来源》指出在《歧路灯》这部成书于十八世纪中后期的重要的清代白话长篇小说中，句中"哩"可以作结构助词、动词补语以及构词成分，句中的"哩"来源于表场所的"里"。

还有通过不同专书进行比较研究的。王森的《〈老乞大〉〈朴通事〉里的动态助词》主要讨论了两书里的动态助词"了、过、罢、着、的"。《老乞大》《朴通事》中有两个"了"："了$_1$"是动态助词，出现在谓词之后，表明该谓词"词义所指处于事实的状态下"；"了$_2$"是语气词，出现在句末，表示发生了某种变化。《老乞大》《朴通事》里的"过"表示过去曾经有这样的事情。《老乞大》《朴通事》里有两个"着"："着$_1$"是动态助词，出现在谓词之后，表示动作正在进行或状态在持续；"着$_2$"是语气词，多出现在祈使句末，表示多种语气。钱学烈的《从王梵志诗和寒山诗看助词"了"、"着"、"得"的虚化》通过对王梵志诗和寒山诗及部分唐诗的研究，具体分析了"了""着""得"各自的演变阶段和年代。表示动作完成貌的时态助词"了"，是从表示"终了""了结"的动词"了"虚化而来的，先是"了"直接跟在动词后，表示动作的终了和结束，后面不带宾语，这是它虚化的开始，后来诗中出现"动+了+宾"句式，就应该认为"了"是已经虚化了的时态助词。时态助词"着"，是从表示"附着"的动词"著"虚化来的，"著"字是跟在动词之后，构成类似述补式的结构，从纯粹的动词演变为在动词后连接补语，这大概是动词"着"向助词虚化的第一步。"推寻""把"等纯粹表动作的动词后面没有宾语，但"着""著"都表示行为动作在进行中，应该认为这就是完全虚化了的时态助词。现在的结构助词"得"，也是从动词"得"虚化而来，当"动+得"后面不带宾语而带补语，表示动作行为结果时，"得"才失去了动词的性质，只起连接动词与补语的作用，从动词完全虚化为结构助词。

当然，很多论文是研究单个助词的，注重对某个词的来源、发展的梳理。对结构助词的研究，主要是围绕"底、的、者、个"等。对结构助词"底"来源的探究，冯春田的《试论结构助词"底（的）"的一些问题》通过分析唐五代以来的文献，发现从结构类型上说，"A者"和"A底"是对应的，而且"A者"和"A底"在结构的可扩展性上也是对应的。他认为"底"字结构来源于"者"字结构，并且"底（的）"取代"者"不是由"者"的语音变化而成为"底"，而是由语音上不相干的"底"替代了"者"，这是汉语语法史上的词汇替代现象。此外，他还指出在结构助词"底"的来源问题上，助词"个"与"底"有相关处，并推论助词"底"应该是来源于指示代词"底"，而与"底（的）"相关的"个"来源于代词"个"。江蓝生的《处所词的领格用法与结构助词"底"的由来》首先扼要地介绍了诸位学者在"底"字上的研究成果，各家之言不尽相同，但是都有创新突破之处。然后，作者根据对魏晋南北朝小说及东汉至唐以前译经材料的考察，以"所""许"为突破点，认为结构助词"底"源自处所方位助词"底"。有关"的"的讨论，石锓的《元代结构助词"的"研究》对元代的《元曲选》等几种白话文献进行了全面调查，考察了结构助词"的"的使用情况，发现"的"与"底""地""得"语音趋同，并且结合参考唐宋文献，指出元代结构助词"的"继承并发展了唐宋"底、地"的用法，拥有"得"的用法，而且也产生了自己的特殊用法。袁毓林的《"者"的语法功能及其历史演变》解释了"者"在先秦汉语中的语法功能和自指、转指两种语义功能，探究了"者"表示提顿语气的结构理据，考察了"所"和"者"语法功能的消长，并且认为近代汉语"底"应当来源于"者"。石毓智、李讷的《汉语发展史上结构助词的兴替——论"的"的语法化历程》也探求了结构助词"的（底）"的来源，不过作者认为，尽管"的（底）"与"之""者"在功能上有相似之处，但它们并不是同源关系，结构助词"底"是由指示代词或疑问代词"底"在"VP+（底+NP）"这一适宜的句法环境受"数+量+名"结构类推影响语法化而来，"底"在十五世纪左右，语音形式弱化而改写成"的"。关于助词"个"的探讨，曹广顺的《说助词"个"》列举了唐诗、《祖堂集》、《敦煌变文集》中助词"个"的使用情况，根据这些例句，助词"个"在唐五代时期的功能可以概括为：用于代（名）词、形容词之后，构成名词、形容词或副词性词组，充当定语、状语或谓语。从功能上看，它与唐五代汉语中新出现的结构助词"底（地）"非常接近。助词"个"似应是从量词"个"发展而来的，外延的宽泛是词义虚化（内涵的缩小）所致，由此又产生了一种虚指的量词"个"，它可以脱离前面的数词而独立使用，并且不表示什么实际的"量"。另外一些例子省去数词后，泛指一个，这些"个"在受形容词修饰之后，变成了助词"个"。赵日新的《说"个"》认为"个"最早作量词使用，从量词"个"到结构助词"个"的演变，是从词义虚化开始的。从计竹，到一般量词，到虚指的量词，再到用于形容词之后表示事物的性质，最后扩展到名词、动词等之后，成为部分地区使用的结构助词。"个"用作结构助词，大致也只见于南方方言。

对其他助词源流的讨论，还有朱庆之、江蓝生、俞光中、白维国等。朱庆之的《关于疑问语气助词"那"来源的考察》先从以汉魏六朝佛典为主的材料入手，认为"见于唐代以前各种文献的所谓疑问语气助词'那'不过是'耶'的误字，在实际语言里并没有这么个词"[①]，然后通过对五代和北宋的禅宗史书、五部元曲作品的分析，指出"那"是近代汉语才有的疑问语气助词，其来源正是"中古文献里的本质是'耶'的误字的'那'字"[②]。江蓝生的《助词"似的"的语法意义及其来源》认为现代汉语助词"似的"有两种意义：一是表示比喻或相似，称为"似的$_1$"；一是表示不定判断（或曰推测）语气，称为"似的$_2$"。并且，从语义和结构上区分了"似的$_1$""似的$_2$"的不同特点。文章着力探求助词"似的"的来源，通过对金元至明清时期文献中"似的""也似""似""也似的""是的""也是"等词的细致考察，推断："今天某些北方话口读作 shi•de 兼表示比拟与推断的助词（通常写作'似的'，有时写作'是的'），就是源自始见于《金瓶梅词话》里的句末助词'是的'。"[③]俞光中的《动词后的"着"及其

---

[①] 朱庆之：《关于疑问语气助词"那"来源的考察》，《古汉语研究》1991年第2期。
[②] 朱庆之：《关于疑问语气助词"那"来源的考察》，《古汉语研究》1991年第2期。
[③] 江蓝生：《助词"似的"的语法意义及其来源》，见《近代汉语探源》，商务印书馆，2000，第178页。

早期历史考察》主要分为两部分：第一部分从动词和句子两个角度出发，探索了现代平面"着"的多个语义性质，并对《骆驼祥子》中的"着"做了整体观察；第二部分通过对《祖堂集》《敦煌变文集》《朱子语类辑略》《新编五代史平话》里的"着"进行穷尽式统计分析，梳理了"着"的发展趋势，并总结了"着"从唐五代至现代的主要发展趋势的特点。白维国的《近代汉语中表示动态的助词"得"（的）》主要讨论了"'得'由动词向助词演变过程的一种异化现象，即'得'（或写作'的'）用在动词后表示动作的持续或完成的现象"[①]。文章以白话小说的语料为例，归纳了表示动态的助词"得"（的）的五种使用条件，并认为表示动态的助词"得"是由动词"得"的获得义虚化而来的。此外，文章还附带讨论了结构助词"地"在古代白话中也可用来表动态。

当然也有从其他角度对近代汉语助词进行研究的文章，如宋金兰的《汉语助词"了"、"着"与阿尔泰诸语言的关系》从语言对比的角度对汉语助词"了""着"的产生和发展提出了新见。文章认为"了"同阿尔泰诸语中的词尾-l、-r存在着某种对应关系，并通过比较指出，"了"的语法意义和功能与阿尔泰诸语中的未完成过去时、过去时、现在—将来时词尾及目的式副动词附加成分等大致相当，"了"与这些词尾的读音大体相同或相近；"着"与阿尔泰语的词尾-d、-d₃有着大量的对应关系，它们从语音形式到语义、功能都存在着一种趋同现象。文章在语言对比分析后总结："'了''着'语义的复杂性和功能的多样化，是在阿尔泰诸语有关语法成分对汉语的长期渗透下逐渐丰富和发展起来的。"[②]

总体而言，这一时期出现了一大批研究近代汉语助词的专著，尤其是曹广顺的《近代汉语助词》和孙锡信的《近代汉语气词——汉语语气词的历史考察》的出版，标志着近代汉语助词研究已进入繁荣期。除专著成果以外，关于近代汉语连词的论文也大量增加，主要是探讨单个助词的发展演变和考察专书中的近代汉语助词。

---

[①] 白维国：《近代汉语中表示动态的助词"得"（的）》，见胡竹安、杨耐思、蒋绍愚编《近代汉语研究》，商务印书馆，1992，第235—242页。

[②] 宋金兰：《汉语助词"了"、"着"与阿尔泰诸语言的关系》，《民族语文》1991年第6期。

## 第三节　二十世纪九十年代的近代汉语介词研究

　　蒋冀骋的《近代汉语词汇研究》在第七章"近代汉语虚词研究"把介词分为七大类，并着重讨论了近代汉语中新产生的介词"把""捉""打""望""闻""蓦""吃"，考证了这七个介词的用法、来源及其发展。比如介词"把"在唐代时才真正出现，它是动词"把"处在连动式中虚化而来的。宋元之际，表处置的介词"把"使用频率有所增加，但较介词"将"仍处劣势。而到了明代，"把"用于处置句的频率已明显多于"将"。

　　冯春田的《近代汉语语法问题研究》在第一章考察了近代汉语里一些新兴的或者在语法、意义上产生新的变化的介词，包括"和、与、替、向、问、望、对、把、捉、拿、着、就、从、打"共14个介词。在分析每个介词的语法作用及其意义的同时，还探究了所论介词与相关介词的替代关系。比如讨论的第一个介词"和"有多个用法：第一个用法是表"与同"义，"和N"表示动作行为"与同"或相比较的对象，文章分别讨论了"与同"义"和"与相关介词"与""共""同"的关系；第二个用法表"对""向"义，不但描写了其用法，而且将之与相关介词"与""共""向""对"分别比较；第三个用法是表"向（问）""跟"义，也介绍了用法，并与相关介词"向、与、问"分别比较；最后一个介词用法是表"给"义，描写了其在近代汉语中的用法，并同相关介词"与"相比较。

　　刘坚、江蓝生、白维国、曹广顺合著的《近代汉语虚词研究》讨论了三组介词"和、共、连""吃（乞）""打"。关于第一组介词，该书详细考察、归纳了介词"和"在各朝代的用法和使用情况，并论述了同样表示连带义的介词"共""连"。关于第二组介词，该书以《水浒传》《金瓶梅词话》为研究对象，考察了"吃"字式的格式、意义，探究了表被动的"吃"的来源。关于第三组介词，该书探讨了介词"打"的产生和使用情况，并追溯其来源。

　　袁宾的《近代汉语概论》在"语法"章第五节选取了介词"从、自、打、向、问、去、在、连、和"等加以介绍，讨论了它们在近代汉语中常见或值得注意的用法，比如介词"从"的常见用法是表示时间、处所起点，但它在近代汉语中也有特殊用法——表示行为、动作的方向，例句如"桥下翻银滚雪般的水，流从石洞里去"（《水浒传》第四十二回）。在"被动句"节和"处置句"节还分别探讨了表被动的"被""吃"和表处置的"将""把"等。

孙锡信的《汉语历史语法要略》在第八章谈到了近代汉语介词相关问题。在这一时期，介词更迭现象明显，出现了许多活跃在口语中的介词，包括"和""跟""打从""拿"等。该章对这些词的用法和发展作了考察。该书"造句篇"中还讨论了用于处置式的"把""将"。

杨伯峻、何乐士的《古汉语语法及其发展》根据介词的作用将其分为七类，分类介绍了引进与动作行为相关的时间、对象、处所，引进动作行为的工具、方式、条件、依据、原因或目的，引进训告的内容，引进动作行为处置的对象，其中也包括了近代汉语介词。以引进与动作行为相关的处所的介词为例，自上古沿用至近代汉语的介词有"从""在""向""随""沿"等，在近代汉语时期新产生的介词有"朝（朝着）""垂""奔（奔了）""劈""迎"等，该书在介词部分描写了上述介词的用法和句法位置。在该章章末总结了介词的总体特点，讨论了介词和动词的界限问题。

向熹的《简明汉语史》（下）也提到了近代汉语介词的发展，着重介绍的是在近代新产生的介词的使用情况。根据用法分类，分别讨论了表示时间的介词"等、敢"，处所介词"打、打从、去、只、朝（朝着）、照（照着）、看着"，表示工具、凭借或依据的介词"拿、使、据、靠（靠着）"，表示关系、对象的介词"给、跟、合"，表示目的或原因的介词"为着、为了"。这些介词除"为着、为了"以外，都是由动词虚化而来。

祝敏彻的《近代汉语句法史稿》讨论介词时主要研究了"将、把、被、就"这四个介词，介绍了其在上古时期的用法，并细致例举了每一个介词在近代汉语中的用法。

蒋冀骋、吴福祥的《近代汉语纲要》将介词根据用法分为十类，分别探讨了时间、处所介词，方向介词，对象、范围介词，凭借、利用介词，工具、处置介词，与同介词，包括、强调介词，比较介词，排除介词和被动介词。

俞光中、植田均的《近代汉语语法研究》在第十一章专门分两组讨论了介词，讨论的介词分别是"和、共、同"与"向、去、从、在"，主要探究了各个介词的发展脉络和在近代汉语中的用法。

董志翘、蔡镜浩的《中古虚词语法例释》收录了 43 个近代汉语介词，探究了每个介词在魏晋至宋代时期的用法，考察其来源。例如，介词"依"，该书指出它由动词虚化而来，在这个时期有两个用法：一是表示动作行为的方式，可译作"按照""根据"；二是表示与动作行为有关的对象，可译作"随""随着"。

在专书研究方面，也有很多值得关注的著作。

祝敏彻的《〈朱子语类〉句法研究》在讨论《朱子语类》中的句式时探究了"被"字句、"为"字句、"和"字句、"连"字句、"把"字句、"将"字句。在讨论这些句式时，对介词"被、为、和、连、把、将"的用法与组合结构也有所描写。

吴福祥的《敦煌变文语法研究》在"虚词"部分分类探讨了敦煌变文中的介词，包括处所、方位介词"况、着（著）、向"，时间介词"去、临"，方向介词"望、往"，对象、范围介词"问、似、就、对"，凭借、依据介词"依、据、凭、闻"，工具、方式介词"将、把、捉"，与同介词"共、同"，包括介词"和"，描绘了各个介词用法、变化的大致轮廓。

龚千炎的《〈儿女英雄传〉虚词例汇》收录了一些近代汉语介词，例如"把""被""比""比如"等。所收介词占总体虚词的比重较小，标明了每个介词所处的位置，并给出了足够的典型的例句。

这个时期出版了一系列断代语言词典，包括江蓝生等的《唐五代语言词典》、袁宾等的《宋语言词典》和李崇兴等的《元语言词典》。这些断代语言词典收录不少唐五代、宋代和元代的介词，标出了词性、用法，并举出具有代表性的例句。例如，《唐五代语言词典》中介词"喫"表示被动，介词"持"表示"用，以"。

目前为止，汉语介词的研究已经取得了引人瞩目的成就。这一时期，研究介词最具代表性的学者是马贝加。自九十年代初起，马贝加就发表了一系列介词方面包括探源、辨义、补说等的论文，在追根溯源和解字辨义方面有着独到的见解，对于介词发展演变的探讨有着一定的借鉴意义。

马贝加的《介词"按、依、乘、趁"探源》中考察了四个方式介词"按、依、乘、趁"。首先是"按",她认为介词"按"的"依照"义是由动词"按"的考察、查处之义发展而来的。"按"发展成为介词,除了义项方面的条件外,其经常出现于"$V_1+N+V_2$"结构的 $V_1$ 位置上也是重要条件。其次是"依",介词"依"有"按照、依据"之义。"依"虚化的第一步表现为其后随 NP 由实体事物名词向抽象名词发展。南北朝以后,NP 的范围愈加趋于表示标准、规则的词语,其介词性质也愈加明显。再次是介词"乘",其介词义"利用(机会)"与动词本义有联系,介词"乘"的萌芽在"乘+N+V"结构中滋生。至迟在南北朝时介词"乘"已经产生。最后是介词"趁"。介词"趁"也是由动词虚化而来,其产生后,使用频率较高,组合能力强,最终取代了介词"乘"。全文描写了四个介词"按、依、乘、趁"在滋生过程中词义虚化的线索,并探讨搭配关系、结构方式的变动对词义的影响,引例详细,并充分结合引例进行分析。

马贝加的《介词"沿"的产生》认为介词"沿"是由动词"沿"的"缘水而下"义项发展而来的。她指出,动词"沿"经常处于"$V_1+N+V_2$"结构的 $V_1$ 位置,词义、词性逐渐虚化,"沿"的宾语范围也不断扩大,介词"沿"由此产生。全文细致探讨了介词"沿"产生的缘由,引据充分,论证紧密。

马贝加的《汉语中"趁着"义介词探析》一文主要介绍的是表"趁着"义的三组介词。第一组是"追、及、逮"。她指出,"追"至迟在春秋时期已是介词,而且"追"是汉语中目前能见到的最早的表示"利用(时机)"义的时间介词。"及"表时间,甲骨文中已有用例,在春秋战国时代一些典籍中也很常见。此外,据她分析,介词"追""及"都可表示"乘、趁"之义,其后常带否定词。第二组是"因、乘"。"因""乘"二词在先秦时已是同义词。她认为,介词"因"表示"利用(时机)"的用法是从"凭借某种物力、时势而做某事"的语义结构发展而来,介词"乘"表示"利用(时机)"的用法则与其动词本义相关。第三组是"趁、赶"。对"趁"的解释基本与其《介词"按、依、乘、趁"探源》中所说相同。至于"赶",她指出"赶"用作时间介词,是近代才产生的。综合这三组介词"趁着"义的产生,她总结汉语中表示"利用(时机)"义的介词大多是从"追、逐"义的动词发展而来,最终形成现代汉语中通行的介词。

马贝加的《介词"因"辨义》一文主要介绍的是介词"因"。介词"因"既可表示原因，又可表示方式，两者在意义上有密切的联系，因此文章专门探寻了原因介词"因"和方式介词"因"在历时发展中的特点，尤其是两者的相异之处，并从结构、句法和语义方面提出区分标准：①宾语是否省略；②V部分是否有否定词；③V部分所表示的是否为如愿动词；④前句所述乃某一事实，这一事实是引起后句事件的原因，而非可以凭借、利用的物力、态势、时机等，则"因"为原因介词。全文对介词"因"的辨义做了很好的归纳。

马贝加的《介词"缘"的产生及其意义》介绍了介词"缘"由名词"缘"演变发展而来，并进一步发展出"依据""因为""沿着"三种义项。文章清晰展现了介词"缘"产生和发展过程的线索，引例详细，并在文末用词义发展线索图的方式提供了"缘"由名词演变成介词的词义发展线索，脉络清晰，为我们进行词义研究提供了一个良好的范式。

马贝加的《介词"就"的产生及其意义》一文中介绍了介词"就"的演变来源和发展。马贝加认为近代汉语介词"就"是从古汉语动词"就"发展而来的。表"至、趋"义的动词"就"所处的"V+NP"句法格式为其虚化提供了可能。当"就"的前面出现"往、来、诣"等运行动词时，表示运行的功能便由这些动词承担，"就"的动词性义素在此过程中悄然隐退。据马贝加考察，"就"不迟于晋、南北朝时期已虚化为介词。马贝加在文末用线索图的方式提供了"就"作为介词的词义发展线索，为研究"就"的虚化过程提供了清晰的脉络。在《介词"就"萌生过程中的两个句法位置》中，作者进一步探讨了"就+N（处所）+V"和"V+就+N（处所）"格式对"就"演化为介词及继续发展的影响。

马贝加的《处所介词"向"的产生及其发展》一文中主要描写了处所介词"向"由动词"向"虚化而来的线索，并探讨了处所介词"向"的五个具体功能，即方向、始发处、所在、所经、终到点之间的联系。处所介词"向"萌生于"$V_1$（向）+N+$V_2$"格式。汉代时，"向"出现在"V（运行动词）+向+N"格式中，此时"向"已进入"动—介"转化的过程。魏晋南北朝时期，"向+N+V（运行动词）"格式也已出现，V由运行动词充当，表示运行的功能由V承担，表方向的介词"向"已成型。"向"还可以表示始发处或由来，义同"自、从"，这种功能的获得大约始于唐时期。介词"向"表示动作行为发生之处,义近"于、在",南北朝时期有近似的例子。介词"向"与表示所在的"于、在"用法、意义相近,但还不能确定两者完全相同。宋代,"向"已可以表示抽象的处所。"向"的表示所在的功能的获得,大约萌芽于南北朝时期,至唐代基本确定。表示经由的"向",义同"从、经"。"向"还可以表示终到点,义近"到"。马贝加的《介词"经"的产生与发展》一文主要介绍的是介词"经"的语法化过程。近代汉语介词"经"是从表示"经由(某处)"的运行动词"经"发展而来的,"经"的句法位置从"$V_1+N+V_2$"格式的$V_1$位置,发展到"$V_1+V_2+N$"格式的$V_2$位置。"经"的处所介词用法在这种格式中于魏晋南北朝时期发展成熟。此后,介词"经"又陆续获得三种功能:表示时间、对象、范围等。介词"经"的这四种功能都沿用至现代。

马贝加的论文中充分探讨了很多介词的产生和发展,清晰描写了众多介词的语法化过程,为后人的介词研究提供了充足的资料,并且论证严密清晰,值得借鉴。这一时期,马贝加类似的论文还有《介词"照"的产生》《方式介词"凭、据、随、论"的产生》《"望"介词义补说》《介词"方"探源》等。

此外,还有许多其他介词方面的专家也有相当的著作值得借鉴参考。王锳的《古代诗文中"就"的介词用法》一文主要介绍的是古代诗文中"就"的介词用法。文章指出,在现代汉语中,介词"就"有着介绍出与动作行为有关的对象、范围、处所、时间、凭借等多个功能,但却似乎只见于书面语。文章认为这正是近代汉语在现代的一种积淀,因为"就"的介词用法在元明白话小说和唐宋诗文中都用得相当普遍。文章认同胡竹安的《水浒词典》中"就"字条所举例证,并进一步认为"就"的介词用法不限于唐宋,还可以历魏晋而上溯秦汉。介词"就"是由动词的有关意义虚化而来的,"就"虚化出介词用法后仍然常作动词,身兼动、介二职。李崇兴的《〈元曲选〉宾白中的介词"和""与""替"》一文主要讨论的是《元曲选》的宾白中介词"和""与""替"的用法。关于介词"和"主要介绍了六种用法:①引进协同、共同的一方;②引进与动作有关的对方;③引进用以比较的对象;④用同"连",与"也"搭配,表示"连带""甚至";⑤表示"从……那里";⑥引进动作的受益者。文章对以上六种用法分别举例加以说明，同时介绍了宾白中作用与"和"相同的介词"共""同""与"的一些用法并举例说明。关于介词"与"主要介绍了其在宾白中的两种用法：一类相当于"和"，在宾白中比较常见；一类相当于"给"，可以引进动作行为的受益者、承受者，还可以用在动词后，引进动作的承受者或事物的接受者。这两类用法都在《元曲选》宾白中找到了相关例证予以说明。关于介词"替"，文中通过举例说明指出它是一个能部分代替"与"的介词，在宾白中还有表协同的用法，与"和"字相通。文章在余论中根据刘坚（1989）论述的介词"和""共""连"的出现时代、使用情况与这三个介词在《元曲选》宾白中的使用情况对比，判定宾白与元刊杂剧不处在同一时间平面上。同时，文章也指出："'与'字相当于'和'的用法在宾白中常见"，"介词'替'是由'代替'义的动词'替'变来的"[①]。

## 第四节　二十世纪九十年代的近代汉语代词研究

对于近代汉语代词的研究从四十年代吕叔湘的一组文章开始，整个八十年代研究的成果日渐增加，但相对于古代汉语和现代汉语来说还很薄弱，仍然处于起步阶段。进入九十年代，随着近代汉语研究的日渐被重视，涌现出一批研究成果来。首先出版了一些涉及近代汉语代词研究的专著，主要分为三大类：有关近代汉语语法通论方面的研究；有关断代及专书的语法研究；有关专题的语法研究。近代汉语代词的研究属于语法研究的范畴，这些专著中都设有专节对代词进行论述。

通论方面，有袁宾的《近代汉语概论》、杨建国的《近代汉语引论》、蒋绍愚的《近代汉语研究概况》、蒋冀骋和吴福祥的《近代汉语纲要》、俞光中和植田均的《近代汉语语法研究》。这些专著为我们勾勒了近代汉语的概貌，对于代词的研究主要是对人称代词、指示代词、疑问代词三大类中较为常见的词结合具体的文献进行分析。

袁宾的《近代汉语概论》虽体量不大，但书中内容都紧扣近代汉语相关问题，

---

① 李崇兴：《〈元曲选〉宾白中的介词"和""与""替"》，《中国语文》1994年第2期。

概括性的知识面与深入研究的语法点相结合，在吸收前人研究成果的基础上，增添了不少作者自己的见解，十分具有特色。全书共六章，其中第六章专门探讨语法问题，代词便在其中。该章节介绍了近代汉语中较常见或值得注意的人称代词、指示代词和疑问代词。人称代词包括"我、吾、儿、侬、奴、咱、洒家、俺、某、你、他、伊"等，指示代词主要有"这（者、遮）""恁（偌）""那"等，疑问代词有"谁""什么（甚么）""争""作么（怎）""若""那"等。

杨建国的《近代汉语引论》是其为南京大学中文系研究生授课的讲义基础上写成的，全书共六章，在第六章语法问题的讨论中也包含对近代汉语代词的探讨，主要论及的代词有"你、我、他""身、侬、奴""渠、伊""们""这""那""什么""怎么"。

蒋绍愚的《近代汉语研究概况》系统总结了半个世纪以来近代汉语代词的研究成果，并且还对其中的一些问题发表了自己的研究意见，把问题引向深入，如关于"怎么"的产生时代及其来源，书中介绍了王力、吕叔湘的观点，然后通过重新排列分析语言材料，并与"什么"的发展作对比研究，得出自己的结论："（1）'怎生'的产生早于'作麼''作麼生'。准确地说，应该说'怎'是'作'字受了'勿'或'没'声母的影响而生的音变。（2）这些书写形式中，最早的'作勿（没）生'和'怎生'都带有词尾'生'，不带'生'的'作摩'和'怎么'是后出现的，单个的'怎'出现得最晚。（3）'怎么'和'什么'有密切的关系，两者基本上是同步发展的。"①在此基础上，进一步讨论了两个问题："（1）'怎么'和'什么'是什么关系？（2）'作摩（麽）'和'作摩（麽）生'有没有区别？"②这样，对这个问题的研究就更加深入了。对于刚涉足近代汉语研究的学者来说，这不仅是一本必读的入门书，还提出了很多有待进一步研究的课题，对于指点后学、推动近代汉语研究的深入开展都是很有意义的。《近代汉语研究概况》1991年底完稿，在这之后的研究成果都没有涉及，加之著者在写作过程中只收录了语言学界名家的研究成果，除此之外的其他研究成果很少收入，因此全面性不足。

蒋冀骋、吴福祥的《近代汉语纲要》将全书分为文字、音韵、词汇和语法四

---

① 蒋绍愚：《近代汉语研究概况》，北京大学出版社，1994，第146页。
② 蒋绍愚：《近代汉语研究概况》，北京大学出版社，1994，第147页。

大部分，其中语法部分由吴福祥执笔。语法部分的第一节便是指代词，主要包括人称代词"我""奴（阿奴、奴家）""某""俺""咱""洒""你""您""他""自己、自家"，指示代词"这、这个""那、那个"，疑问代词"那""没（物）、摩（麽、吗）、阿没（阿莽）""是勿（物）、什摩""作物、作没、作摩"等。

俞光中和植田均合著的《近代汉语语法研究》不同于以往的一些近代汉语通论性著作，该书"立足于现代汉语，视角对准近代汉语。因此这本书内容限于近代汉语语法不同于现代汉语语法的方面，对于汉语语法结构特点则不做专门探讨"，同时作者认识到近代汉语与古汉语及方言之间千丝万缕的联系，在讨论某些问题的来龙去脉时，经常引用现代方言、古汉语的材料。另外，该书引例丰富，书后附有主要引书目录，这对进一步的研究具有一定的指示作用。

专书语法研究方面，这一时期对近代汉语代词研究较有代表性的专著有吴福祥的《敦煌变文语法研究》和卢烈红的《〈古尊宿语要〉代词助词研究》。

吴福祥的《敦煌变文语法研究》中设有称代篇对变文中的人称代词、指示代词、疑问代词进行了细致的描绘。但与一般的专书研究不同，作者不仅仅对语法事实进行归纳描绘，而且突破这一局限，以《敦煌变文集》为坐标，以唐宋十五种白话文献与之比较，通过归纳描写变文中代词的语法事实，通过比较论证其特色，进而探讨唐五代代词的共时差异和历时变化。研究方法以归纳描写和定量分析为主，书中作了大量的词频统计，以具体数字说话更具可靠性，同时也注意到共时与历时的结合，作动态的分析。

卢烈红的《〈古尊宿语要〉代词助词研究》以唐宋时期口语化程度相当高的禅宗文献资料为研究对象，选取《古尊宿语要》的代词、助词这两个比较有特色的语法项目进行考察，全书二、三、四章专门描写《古尊宿语要》中的人称代词、指示代词、疑问代词。人称代词中除了常见的三身代词外，还有己称代词、旁称代词和统称代词，指示代词中除近指代词、远指代词外还涉及兼指代词、旁指代词、括指代词和分指代词、逐指代词。疑问代词分六节讨论了敦煌变文中的"谁、孰""什么、什、甚、甚么、何""'如何'及其他含'何'的双音形式""作么、作么生、争、怎生""那、阿那""几、多少、早晚"等，可以看出对代词的讨论较为全面，在穷尽性调查的基础上详细进行静态描写，溯源讨流，长跨度地进行历时比较，力求全面反映《古尊宿语要》代词的状况，揭示它们在汉语代词发展史上的地位，帮助人们了解唐宋时期汉语代词系统的实际面貌，了解汉语代词的历史发展轨迹。同时，在研究方法上，作者积极地运用现代语言学的理论方法，采用了历史的观点、系统的观点，穷尽考察，定量分析与定性分析相结合，共时描写与历时研究相结合，科学分析语言材料，避免以今律古、随文释义等错误做法，大大提高了论著的科学性，是同类著作中比较严谨、扎实的一部。

这些专书的研究主要是在一个封闭的范围内作详尽的研究，通过这种详尽的研究，可以清楚地显示一个时代的语法特点，在此基础上进行历时的动态研究，进而上升为理论，把研究引向深入，为近代汉语乃至整个汉语史的研究打下坚实的基础。

有关专题的语法研究著作，这一时期主要是冯春田的《近代汉语语法问题研究》。该书基本上是对近代汉语里的一些虚词或与虚词有关的语法问题进行分析，并且主要是对这一时期新兴的或者在用法和语法意义上产生的虚词进行分析。全书共分为九个专题，其中最后一个专题"'×么（摩）'类词语的内部结构分析"是对近代汉语疑问代词的讨论，这也是冯春田1990年发表在《东岳论丛》上的一篇论文。冯春田对"×么（摩）"类词语（指的是唐五代以后由某词"×"与居其后的"么""麼"，包括其异形"没""摩""磨"等，组成的一类词语）内部或本身的结构进行分析，文章分四个部分分别讨论了"什（甚）么""任摩、怎么、与么（摩）""只么（摩）等""作么（摩）"。全文主要是依据禅宗文献和敦煌文献进行分析，作者认为：① "什（甚）么（没、摩）"是由"什（甚）"和"没（么）"并列复合而成的，其先本为同义并列复合式。至于后来"什（甚）么"之"么"变为词尾，大概是由于它位于"什（甚）"字之后，渐渐失去了代词的性质（在普通话里，"么"读轻声）而成为词尾的。② "任（恁）么（摩）""与么（摩）"等虽可解作现在的"这（那）么"，但其内部结构却似与"这（那）样（般）"相当。其中的"么（摩）"也不是词尾，它与现代汉语里"这（那）么"中的"么"地位是不同的。③ "只么"一语，中心语素在"么"，其结构不同于现在的"这么"。当然,"只么"的"只与么"或"只如此"的语义具有排他性,理解为"这么"也是自然的,但很难说"这"与"只"有语源上的直接关系。此外,那也不好解释唐五代时"这"及其不同书写形式"遮""者"均存在的语言事实。④"作么(摩)〔生〕"与"如何"有替代关系的一类,在充当谓语和谓词修饰语时,才与后来的"怎么"相当。但从其内部结构上看,却与"如何"或"作何"相类,属"动·宾"结构。从同源关系说,"作么(摩)〔生〕"本只一个(即"作"原为动词)。由于语法地位的不同,才出现与"如何"有替代关系的一类,并且在充当句子谓语及作谓词修饰语时可解作"怎么",但很难说"怎么"来源于"作么〔生〕"。①全文引例详细,并结合已有的一些观点进行分析,通过对这类词语结构的分析,一方面对它们的语义及结构性质有进一步的了解,另一方面也使得对有关词语的历史演变有新的认识。

除了上述专著外,也有不少论文是关于代词研究的。吴福祥的《敦煌变文的人称代词"自己""自家"》首先统计了"自己""自家"在敦煌变文中的使用情况,在此基础上进一步深入考察"自己""自家"在唐五代及宋代文献中使用的特点。作者通过两个表格反映出这两个代词在唐宋反映口语文献中各种用法的使用频率,进而进行考察分析,推测二者产生年代、主要用法及发展演变情况,由此得出结论:①唐五代人称代词"自己""自家"在分布、语义上略有差别。这种差别使得"自家"在南宋合音成"咱",而"自己"则始终只是个反身代词。②南宋(金)"自家"在北宋进一步向第一人称代词发展的基础上实现了向"咱"的转化。转化过程首先完成于其时的北方。南方方言的这种转化进度明显迟于北方方言。③宋代的"自家"表示第一人称复数只有包括式,不见排除式。金代《诸宫调》里表示相同语义的形式有"咱"与"俺"。前者为包括式,特点与"自家"相同;后者为排除式。由此可见汉语第一人称复数包括式与排除式的对立在南宋即已形成。④第一人称代词"洒"始见于南宋的《张协状元》,大约是宋元陕甘一带"咱"的方音借字。②吴文和一些对专书中代词考察的论文的不同之处在于,以往的一些论文着重在对专书中的代词作举例或穷尽性考察,多角度加以研究,

---

① 冯春田:《"×么(摩)"类词语的内部结构分析》,《东岳论丛》1990年第6期。
② 吴福祥:《敦煌变文的人称代词"自己""自家"》,《古汉语研究》1994年第4期。

总结该部作品代词的使用特点,而吴福祥则是在此基础上进一步深化,考察"自己""自家"在唐宋主要反映口语文献中的使用情况,由此推测出其产生的年代及发展演变情况,勾画出唐宋时代"自己""自家"的使用轮廓,对于"自家"发展演变的探讨对探索近代汉语中"咱"的语源也有一定的借鉴意义。

吴福祥的《敦煌变文人称代词初探》一文以《敦煌变文集》为对象,在全面考察敦煌变文第一、二、三人称代词使用情况的基础上,通过与同期以及前后一些有代表性文献的人称代词用例的比较,指出第一、二、三人称代词《敦煌变文》时期的用法与功能,并推演出"我、你、他"三身代词一统天下的时间,为近代汉语代词的研究做了进一步的贡献。

张惠英的《第二人称"贤、仁、恁、您"语源试探》考察了《聊斋俚曲集》里的"您、恁",今方言中"您"的用法,金人诸宫调中"您、恁、贤"及佛经中尊称"仁、贤首"的用法。初步假设:第二人称"贤"是由尊称"贤首、贤者"演变而来的;第二人称单数及敬称"您"是由"仁"变来,并作了音理上的分析;"恁"是"你们"的合音,因和"您(仁)同音而相混"。全文主要从《聊斋俚曲集》《西厢记》《大藏经》等文献材料入手,考察近代汉语第二人称代词"贤、仁、恁、您"的用法,并结合方言作出假设,论证较为详尽。当然,作者也承认假设中有一些难解释的地方,即表敬称的"仁"在佛经以外的俗文学中完全绝迹,这还需要学者进一步探究。

谢俊英的《汉语人称代词"您"的变异研究》分析的是代词"您"的变异过程,着重在历代俗文学作品中"您"的使用情况和特点,同时借助理论推理和活的方言作为旁证,并结合对"您"语义的探讨得出结论:"您"这一特殊人称代词,作为"你们"的合音形式产生于民间口语,是一个俗语词,以表复数义为主,但由于语言结构系统的制约,随着时间的推移,"您"的意义也在潜移默化地发生变异,由复数义转向复数义与单数义并存,进而单数义不断扩大,复数义逐渐萎缩,"您"在向单数义发展的过程中,逐渐获得一种新的意义即尊敬交际对象,这种用法经过反复使用,直到成为约定俗成的习惯,终于变异成为第二人称代词"你"的尊称形式。对于"您"的讨论已经有不少文章,普遍认为表复数的"您"和表敬称的"您"是两个词,吕叔湘认为表复数的"您"是"你们"的合音,而表敬称的"您"则同意王力在《中国语法理论》中提出的源于"你老"的合音，但太田辰夫认为"您"源于"你老"缺乏证据。谢文则从一个新的视角将两个词联系起来进行分析，认为表敬称的"您"是由于表复数的"您"在代词系统中的特殊地位慢慢异化而来的，并从语义及结构上论证了异化的过程。谢文的进步之处还在于它运用了多种研究方法来证明自己的结论，首先计量统计了历代俗文学作品中代词"您"的使用情况，通过具体数据发现问题，然后通过方言中的现象加以佐证。值得一提的是，论文还从语义发展变化进行了探讨，同时对于影响"您"发展变化的社会因素也给予了关注，突破了以往很多论文单从语音和功能上进行考察的模式，为研究注入了新鲜的血液。

"他"作为第三人称代词究竟起源于何时，这个问题历来为学者关注，但观点并不统一，主要有两种：一种认为产生于唐代；一种认为产生于唐以前。持前一种观点的有王力、郭锡良、梅祖麟、太田辰夫、蒋绍愚等人，持后一种观点的主要有吕叔湘、高名凯、杨树达等人。李功成的《他称代词"他"的起源》篇幅精悍，引干宝《搜神记》中的"适来饮他酒脯，宁无情乎？"讨论第三人称代词"他"的来源，认为这里的"他"正隐含着无定代词"他"发展为他称代词"他"的轨迹。吕叔湘、郭锡良、梅祖麟都对这个"他"进行过论证，对于这个"他"字究竟是指"别人"还是他称代词看法不一，蒋绍愚曾补充论证这个"他"不是第三人称代词。问题的关键还在于这个例子的时代并不可靠，因此并不能真正说明"他"作为第三人称代词的来源。郭红的《他称代词"他"究竟产生于何时》也探究了他称代词"他"产生于何时这个问题，他对有关的观点一一进行了论证分析，杨树达的"还他马，赦汝罪""他自姓刁，那得韩卢后耶"两例已为王力和太田辰夫所批驳，吕叔湘所举《百喻经》中的"他"作者认为仍然是指"别人"，因为前文没有可代的词，《笑林》中的"他"已远离"别人"义，开始指一人，只是还没有完成向他称代词"他"的转变。郭红指出王力、郭锡良所举唐诗中的例子与现代用法已非常接近，因此汉语他称代词"他"应该是在唐代才真正出现。

董志翘的《近代汉语指代词札记》是将自己在阅读《近代汉语指代词》过程中的思考记载下来，文章主要讨论了"伊"的第二人称代词用法和"几""多少"的用法。关于"伊"，作者指出"伊"的第二人称代词用法并非全部是利用"伊"

的平声来协律,第三人称代词用为第二人称代词似是一个有规律的普通现象,一般出现在对话场合,"彼""渠"都有这样的用法。作者在阅读的过程中还发现了"几"的特殊用法即作为指示代词,用以指一定的不便明说或不必明说的人和事物,常置于称谓词前作定语,带有一定的尊敬色彩。这是作者的新发现,在《近代汉语指代词》及其他辞书中均未言及。关于"多少",作者又考察了其异体形式"少多""多小"等,除此之外,还注意到与此相类似的由两个性状词合成一个词用以询问的一类词,诸如"大小""早晚""远近""近远"等。从札记中我们可以看出作者自己的引申思考及由此带来的一些新发现,这种勤于思考、细致的治学精神正是学术研究中所必需的。

此外,张惠英的《〈金瓶梅〉人称代词的特点》把焦点聚集到一些比较特殊的人称代词如"自我、自你、自您、自他、自伊"这种带词头"自"的人称代词,文章例举了《金瓶梅》中这些代词的用例,并指出这种特殊的代词反映了吴方言的特点。张文发现了《金瓶梅》中比较特殊的一类人称代词,对于我们更加全面地了解《金瓶梅》人称代词系统具有启示意义,但文中描写过多,缺乏解释,仅仅指出某种方言中具有相同的用法,解释力不足,另外,论文也没有交代所使用的《金瓶梅》的具体版本。

以上是关于人称代词的研究,关于近代汉语指示代词的研究成果也颇多,尤其是近指代词。

吴福祥于1996年发表的《敦煌变文的近指代词》的研究方法及结构与前面发表的敦煌变文代词研究系列相同,以《敦煌变文集》为调查对象,讨论敦煌变文的近指代词,并在此基础上粗略地考察唐五代近指代词的使用情况。文章共分四节:第一节粗线条地勾勒出变文近指代词的系统,简介各类指代词在此系统中的表现;第二节归纳描写"这""这个""这里""这般""没""只没"等近指代词的语义及功能;第三节通过对唐五代几种文献近指代词频率、用法的简略考察来观察变文近指代词的发展状况;最后一节对全文的研究内容作了小结。论文为唐五代近指代词的研究提供了一些材料和初探性意见。

卢烈红的《〈古尊宿语要〉的近指代词》将《古尊宿语要》中的近指代词分为三组,主要考察唐宋时期新产生的"这"系指代词,作者对"这"系指代词在

《古尊宿语要》中的用例、语法功能作了量化的统计，对比唐宋时期的其他文献，指出《古尊宿语要》反映了近指代词的较大发展，显示唐宋时新产生的"这"正在向压倒传统的"此"而成为主要的近指代词这一目标迈进。同时，《古尊宿语要》中"这"可以作主语，证之以此前的同类资料，作者认为，"'这'单独作主语至迟始于北宋，始于中唐的寒山诗也有可能"。文章对梅祖麟、志村良治、叶友文三位学者的观点提出疑问，根据《古尊宿语要》中"这"作主语使用的特点推测："'这'单独作主语开始是以'只这（者）……'这种格式为依托的，后来扩展到一般格式。"①结论的得出离不开材料，卢氏在全面考察《古尊宿语要》中近指代词"这"语法功能的基础上做出自己的推测，对"这"作主语的用法如何产生提出了新的见解，无论是从材料还是结论上对后来的研究都是一个借鉴。

《〈老乞大〉中的"这们""那们"与"这般""那般"》是韩国学者柳应九1993年发表于《语言研究》上的一篇文章。文章将《老乞大》中含"这们""那们""这般""那般"的句子作了例举，由此分析其与现代汉语"这样""那样""这么""那么"的区别。全文引例较为详细但分析不够，似乎还有一些欠缺。

陈卫兰的《试析"这"（者、遮）字早期用例和作用》分三部分讨论了近代汉语指示代词"这"：首先例举了其在近代文献中的早期用法；其次介绍了"这"字承上启下的作用，"这"继承了古代汉语近指代词的用法与常用的指示代词"此"并存了几个世纪；最后指出"这"字直接继承了"此"的用法，并与之并行了几个世纪。在并行过程中"这"的用法不断有新的发展。它的发展最终决定了它在近代汉语乃至现代汉语中的牢固地位。作者最后总结："有人认为'这'源于古代汉语的'之'，有人认为源于'者'，不管哪种说法更符合事实，我们说'这'不是古代汉语近指代词的直接继承。'这'适应了近代汉语口语发展的需要，其构成词组的能力不断加强，这是古代汉语的'之'或'者'所无法比拟的。'这'字的发展在汉语史上应该有它独特的地位。"②这与叶友文的《"这"的功能嬗变及其他》中的观点有某些契合之处，二者都看到了"这"与"之""者"在功

---

① 卢烈红：《〈古尊宿语要〉的近指代词》，《武汉大学学报》（哲学社会科学版），1998年第5期。
② 陈卫兰：《试析"这"（者、遮）字早期用例和作用》，《语文研究》1994年第4期。

能上的差异，不同之处在于作者并未直接断言其来源而是强调了它在发展过程中获得的新功能，看到了其在汉语史上的独特地位。

徐时仪的《指代词"这"来源考》一文仍是探讨近代汉语指代词"这"的，文章首先例举了在此之前学术界对于"这"来源的一些看法，适当加以分析并提出自己的观点，作者认为："语言中的词是表义的，而虚词大多是由实词虚化演变而成，'这'成为近指指示词与其原有实词词义的虚化演变是分不开的。'这'无论是作动词，还是作副词和指示代词，都具有一种趋向性的指示义。这种趋向性指示义的不断强化，可看作是其由动词逐渐虚化演变为近指指示词的一个重要因素。"[①]全文例举了大量相关文献，主要利用训诂式的考证法从语义上对近指代词"这"的来源进行考释，另外对于"这"作为近指代词出现的年代，作者根据毛晃和郭忠恕的考释得出新的结论，断定宋代时"这"已成为汉语语言系统中当仁不让的表近指的指代词。关于"这"的来源一直众说纷纭，莫衷一是，在此徐时仪又提出了一种新的看法，认为来源于动词"这"。当然，从语义上的联系探讨来源不失为一种方法，但语义研究的主观性较强，作为一种假设未尝不可，但要想真正得出定论，还需要进一步的研究。

关于远指代词，张惠英的《"兀底、兀那"考》考察了白话文献中"兀"的对音及山西话指示词"兀"，认为从语源上看，早期白话作品中"兀底、兀那"的"兀"本是指示词，今山西很多地方仍用"兀"做远指词，而"兀"则是兼作量词、指示词的"个"脱落声母[k]而成。从构词上看，由于"底、那"也是指示词，所以"兀底、兀那"就是同义词的重合，犹如北京说"真的"，吴语说"真个"，河南邓县（今邓州市）话、山西汾西话就重合而成"真个的"。通篇文章主要从方言音理上进行论证，为近代汉语研究常用的方法之一。

此外，卢烈红的《〈古尊宿语要〉的旁指代词》对《古尊宿语要》中的旁指代词"他（它）"、"别"、"余"（"自余""诸余""余外""余二"）等的用例、语法功能作了穷尽性的考察，同时结合定量分析全面探讨《古尊宿语要》中的旁指代词，力求全面反映出代词的面貌。在语法研究中，只有在穷尽调查的

---

① 徐时仪：《指代词"这"来源考》，《大同高等专科学校学报》1999年第2期。

基础上作穷尽描写，才能对各种语法成分和各种句式在特定历史时期的使用状况作出全面反映；同时，语法的发展是缓慢的、渐进的，量的变化往往就体现出变化发展，只有作定量分析，才能反映某种语法成分和某种句式在历史上的地位，从中看出发展的轨迹。

  关于疑问代词的研究最具代表性的是对"么"来源的探讨。方环海的《试析"什么"的语源与结构》一文主要讨论了"什么"的语源及其内部构成。关于"什么"的来源，作者赞同吕叔湘源于"是物（勿）"的说法，并以江苏省北部方言作为佐证，而对于"什么"的构成，作者认为其是一个并列复合词，列举了"么"的早期形式"没"在近代汉语文献中单用的语例及安徽省的方言"么"单用的例子，证明"么"是有独立意义和用法的，不是一个词缀。近代汉语和现代汉语方言的关系密切：一方面，现代汉语方言中的语言现象有不少可以从近代汉语中找到来源；另一方面，近代汉语的一些语言现象在普通话中已经消失了却能从方言中找到。对近代汉语代词的研究，有些问题是单凭近代汉语文献这些死的材料无法解决的，这时就要充分利用活材料——现代汉语方言。只有把死材料和活材料结合起来才能收到良好的效果。方文注意到了这一点，在考察"什么"语源时不是单纯地考察文献材料而是利用方言作为佐证，从而使自己的观点更具可信性，但在分析"什么"的结构时还是存在一些可商榷之处的，作者在最后的结论中写到："'什么'一词并不如许多人理解的那样，是一个词干加上一个词缀构成的，而应该将它理解为一个并列式复合词，一直未变，现在仍该如此。"[①]作者认为"什么"在现代汉语中仍是一个复合词，但在现代汉语中"么"普遍被认为是词缀，只在疑问句中表示一种语气。方文中还援引了冯春田的《近代汉语语法问题研究》中的观点："'什（甚）么（摩）'是由'什（甚）'和'么（摩）'复合而成的，'么'起初当不是作为'词缀'附着于'什（甚）'之后的，而很可能原本为并列复合式。至于'什（甚）么'之'么'以后作为词尾，大概是由于它处在词尾的位置，逐渐丧失了代词的性质的缘故。如果把'什（甚）么'之'么'看作词尾的话，也应该说明：'么'不是一开始就作为词尾附着在'什（甚）'之后的，而是后来

---

[①] 方环海：《试析"什么"的语源与结构》，《徐州师范学院学报》1994年第4期。

变化而成词尾的。"①但冯春田的话是有前提的，他在《"×么（摩）"类词语的内部结构分析》一文中指出："按现代汉语来说，一般认为'么'是词尾。但在唐五代时，'什（甚）么'似不是附加式，'么'并非词尾。"②冯春田对"什么"内部结构的考察是限定在唐五代的，并未否定现代汉语作为词缀的观点，因此我们认为方文有断章取义的嫌疑，对于词语的考察没有注意特定年代的限制，没有注意语言的发展，而且似乎也混淆了方言和共同语，方言中存在的用法未必适用于共同语，语法的研究要以共同语为基准。

江蓝生的《说"麼"与"们"同源》提出疑问代词"甚麼"的"麼"与复数词尾"们"同源的观点，认为这两个词是实词"物"朝着不同方向语法化而来的。文章指出"甚麼"的前身为"是物"，而"是物"的"是"最初带有系词性，"物"应释作"等类、色样"。而且"这麼""那麼"的"麼"与"甚麼"的"麼"同源，"麼"为"样、般"义，与"等类、色样"义相合。根据同义词类同引申的规律，文章从"何物"与"何等"、"此物"与"此等"的对应关系出发，为解释"麼""们"同源提供了语义依据。文章运用连续式音变和叠置式变异说明了语源"物"跟唐代以来的复数词尾用字"弭、伟、每"以及"懑、门、们"之间的音变关系，指出"门"组字是通过其白读音[mei]跟"每"相同而充当复数词尾标记的，后又以其文读音[men]取代白读音[mei]的。然后通过文献语料和现代方言的例子进一步指出"麼""们"之间的同源关系。在文末总结了实词"物"语法化的特点，并强调在研究时应考虑语言演变的变化与竞争两方面。文章根据已有的研究成果，联系本系统中其他成员并以方言作为旁证从意义、用法、语音三方面考察了不同语法范畴中的"麼"与"们"为同源关系，有理有据，让读者耳目一新，同时其研究方法对于后来学者思维的拓展也有一定的借鉴意义。

张鸿魁的《关于"么""们"的读音》针对江蓝生1995年发表的《说"麼"与"们"同源》一文中语音部分的论证提出了自己的不同看法。文章认同江文所提出的样态指示词"么"和复数词尾"们"同源于"物"的观点，认为江文"钩

---

① 冯春田：《近代汉语语法问题研究》，山东教育出版社，1991，第260页。
② 冯春田：《"×么（摩）"类词语的内部结构分析》，《东岳论丛》1990年第6期。

稽文献资料，进行词义引申、实词语法化的分析论证，令人折服"①，但在音变的引证和解释上有不同观点。文章指出江文引用方言材料时有多个问题，如"'弥''每'不存在文白异读"②。文章认为"物"词义虚化的同时，读音也开始弱化。"弥—每—们"等用字的变换反映了描述轻声音节习惯的差异，不是字音的历史演变，而是用字习惯问题，也就不存在叠置式音变问题。作者作了详细的音理分析并考察了《金瓶梅词话》中的"么""们"读音，并以此作为旁证，论证较为缜密。

此外，吴福祥的《敦煌变文的疑问代词"那"（"那个"、"那里"）》一文以《敦煌变文集》为材料讨论敦煌变文疑问代词"那"，也连带涉及"那"在汉魏六朝及唐五代期间用法的变化与功能的发展。吴福祥的这篇论文和他发表的两篇考察敦煌变文中人称代词的论文同为对敦煌变文中代词的专书研究，这些内容在他的《敦煌变文语法研究》一书中都有收录，所用方法基本相同，即在全面考察敦煌变文中代词的基础上进一步深入，探讨同时期及其前后时期一些文献中代词的使用情况，归纳其用法与功能的变化发展，勾画出一个时代代词的使用轮廓，为近代汉语代词的进一步研究打下了基础，同时也为汉语史的研究提供了借鉴。

## 第五节　二十世纪九十年代的近代汉语副词研究

九十年代以来，学术界逐渐认识到副词在近代汉语语法中占据的重要地位，关于近代汉语副词的研究非常活跃，副词研究成果颇为丰硕。

蒋冀骋的《近代汉语词汇研究》在第七章"近代汉语虚词研究"中从词汇角度讨论了副词，把副词分为程度、情态、时间、范围、否定、反诘六大类，每类副词选取两个或三个较有特色的副词加以研究，探究了所考副词语源、明确了其用法。例如，程度副词"很"起初写作"哏"，最早见于元代，后来又写作"狠""很"，它的程度副词用法得义于"乖戾、偏颇"。

刘坚、江蓝生、白维国、曹广顺合作的《近代汉语虚词研究》副词部分主要

---

① 张鸿魁：《关于"么""们"的读音》，《东岳论丛》1997年第2期。
② 张鸿魁：《关于"么""们"的读音》，《东岳论丛》1997年第2期。

探讨疑问副词和禁止副词。该书结合句型讨论了疑问副词"颇""可（岂、宁、敢）""还"的历史踪迹，梳理了表测度的疑问副词"莫"的演变历程和连用形式，探讨了禁止副词"别"的来源是"不要"的合音。

孙锡信的《汉语历史语法要略》在"虚词篇"中讨论了副词，包括否定副词、时间副词、程度副词、范围副词和语气副词。讨论近代汉语副词时，着重考察了近代汉语时期新产生的副词，如近代汉语口语中常用的否定副词"没""没有""别"等，时间副词"早先""元来""刚刚""还""再"等，程度副词"很""挺"等，范围副词"都来""都无"等，语气副词"倒（到）""难道"等。

杨伯峻、何乐士的《古汉语语法及其发展》将副词分为十一大类，并细化意义、用法，将大类分为若干小类。比如，近代汉语中的时间副词有表示"由过去到说话时一直如此"的"从来、一向、本来"等，表示"动作行为长久持续"的"常、良久、恒常"等，表示"动作发生不久"的"刚、刚刚、才、方、甫"等等。

向熹的《简明汉语史》（下）在"近代汉语副词、介词的发展"这一节中，论述了近代汉语单音副词、复音副词及其产生的来源，并列举了较早的例子，突破了以往研究集中于词语考释的局限性。书中将副词分为程度副词、范围副词、时间副词、情态副词、否定副词、语气副词六类，如"刚刚、更加、怪、好、好生、略略、微微、越发、方才、立马、兀自、反倒、也许、一发"等等。

杨建国的《近代汉语引论》将形容词、副词同列一节，认为移位充当状语的单音形容词可当成新兴副词，较典型的有"白、硬"等词。该节讨论的副词不多，是作者的一些"语法散论"，但对新兴副词的讨论较深入。

祝敏彻的《近代汉语句法史稿》通过对《敦煌变文汇录》《朱子语类》《水浒传》等十三部近代汉语著作的语言进行研究，分析了范围副词、程度副词、情态副词、肯定否定副词、时间副词和反复、连续副词的意义、特征和功能，以及它们和形容词的界限。

蒋冀骋、吴福祥的《近代汉语纲要》将副词分为五大类，着重介绍了近代汉语新兴的口语副词，并指出近代汉语副词较之古代汉语，有三个显著变化：一是近代汉语新兴的口语副词是现代汉语副词系统的主要构成部分；二是一些见于中古的副词，在汉语阶段用法和功能上有明显变化；三是形态上普遍复音化。

俞光中、植田均的《近代汉语语法研究》讨论了副词的位置问题，并具体分组研究了副词"不、无、没""却、自、只""须、直、可、争奈""就、正、早、看看、还"。该章最后一节列举了古今通用的吴语副词，包括"偏、暴、煞（杀）、真（实）头"等。

董志翘、蔡镜浩的《中古虚词语法例释》收录了540个近代汉语副词，占考察的全部虚词的59%以上，包括：这一时期新出现的副词；虽然早已萌芽，但流行于这一时期的副词；原有语义及语法功能在这一时期有重大变化的副词。书中讨论的副词，往往只列魏晋至宋代时期的用法。着重考释词语，精心选取例证，力求典型。例如，"適来""啇来""商来"都表示动作行为发生在不久以前，可译作"刚刚"。该书通过《敦煌变文集》中这三个词同义互用的多个例证，认为："'商'当是'啇'之讹文，'啇'乃'適'字俗书省减。义同。"①也就是说，"適""啇""商"其实是一个词的不同形体。此外，"上来"一词也表示"刚刚"，由互文同义的例证证明其由"商来"变化而来，其中一个例证最为典型："道安答曰：'……上来所说言词，谨答例皆如是。'善庆曰：'阁梨商来所说言词，大远讲赞，经文大错，总是信口落荒。'"（《敦煌变文集·庐山远公话》）这样进行考证，有助于明了副词来源，确定副词意义，理清副词间的内在联系。

祝敏彻的《〈朱子语类〉句法研究》专门讨论副词的篇幅较小，主要探究了副词"便""盡""儘"。其中，《〈朱子语类辑略〉中的"便"与"就"》详细说明了副词"便"的用法，并比较了其与介词"就"的区别；《"盡"与"儘"》则主要说明了两个词语法作用上的区别。

吴福祥的《敦煌变文语法研究》将副词归为虚词中的一个小类，大多是由动词或形容词虚化而来，只能充任状语，标记谓词的某些范畴或表明句子的某种语气。他以敦煌变文为研究对象，根据副词语义和用法将敦煌变文的副词分为时间副词、程度副词、范围副词、语气副词、情态副词五类。依据这五个次类，对《敦煌变文集》中近150个副词进行分析研究。对每个副词出现的频率统计研究，并

---

① 董志翘、蔡镜浩：《中古虚词语法例释》，吉林教育出版社，1994，第485页。

讨论其意义来源。吴福祥突破了以前词语考释释义方法，而是对某一副词进行分类释义，按其不同的表意功能释义。同时注重考证副词的历时演变，举出某一副词在变文前后出现的例证。值得一提的是，吴福祥虽研究的是敦煌变文的语法，但书中对唐五代以前和以后的相关语法现象也作了细致的研究，这就使敦煌变文的语法特点及其在汉语的历史发展中的地位更加清晰地呈现出来。

龚千炎的《〈儿女英雄传〉虚词例汇》以《儿女英雄传》为研究对象，考察了全书千余个虚词，并将每个虚词标注词性、读音，选取若干典型例句，使得该书成为研究十九世纪中叶北京话时极为便利的工具书。该书考察的虚词中有很多是副词，例如"白（白白）""百般""必得""不曾"等。

这个时期出版了一系列断代语言词典，包括江蓝生等编著的《唐五代语言词典》、袁宾等编著的《宋语言词典》和李崇兴等编著的《元语言词典》。这些断代语言词典收录不少唐五代、宋代和元代的副词，例如：《唐五代语言词典》中"初"是表示范围、程度语气的副词，多用于否定句；"从来"表示"本来"义，是语气副词。

论文研究方面也取得不少成果。有的学者对单个副词的来源或历时演变过程进行考察，如江蓝生的《疑问副词"可"探源》主要探讨了疑问副词"可"早期的语法意义，介绍了出现在东汉时期的反诘问疑问副词"可$_1$"和出现在唐代的表推度询问的疑问副词"可$_2$"。结合考察有同种语法意义的"岂"和"宁"来阐述"推度询问"之义产生的必然性，同时讨论它是怎样专用作表示推度疑问副词的。最后从语音的角度也谈到了对跟"可"相当的合肥话里的"克"、昆明话里的"格"和苏州话里的"阿"等疑问副词，认为这些疑问副词都是"可"的方言音变。

马荣尧的《近代汉语副词"没的"考释》探讨了"没的"在近代汉语中的几种不同结构形式和意义。从读音、质与量、历史发展和空间分布的角度总结出"没的"一词是随着近代汉语而产生、发展和消失的。"没的"最初仅表示反诘语气，后到清朝中叶，表示纯揣度疑问语言的用法从中分化出来。

吴福祥的《否定副词"没"始见于南宋》通过考察宋代南戏《张协状元》中的否定词"没"，发现有 7 例"没"是否定副词用法，并据此将否定副词"没"

的始见年代推进至南宋时期。

李立成的《近代汉语中的副词"杀"、"煞"及其变体》认为作状语的程度副词"杀"有多个变体,如"晒""索""赛""煞"等,文章重点探究了"杀""煞"的语音和用法。唐中叶以后,"杀""煞"的用法由只作补语发展到还可用作状语,这从形式上表明它们已由动词完全虚化为副词。作者考察元代材料发现,"杀""煞"的读音与用法在元代时已有区别,"杀"的补语用法读家麻韵,"煞"的状语用法读皆来韵去声。

仇志群的《普通话中副词"在"和"正在"的来源》认为副词"在"在敦煌变文中已有用例,副词"正在"出现时间晚于副词"在",最早见于《五代史平话》中。文章通过统计"在+动"在敦煌变文至五四前后这段时期中几十种文献中的用例,发现"在+动"的使用频率自敦煌变文时期至清代一直不太高,"在+动"在《三宝太监西洋记通俗演义》中的使用频率是一个特例,多达44例。《三宝太监西洋记通俗演义》与其后"在+动"高频出现的文献大部分作者生活在吴语区和南方系官话区,由此作者推断副词"在"源自南方方言,且受到吴方言的间接影响。至于"正在+动"的来源,作者认为其可能源自某些表时间句。

董淑慧的《谈"却"(郤)字三项副词用法的演成及其与几个相关副词的平行发展》分别讨论了"却"虚化为相当于"再"的副词、相当于"反而"的转折副词、相当于"竟然"的情态副词的过程,探究了两组与副词"却"意义相同、具有相同虚化轨迹的相关副词,并在文末探讨了"却"的多数用法在现代汉语中消失的原因。

陈宝勤的《副词"都"的产生与发展》认为副词"都"产生于东汉,是"聚集"义动词"都"演变而来的。文章详细统计了副词"都"在各朝代代表文献中的用例和用法,发现直到南宋副词"都"才迅速发展成熟,至元朝时现代汉语副词"都"的语法、语义已基本形成。

有的学者讨论了某个副词在近代汉语中的特殊用法。侯兰笙的《近代汉语里副词"好"的两种特殊用法》介绍了程度副词"好"在近代汉语里强调程度、数量时的两种特殊格式:一种是"好"修饰"数+量+名",其中数词多为"一"或"两",表示感叹语气;另一种是"好"用在"两+量"前,强调多,此时"两"

表示不定数目。

唐韵的《近代汉语的程度副词"十分"》归纳了程度副词"十分"在近代汉语中的三种特殊用法,并探究了这些特殊用法在现代汉语中消失的原因。唐文论述详细清晰,但稍有堆砌用例之嫌。

张谊生的《试说近代汉语副词"才"的特殊用法》依次描写了副词"才"的四种特殊用法,即名词化、假设句、进行体和凝固式。文章列举了副词"才"的名词化用法从宋元至清代各时期的用例,并通过与非名词化副词"才"的语法功能相比,说明了名词化"才"的四个明显特征;指出了副词"才"在宋初产生了表示条件或假设关系的用法,并分析了这一用法产生的原因;探究了部分动词或动词短语受副词修饰后表示某行为正在或正要进行的用法;总结了因同义连用或关联虚化而成的凝固式复合词,展现了近代汉语副词"才"不同于现代汉语"才"的特有面貌。

有的学者探究一类副词的特点,如张谊生的《近代汉语预设否定副词探微》所研究的预设否定副词主要包括"白、空、徒、虚、枉、朗、漫、坐、唐、素、干、瞎"等,文章考察了上述预设否定副词在表意过程中所呈现出来的付出与获得、积极与消极、主体与客体、隐性与显性等特点,比较分析了各词在起源、搭配、内涵诸方面的异同,展现了预设否定副词在近代汉语中的独特作用。

杨荣祥的《近代汉语否定副词及相关语法现象略论》对晚唐五代的《敦煌变文集》、宋代的《朱子语类》、元代的《新编五代史平话》、明代的《金瓶梅词话》四种语料中的四类18个否定副词作了穷尽性的调查,总结出"不"类、"未"类、"非"类和"莫"类否定副词在近代汉语中的特点及发展变化。在此之后,杨荣祥的《近代汉语副词简论》在对上述四种语料的副词进行全面计量调查的基础上,分别从近代汉语副词静态共时、动态历时以及整个汉语历史演变的角度加以考察,基本展现了近代汉语副词的基本面貌和特征。

冯春田的《近古汉语里"紧"、"打紧"、"紧着(自)"之类虚词的语法分析》结合相关句式分类讨论"紧"以及由"紧"组合而成的一类副词的语义及功能。例如,程度副词"紧"表示程度之甚,其语法功能主要可分为三类:①用在"形·得(的)+补"句式中,作补充成分;②用在"动·得(的)+补"句式中,作补充成分;③附在"动·宾"结构等后充当补充成分,构成"动宾·得(的)+紧"或者"动·得(的)宾+紧"之类的句式。

李宗江的《"即、便、就"的历时关系》通过统计分析时间副词"即、便、就"的产生时间、用法、分布以及使用频率,详细探讨了"即、便、就"历时替换的关系,认为时间副词"即"与"便"、"便"与"就"分别为历时替换关系,"即"与"就"仅为历时互补关系。

杨淑敏的《明代白话中某些新兴或特殊副词研究》对《水浒全传》《孙庞演义》《金瓶梅》中一些新兴或特殊副词"干净""体己(梯己)""十分""嗔道""怪到""管""管情""多管""敢""敢怕""多敢"等作切实的分析,不仅谈及了它们的词汇意义,还论及了与之紧密相关的语法作用和语法意义问题。她的《元明时期新兴副词探析》讨论了元明时期三组新兴的重要副词("白"以及"平白""白白地","老"和"绝","其实"和"果然")的用法和特点,同时也从历时的角度对它们进行考察。

有的学者取得了不少专书研究成果,如李思明的《〈水浒〉、〈金瓶梅〉、〈红楼梦〉副词"便"、"就"的考察》通过对三部著作中"便""就"的使用频率列表统计,总结了二词的用法及其发展趋势。副词"便"在《水浒》中处于绝对优势地位,而"就"此时还处于新兴时期;到《金瓶梅》时期,"便"的使用频率已下降,优势不再,而"就"迅速发展;到《红楼梦》时期,副词"便"已由口语词降为书面语词,而"就"接近独占口语词,二词都已完成近代汉语到现代汉语的转变。

曹小云的《王梵志诗语法成分初探》在文章第五节分组讨论了王梵志诗中的否定副词"不"、范围副词"尽、悉、皆、共、都、只"、程度副词"更、甚、最"、时间副词"有、总、便、又"等词的用法,展现了唐初口语中副词的使用情况。

## 本 章 小 结

纵观这一时期学界关于近代汉语连词的研究成果,我们可以发现:二十世纪九十年代是近代汉语连词研究的初步繁荣期,这一时期关于近代汉语连词的专著和论文大量出现。

这一时期关于近代汉语词汇研究的专著主要有以下三种类型：近代汉语整体词汇研究的专著、近代汉语虚词研究的专著以及近代汉语语言词典等。

关于近代汉语整体词汇研究的著作较有代表性的是蒋冀骋的《近代汉语词汇研究》，该书将近代汉语连词分为并列、递进、选择、顺承、转折、假设、因果、让步、比较等九类，蒋氏选择了近代汉语中才出现的几个连词进行了讨论，对这几个连词的出现时代和发展演变进行了考证，对近代汉语连词研究有借鉴意义。

近代汉语虚词研究的专著主要有刘坚、江蓝生、白维国、曹广顺合作的《近代汉语虚词研究》和董志翘、蔡镜浩的《中古虚词语法例释》等。刘坚、江蓝生、白维国、曹广顺在1992年合著了《近代汉语虚词研究》，该书归纳整理了近代汉语语音、词汇、语法各方面已有的研究成果，有助于读者了解二十世纪九十年代以前近代汉语的研究概况。该书的主体是第二章"虚词专论"，重点讨论了29个虚词，包括助词、介词、连词、副词和词缀等。该书将近代汉语连词放在"介词和连词"部分讨论，但主要内容与刘坚的《试论"和"字的发展，附论"共"字和"连"字》一文基本一致，未对其他近代汉语连词作相关研究。董志翘、蔡镜浩的《中古虚词语法例释》是一部专门研究虚词语法的著作，该书讨论的时限从魏晋至宋代，可以说填补了中古及近代汉语虚词研究的空白。与以往研究虚词的专著不同的是，该书注重对词义和用法的考释。除此之外，该书发现了很多连词在近代新的用法或者是没有被人发现的新用法。

随着近代汉语词汇研究的不断科学化和系统化，"近代汉语断代语言词典系列"应运而生，包括江蓝生等编著的《唐五代语言词典》、袁宾等编著的《宋语言词典》以及李崇兴等编著的《元语言词典》。该断代语言词典系列收录了近代汉语中的新词和特有词语，同时对每个词语产生的时代进行了考释，其中也包括很多近代汉语连词，是我们研究近代汉语连词的重要参考词典。

除此之外，这一时期新出现的一些语法专著有很多也对近代汉语连词进行了考察，较有代表性的有孙锡信的《汉语历史语法要略》，俞光中、植田均的《近代汉语语法研究》，以及向熹的《简明汉语史》（下）等。

孙锡信在其《汉语历史语法要略》的第九章"连词"部分讨论了连词的发展

演变轨迹,该书对近代汉语连词的发展演变特点进行了总结,且提出了唐五代以后连词发展的主要特点是"双音连词的大量出现"。

俞光中、植田均的《近代汉语语法研究》在"总论"部分讨论了与近代汉语连词、复句特别有关的三个问题:近代汉语里连词与副词界限问题、超线性关联和隐关联、正统连词和非正统连词等。之后,该书将连词分为条件关系连词、因果关系连词、转折关系连词、让步关系连词、联合关系连词。在每个类别下,分列相应连词,然后举出不同的用例和用法,有些做了简洁的解释。

向熹《简明汉语史》的下编为"汉语语法史",该书在"近代汉语连词的发展"中介绍了从唐宋到明清时期的新兴连词及其用法和用例,并且依据它们所连接成分的语义关系,将这些连词分为并列连词、承接连词、选择连词、递进连词、转折连词、因果连词、假设连词、条件连词、让步连词。向氏主要讨论了近代新产生的连词,值得关注的是,一些连词原本在上古和中古已有,但其连用现象是近代新出现的。

蒋冀骋、吴福祥在其《近代汉语纲要》的语法部分设"连词"章,将近代汉语中使用频率和口语程度较高的四十几个连词分为并列、选择、递进、转折、因果、假设、纵予、让步、条件、取舍等十个小类,每个小类之下按照不同连词,给出用例,分析用法,并分析和考察了其中一部分连词的来源和发展演变情况。此外,该书还总结出了近代汉语连词系统的变化特点:"系统内部新旧形式的更替、双音形式的剧增以及口语化程度的增强。"

袁宾的《近代汉语概论》没有单列连词章节,把连词部分依附在复句中,将复句分为联合复句和主从复句,在论述联合复句中的并列复句时,作者引用了《变文集》《五灯会元》《元曲选·魔合罗》《张生彩鸾灯传》中的例句,由此叙述连词"又"的用法。这种研究还是偏向于句法方面,站在连词研究的立场上看,有"倒置"的感觉,而且和其他词类混在一块,较难总结出近代汉语连词的特点。

这一时期专书的语法研究成果较为丰硕,因此出现了一批关于近代汉语连词专书的研究成果,其中较有代表性的是吴福祥的《敦煌变文语法研究》、祝敏彻的《〈朱子语类〉句法研究》和龚千炎的《〈儿女英雄传〉虚词例汇》等。

九十年代,学者对近代汉语连词关注的范围逐渐拓宽,这时期一些论文描写连词的发展演变轨迹，总结连词的发展演变特点，其中较有代表性的是李英哲和卢卓群（1997）。更多的论文研究成果是对单个连词的溯源考察，以蔡镜浩（1995）、魏达纯（1998）、于江（1996）和高育花（1998）等为代表。

这一时期，关于近代汉语助词的研究已进入繁荣期，不仅著作和论文成果丰硕，而且还有两本研究近代汉语助词、语气词的专著问世。

曹广顺的《近代汉语助词》是第一部专门研究近代汉语助词的著作。作者在前人研究的基础上，通过翔实丰富的资料、细密清楚的论证，在近代汉语助词研究中有许多创获。该书深入研究了动态助词、事态助词、结构助词和语气助词，把助词放到一定的语法格式中去考察它的产生、发展、消亡。并且在对助词作逐个研究的同时，有意识地把单个的助词放到近代汉语语法体系和助词体系的全局中去考察，注意助词之间语义、功能上的影响，体系对它们的制约，以及方言、历史文化背景在其形成和发展中的作用，尽可能历时地描述出助词产生和发展的原因和过程。

孙锡信在1999年出版了《近代汉语语气词——汉语语气词的历史考察》，这是第一部系统研究近代汉语语气词的专著，可以说"填补了汉语史研究的一个空白"。作者先在引论部分说明汉语表达语气的手段和语气词的界定，回顾了上古、中古的常用语气词和使用概况，总结了语气词在近代汉语的新面貌，并在接下来的三章分别考察了唐五代、宋元时期、明清时期语气词的演变。该书在对汉语语气词发展史整体把握的基础上，全面考察了近代汉语中的重要语气词，并在探究单个语气词来源及其发展时，结合音义系统考察，有很多创获。

九十年代还出版了很多历史语法专著，书中都有对助词部分的研究。蒋冀骋的《近代汉语词汇研究》在第七章"近代汉语虚词研究"第五节把近代汉语助词分为结构助词、时态助词、比况助词和语气助词四类，并选择了前人研究中争议较大的"底（的）""则个""呢"加以探讨。冯春田的《近代汉语语法问题研究》在助词部分考察了助词"底（的）"和"则个"。刘坚、江蓝生、白维国、曹广顺在1992年合作了《近代汉语虚词研究》，该书在助词部分着力较多，讨论了动态助词"却、了、将、得、取、着（著）、过"、事态助词"了、来、去"、结构助词"地、底、来、得来"、语气助词"呢（哩）"、概数助词"以来、来"。

袁宾的《近代汉语概论》在第六章专门讨论了近代汉语语法问题，其中助词部分选取了一些重要的助词分类探讨，包括结构助词"底、地、的、里、得、将、教（交）"、时态助词"了、着、过、却"、语气助词"但、念、那、罢、波、休、看、煞、杀、死"等。孙锡信的《汉语历史语法要略》的助词章里介绍了古汉语的句首助词、句中助词等，还讨论了助词"的、底、地"的来源和演变过程。杨伯峻、何乐士的《古汉语语法及其发展》对近代汉语助词的探讨主要体现在对结构助词"底、地、地底、的"，语缀助词"地、底""著、着""却""了""个（箇）、個""他""你""家（价）""裡""生""取""来"等的静态描写。向熹的《简明汉语史》（下）专门介绍了近代汉语中的结构助词和语末助词。蒋绍愚的《近代汉语研究概况》全面介绍了近代汉语研究的资料，总结了近代汉语语音、语法、词汇以及作品的断代和方言成分的考察等方面的研究成果。助词部分主要考察了动态助词和结构助词，包括"了、着、底、地、的"。此外，还介绍了语气词"啊、吗、呢"的研究。祝敏彻的《近代汉语句法史稿》在助词一节主要讨论了"底、地、得"的各种用法。蒋冀骋、吴福祥的《近代汉语纲要》的助词章节讨论了动态助词"却、了、将、得、取"等词，事态助词"了、来、去"，尝试态助词"看"，结构助词"地、底、的、得、来（得来）"，语气助词"聻（呢）、在、里（哩）、麽（吗）"。刘坚主编的《二十世纪的中国语言学》在第五节"二十世纪的近代汉语研究"中探讨了近代汉语助词问题，主要总结了前人对"了""着""底""地"的来源及演变过程的研究成果，也提出了一些自身的观点。俞光中、植田均的《近代汉语语法研究》立足于现代汉语，主要探讨了近代汉语不同于现代汉语的语法特点。该书研究的助词有"底、地、的""来""那（聻、你、尼、呢）""裏（在、在裏、哩）""也、呵（附'啊''呀'）""去""者、著、咱、则个""无、也无、摩（磨、麽）""始得（是的、是得）""也似（似、似的、是的）""价"。作者在前人对这些助词研究的基础上，有着自身独到的见解，对促进这些问题更深层次的研究有推动意义。董志翘、蔡镜浩的《中古虚词语法例释》考察了魏晋至宋代时期的59个助词，注重考释词义和用法。

这一时期，也有一些专书研究的著作问世，包括祝敏彻的《〈朱子语类〉句法研究》、吴福祥的《敦煌变文语法研究》、龚千炎的《〈儿女英雄传〉虚词例汇》等。

这个时期出版了一系列断代语言词典,包括江蓝生等编著的《唐五代语言词典》、袁宾等编著的《宋语言词典》和李崇兴等编著的《元语言词典》等。这些断代语言词典收录不少唐五代、宋代和元代的助词。

这个时期有关近代汉语助词研究的论文主要是专书研究和个案研究。专书研究主要是对专书中某个助词的研究,比较有代表性的有刘宁生(1990)、李崇兴(1990a)、李思明(1991)、黄革(1998)等。还有通过不同专书进行比较研究的如王森(1991)、钱学烈(1993)。

对近代汉语助词的专字研究,比较注重对某个词的来源、发展的探究,主要集中在对助词"底""的""者""个"等的讨论,其中较有代表性的论文成果有冯春田(1990a)、江蓝生(1999)、石锓(1992)、袁毓林(1997)、石毓智和李讷(1998)、曹广顺(1994)、赵日新(1999)等。对其他助词源流的讨论,还有朱庆之(1991)、俞光中(1992)、白维国(1992)等。

当然也有一些文章从其他角度对近代汉语助词进行研究,较有代表性的是宋金兰(1991)从语言对比的角度对汉语助词"了""着"的产生和发展提出了新见。

纵观这一时期学界关于近代汉语介词的研究成果,我们可以发现:

这一时期出版了不少关于近代汉语介词研究的论著。蒋冀骋的《近代汉语词汇研究》在第七章"近代汉语虚词研究"把介词分为七大类,并着重讨论了近代汉语中新产生的介词"把""捉""打""望""闻""蓦""吃",考证了这七个介词的用法、来源及其发展。

冯春田的《近代汉语语法问题研究》在第一章考察了近代汉语里一些新兴的或者在语法、意义上产生新的变化的介词,包括"和、与、替、向、问、望、对、把、捉、拿、着、就、从、打"共14个介词。在分析每个介词的语法作用及其意义的同时,还探究了所论介词与相关介词的替代关系。

刘坚、江蓝生、白维国、曹广顺合著的《近代汉语虚词研究》讨论了三组介词"和、共、连""吃(乞)""打"。关于第一组介词,该书详细考察、归纳了介词"和"在各朝代的用法和使用情况,并论述了同样表示连带义的介词"共"

"连"。关于第二组介词,该书以《水浒传》《金瓶梅词话》为研究对象,考察了"吃"字式的格式、意义,探究了表被动的"吃"的来源。关于第三组介词,该书探讨了介词"打"的产生和使用情况,并追溯其来源。

袁宾的《近代汉语概论》在"语法"章第五节选取了介词"从、自、打、向、问、去、在、连、和"等加以介绍,讨论了它们在近代汉语中常见或值得注意的用法。在"被动句"节和"处置句"节还分别探讨了表被动的"被""吃"和表处置的"将""把"等。

孙锡信的《汉语历史语法要略》在第八章谈到了近代汉语介词相关问题。在这一时期,介词更迭现象明显,出现了许多活跃在口语中的介词,包括"和""跟""打从""拿"等。该章对这些词的用法和发展作了考察。该书"造句篇"中还讨论了用于处置式的"把""将"。

杨伯峻、何乐士的《古汉语语法及其发展》根据介词的作用将其分为七类,分类讨论了自上古沿用至近代汉语的介词和在近代汉语时期新产生的介词,描写了这些词的用法和句法位置,并在该章章末总结了介词的总体特点,讨论了介词和动词的界限问题。

向熹的《简明汉语史》(下)也提到了近代汉语介词的发展,着重介绍了在近代新产生的介词的使用情况。根据用法分类,分别讨论了表示时间的介词"等、敢",处所介词"打、打从、去、只、朝(朝着)、照(照着)、看着",表示工具、凭借或依据的介词"拿、使、据、靠(靠着)",表示关系、对象的介词"给、跟、合",表示目的或原因的介词"为着、为了"。这些介词除"为着、为了"以外,都是由动词虚化而来。

祝敏彻的《近代汉语句法史稿》讨论介词时主要研究了"将、把、被、就"这四个介词,介绍了其在上古时期的用法,并细致例举了每一个介词在近代汉语中的用法。

蒋冀骋、吴福祥的《近代汉语纲要》将介词根据用法分为十类,分别探讨了时间、处所介词,方向介词,对象、范围介词,凭借、利用介词,工具、处置介词,与同介词,包括、强调介词,比较介词,排除介词和被动介词。

俞光中、植田均的《近代汉语语法研究》在第十一章专门分两组讨论了介词,讨论的介词分别是"和、共、同"与"向、去、从、在",主要探究了各个介词的发展脉络和在近代汉语中的用法。

董志翘、蔡镜浩的《中古虚词语法例释》收录了43个近代汉语介词,探究了每个介词在魏晋至宋代时期的用法,考察其来源。

在专书研究方面,祝敏彻的《〈朱子语类〉句法研究》、吴福祥的《敦煌变文语法研究》、龚千炎的《〈儿女英雄传〉虚词例汇》也涉及了对近代汉语介词的探讨。

这个时期出版的一系列断代语言词典,包括江蓝生等编著的《唐五代语言词典》、袁宾等编著的《宋语言词典》和李崇兴等编著的《元语言词典》等,收录了不少唐五代、宋代和元代的介词,标出了词性、用法,并举出具有代表性的例句。

这一时期,研究近代汉语介词最具代表性的学者是马贝加。自九十年代初起,马贝加就发表了一系列介词方面包括探源、辨义、补说等的论文,如《介词"按、依、乘、趁"探源》《方式介词"凭、据、随、论"的产生》《介词"沿"的产生》《介词"因"辨义》《介词"就"的产生及其意义》等。这些论文深入研究了许多介词的产生、发展过程,论证严密清晰,在追根溯源和解字辨义方面有着独到的见解,对于介词发展演变的探讨具有很大的借鉴意义。

此外还有一些学者在近代汉语介词研究中也取得了不少成果,如王锳(1992)、李崇兴(1994)等。

关于近代汉语代词研究的论著主要分为三大类:有关近代汉语语法通论方面的;有关断代及专书的语法研究;有关专题的语法研究。

通论方面,袁宾的《近代汉语概论》在第六章介绍了近代汉语中较常见或值得注意的人称代词、指示代词和疑问代词。人称代词包括"我、吾、儿、侬、奴、咱、洒家、俺、某、你、他、伊"等,指示代词主要有"这(者、遮)""恁(偌)""那"等,疑问代词有"谁""什么(甚么)""争""作么(怎)""若""那"等。杨建国的《近代汉语引论》在第六章语法问题的讨论中也包含对近代汉语代词的探讨,主要论及的代词有"你、我、他""身、侬、奴""渠、伊""们""这""那""什么""怎么"。蒋绍愚的《近代汉语研究概况》系统总结了半个世纪以来近代汉语代词的研究成果,并且还对其中的一些问题发表了自己的研究意见，对某些代词进行了深入研究。蒋冀骋、吴福祥的《近代汉语纲要》将全书分为文字、音韵、词汇和语法四大部分，其中语法部分由吴福祥执笔。语法部分的第一节便是指代词，主要包括人称代词"我""奴（阿奴、奴家）""某""俺""咱""洒""你""您""他""自己、自家"，指示代词"这、这个""那、那个"，疑问代词"那""没（物）、摩（麽、吗）、阿没（阿莽）""是勿（物）、什摩""作物、作没、作摩"等。俞光中和日本学者植田均合著的《近代汉语语法研究》不同于以往的一些近代汉语通论性著作，该书"立足于现代汉语，视角对准近代汉语。因此这本书内容限于近代汉语语法不同于现代汉语语法的方面，对于汉语语法结构特点则不做专门探讨"，同时作者认识到近代汉语与古汉语及方言之间千丝万缕的联系，在讨论某些问题的来龙去脉时，经常引用北京话、现代方言、古汉语的材料。另外，该书引例丰富，书后附有主要引书目录，这对进一步的研究具有一定的指示作用。

关于专书语法研究方面著作，吴福祥的《敦煌变文语法研究》、卢烈红的《〈古尊宿语要〉代词助词研究》等中都有对代词的论述。吴福祥的《敦煌变文语法研究》中设有称代篇对变文中的人称代词、指示代词、疑问代词进行了细致的描绘。但与一般的专书研究不同，作者不仅仅对语法事实进行归纳描绘，而且以《敦煌变文集》为坐标，以唐宋十五种白话文献与之比较，通过归纳描写变文中代词的语法事实，通过比较论证其特色，进而探讨唐五代代词的共时差异和历时变化。研究方法以归纳描写和定量分析为主，书中作了大量的词频统计，以具体数字说话更具可靠性，同时也注意到共时与历时的结合，作动态的分析。卢烈红的《〈古尊宿语要〉代词助词研究》以唐宋时期口语化程度相当高的禅宗文献资料为研究对象，在第二、三、四章专门描写《古尊宿语要》中的人称代词、指示代词、疑问代词。人称代词中除了常见的三身代词外，还有己称代词、旁称代词和统称代词，指示代词中除近指代词、远指代词外还涉及兼指代词、旁指代词、括指代词和分指代词、逐指代词。疑问代词分六节讨论了敦煌变文中的"谁、孰""什么、什、甚、甚么、何""'如何'及其他含'何'的双音形式""作么、作么生、争、怎生""那、阿那""几、多少、早晚"等。

有关专题的语法研究著作，这一时期主要是冯春田的《近代汉语语法问题研究》。该书共分为九个专题,其中最后一个专题"'×么(摩)'类词语的内部结构分析"是对近代汉语疑问代词的讨论。冯春田对"×么(摩)"类词语(指的是唐五代以后由某词"×"与居其后的"么""麽",包括其异形"没""摩""磨"等,组成的一类词语)内部或本身的结构进行分析,文章分四个部分分别讨论了"什(甚)么""任摩、怎么、与么(摩)""只么(摩)等""作么(摩)"。

关于近代汉语代词的论文成果主要体现在对专书专词的研究上。有对代词语源的探讨,如张惠英(1991)、李功成(1997)等对人称代词语源的探讨;陈卫兰(1994)、徐时仪(1999)、张惠英(1993)等对指示代词来源的考察;方环海(1994)、江蓝生(1995)、张鸿魁(1997)等对疑问代词语源的讨论。专书研究方面,较有代表性的是吴福祥和卢烈红的研究。吴福祥(1994,1995a,1995b,1996)以敦煌变文为语料,考察了其中的人称代词、近指代词和疑问代词,发表了一系列文章;卢烈红(1998a,1999)探讨了《古尊宿语要》中的近指代词和旁指代词。

关于近代汉语副词的研究非常活跃,副词研究成果颇为丰硕。蒋冀骋的《近代汉语词汇研究》在第七章"近代汉语虚词研究"中从词汇角度讨论了副词,把副词分为程度、情态、时间、范围、否定、反诘六大类,每类副词选取两个或三个较有特色的副词加以研究,探究了所考副词语源、明确了其用法。

刘坚、江蓝生、白维国、曹广顺合作的《近代汉语虚词研究》副词部分主要探讨疑问副词和禁止副词。该书结合句型讨论了疑问副词"颇""可(岂、宁、敢)""还"的历史踪迹,梳理了表测度的疑问副词"莫"的演变历程和连用形式,探讨了禁止副词"别"的来源是"不要"的合音。

孙锡信的《汉语历史语法要略》在"虚词篇"中讨论了近代汉语副词,着重考察的是近代汉语时期新产生的否定副词、时间副词、程度副词和范围副词等。

杨伯峻、何乐士的《古汉语语法及其发展》将副词分为十一大类,并细化意义、用法,将大类分为若干小类,讨论中涉及了一些近代汉语副词。

向熹的《简明汉语史》(下)在"近代汉语副词、介词的发展"这一节中,论述了近代汉语单音副词、复音副词及其产生的来源,并列举了较早的例子,突破了以往研究集中于词语考释的局限性。书中将副词分为程度副词、范围副词、时间副词、情态副词、否定副词、语气副词六类。

杨建国的《近代汉语引论》讨论的副词不多，是作者的一些"语法散论"，但对新兴副词的讨论比较深入。

祝敏彻的《近代汉语句法史稿》通过对《敦煌变文汇录》《朱子语类》《水浒传》等十三部近代汉语著作的语言进行研究，分析了范围副词、程度副词、情态副词、肯定否定副词、时间副词和反复、连续副词的意义、特征和功能，以及它们和形容词的界限。

蒋冀骋、吴福祥的《近代汉语纲要》将副词分为五大类，着重介绍了近代汉语新兴的口语副词，并指出近代汉语副词较之古代汉语，有三个显著变化：一是近代汉语新兴的口语副词是现代汉语副词系统的主要构成部分；二是一些见于中古的副词，在汉语阶段用法和功能上有明显变化；三是形态上普遍复音化。

俞光中、植田均的《近代汉语语法研究》讨论了副词的位置问题，并具体分组研究了副词"不、无、没""却、自、只""须、直、可、争奈""就、正、早、看看、还"。该章最后一节列举了古今通用的吴语副词，包括"偏、暴、煞（杀）、真（实）头"等。

董志翘、蔡镜浩的《中古虚词语法例释》收录了540个近代汉语副词，包括：这一时期新出现的副词；虽然早已萌芽，但流行于这一时期的副词；原有语义及语法功能在这一时期有重大变化的副词。书中讨论的副词，往往只列魏晋至宋代时期的用法。着重考释词语，精心选取例证，力求典型。

祝敏彻的《〈朱子语类〉句法研究》专门讨论副词的篇幅较小，主要探究了副词"便""盡""儘"。其中，《〈朱子语类辑略〉中的"便"与"就"》详细说明了副词"便"的用法，并比较了其与介词"就"的区别；《"盡"与"儘"》则主要说明了两个词语法作用上的区别。

吴福祥的《敦煌变文语法研究》以敦煌变文为研究对象，根据副词语义和用法将敦煌变文中的近150个副词分为时间副词、程度副词、范围副词、语气副词、情态副词五类。对每个副词出现的频率统计研究，并讨论其意义来源。吴福祥突破了以前词语考释释义方法，而是对某一副词进行分类释义，按其不同的表意功能释义。同时注重考证副词的历时演变，对某一副词在变文前后出现的例证也加以举出。值得一提的是，吴福祥虽研究的是敦煌变文的语法，但书中对唐五代以前和以后的相关语法现象也作了细致的研究，这就使敦煌变文的语法特点及其在汉语的历史发展中的地位能更加清晰地呈现出来。

龚千炎的《〈儿女英雄传〉虚词例汇》以《儿女英雄传》为研究对象，考察了全书千余个虚词，并将每个虚词标注词性、读音，选取若干典型例句，使得该书成为研究十九世纪中叶北京话时极为便利的工具书。该书考察的虚词中有很多是副词，例如"白（白白）""百般""必得""不曾"等。

这个时期出版了一系列断代语言词典，包括江蓝生等编著的《唐五代语言词典》、袁宾等编著的《宋语言词典》和李崇兴等编著的《元语言词典》。这些断代语言词典收录不少唐五代、宋代和元代的副词。

论文研究方面也取得不少成果。有的学者对单个副词的来源或历时演变过程进行考察，较有代表性的有江蓝生（1990）、马荣尧（1990）、吴福祥（1995c）、李立成（1995）、仇志群（1991）、董淑慧（1996）、陈宝勤（1998）等。有的学者讨论了某个副词在近代汉语中的特殊用法，如侯兰笙（1996）、唐韵（1992）、张谊生（1993）等。有的学者探究一类副词的特点，如：冯春田（1996）结合相关句式分类讨论"紧"以及由"紧"组合而成的一类副词的语义及功能；李宗江（1997）详细探讨了"即、便、就"的历时替换关系；张谊生（1999）探究了"白、空、徒、虚、枉、朗、漫、坐、唐、素、干、瞎"等预设否定副词的特点和异同；杨荣祥（1999a）调查了"不"类、"未"类、"非"类和"莫"类否定副词在近代汉语中的特点及发展变化，此后杨荣祥（1999b）考察了近代汉语副词的基本面貌和特征；杨淑敏（1994a）讨论了明代白话中一些新兴或特殊副词"干净""体己（梯己）""十分""嗔道""怪到""管""管情""多管""敢""敢怕""多敢"等的词汇意义、语法作用和语法意义问题；杨淑敏（1994b）则探讨了元明时期三组新兴的重要副词（"白"以及"平白""白白地"，"老"和"绝"，"其实"和"果然"）的用法和特点。还有的学者取得了不少专书研究成果，较有代表性的有李思明（1990）、曹小云（1994）等。

# 参 考 文 献

白维国.1992.近代汉语中表示动态的助词"得"(的)[M]//胡竹安,杨耐思,蒋绍愚.近代汉语研究.北京:商务印书馆:235-242.
蔡镜浩.1995.中古汉语的连词"被"[J].中国语文,(2):154.
曹广顺.1994.说助词"个"[J].古汉语研究,(4):28-32,48.
曹广顺.1995.近代汉语助词[M].北京:语文出版社.
曹小云.1994.王梵志诗语法成分初探[J].安徽师大学报,(3):325-332.
陈宝勤.1998.副词"都"的产生与发展[J].辽宁大学学报,(2):80-83.
陈卫兰.1994.试析"这"(者、遮)字早期用例和作用[J].语文研究,(4):25-27.
陈秀兰.1998.也谈连词"所以"产生的时代[J].古汉语研究,(3):96.
董淑慧.1996.谈"却"(卻)字三项副词用法的演成及其与几个相关副词的平行发展[J].汉语学习,(4):52-56.
董志翘.1997.近代汉语指代词札记[J].中国语文,(5):373-378.
董志翘,蔡镜浩.1994.中古虚词语法例释[M].长春:吉林教育出版社.
方环海.1994.试析"什么"的语源与结构[J].徐州师范学院学报,(4):112-114.
冯春田.1990a.试论结构助词"底(的)"的一些问题[J].中国语文,(6):448-453.
冯春田.1990b."×么(摩)"类词语的内部结构分析[J].东岳论丛,(6):37-42.
冯春田.1991.近代汉语语法问题研究[M].济南:山东教育出版社.
冯春田.1996.近古汉语里"紧"、"打紧"、"紧者(自)"之类虚词的语法分析[J].古汉语研究,(1):63-67.
傅书灵,邓小红.1999.《歧路灯》句中助词"哩"及其来源[J].殷都学刊,(2):97-99.
甘子钦.1991.连词"所以"产生的时代与条件[J].西南师范大学学报(人文社会科学版),(2):95,94.
高育花.1998.近代汉语"和"类虚词的研究述评[J].古汉语研究,(3):56-60.
龚千炎.1994.《儿女英雄传》虚词例汇[M].北京:语文出版社.
郭红.1998.他称代词"他"究竟产生于何时[J].中国语文,(5):398-399.
侯兰笙.1996.近代汉语里副词"好"的两种特殊用法[J].中国语文,(5):360.
黄革.1998.《水浒传》中的"却"[J].广西师范大学学报,(1):154-157.
江蓝生.1990.疑问副词"可"探源[J].古汉语研究,(3):44-50.
江蓝生.1995.说"麽"与"们"同源[J].中国语文,(3):180-190.
江蓝生.1999.处所词的领格用法与结构助词"底"的由来[J].中国语文,(2):83-93.
江蓝生.2000.助词"似的"的语法意义及其来源[M]//近代汉语探源.北京:商务印书馆:168-184.
江蓝生,曹广顺.1997.唐五代语言词典[M].上海:上海教育出版社.
蒋冀骋.1991.近代汉语词汇研究[M].长沙:湖南教育出版社.
蒋冀骋,吴福祥.1997.近代汉语纲要[M].长沙:湖南教育出版社.
蒋绍愚.1994.近代汉语研究概况[M].北京:北京大学出版社.
李崇兴.1990a.《祖堂集》中的助词"去"[J].中国语文,(1):71-75.
李崇兴.1990b.选择问记号"还是"的来历[J].语言研究,(2):76-81.
李崇兴.1994.《元曲选》宾白中的介词"和""与""替"[J].中国语文,(2):149-154.
李崇兴,黄树先,邵则遂.1998.元语言词典[M].上海:上海教育出版社.
李功成.1997.他称代词"他"的起源[J].中国语文,(4):310.
李立成.1995.近代汉语中的副词"杀"、"煞"及其变体[J].黄淮学刊(社会科学版),(4):59-62.

李思明. 1990. 《水浒》、《金瓶梅》、《红楼梦》副词"便"、"就"的考察[J]. 语言研究, (2): 82-85.
李思明. 1991. 《祖堂集》中"得"字的考察[J]. 古汉语研究, (3): 88-91.
李英哲, 卢卓群. 1997. 汉语连词发展过程中的若干特点[J]. 湖北大学学报(哲学社会科学版), (4): 52-58.
李宗江. 1997. "即、便、就"的历时关系[J]. 语文研究, (1): 25-30.
刘坚. 1989. 试论"和"字的发展, 附论"共"字和"连"字[J]. 中国语文, (6): 447-459.
刘坚. 1998. 二十世纪的中国语言学[M]. 北京: 北京大学出版社.
刘坚, 江蓝生, 白维国, 等. 1992. 近代汉语虚词研究[M]. 北京: 语文出版社.
刘宁生. 1990. 《水浒》中的"着"[J]. 徐州师范学院学报, (1): 159-164.
柳应九. 1993. 《老乞大》中的"这们""那们"与"这般""那般"[J]. 语言研究, (2): 140-143.
卢烈红. 1998a. 《古尊宿语要》的近指代词[J]. 武汉大学学报(哲学社会科学版), (5): 97-103.
卢烈红. 1998b. 《古尊宿语要》代词助词研究[M]. 武汉: 武汉大学出版社.
卢烈红. 1999. 《古尊宿语要》的旁指代词[J]. 古汉语研究, (3): 12-14.
马贝加. 1990. 介词"按、依、乘、趁"探源[J]. 温州师院学报(哲学社会科学版), (3): 25-34.
马贝加. 1992a. 介词"沿"的产生[J]. 语文研究, (3): 37-38.
马贝加. 1992b. 介词"照"的产生[J]. 温州师院学报(哲学社会科学版), (1): 13-14.
马贝加. 1992c. 方式介词"凭、据、随、论"的产生[J]. 温州师院学报(哲学社会科学版), (2): 67-70.
马贝加. 1993. "望"介词义补说[J]. 温州师范学院学报(哲学社会科学版), (4): 13-14.
马贝加. 1995. 汉语中"趁着"义介词探析[J]. 温州师范学院学报(哲学社会科学版), (4): 25-29.
马贝加. 1996a. 介词"因"辨义[J]. 语文研究, (2): 59-61.
马贝加. 1996b. 介词"缘"的产生及其意义[J]. 山西大学学报(哲学社会科学版), (2): 90-92.
马贝加. 1996c. 介词"方"探源[J]. 温州师范学院学报(哲学社会科学版), (5): 39-40.
马贝加. 1997. 介词"就"的产生及其意义[J]. 语文研究, (4): 33-36.
马贝加. 1998. 介词"就"萌生过程中的两个句法位置[J]. 温州师范学院学报(哲学社会科学版), (2): 9-10.
马贝加. 1999a. 处所介词"向"的产生及其发展[J]. 语文研究, (1): 44-48.
马贝加. 1999b. 介词"经"的产生与发展[J]. 温州师范学院学报(哲学社会科学版), (1): 39-42.
马荣尧. 1990. 近代汉语副词"没的"考释[J]. 中国语文, (5): 379-386.
钱学烈. 1993. 从王梵志诗和寒山诗看助词"了"、"着"、"得"的虚化[J]. 深圳大学学报(人文社会科学版), 10(2): 93-98.
仇志群. 1991. 普通话中副词"在"和"正在"的来源[J]. 聊城师范学院学报(哲学社会科学版), (1): 84-89.
石锓. 1992. 元代结构助词"的"研究[J]. 兵团教育与研究, (2): 24-31.
石毓智, 李讷. 1998. 汉语发展史上结构助词的兴替——论"的"的语法化历程[J]. 中国社会科学, (6): 165-180.
宋金兰. 1991. 汉语助词"了"、"着"与阿尔泰诸语言的关系[J]. 民族语文, (6): 59-67, 40.
孙锡信. 1992. 汉语历史语法要略[M]. 上海: 复旦大学出版社.
孙锡信. 1999. 近代汉语语气词——汉语语气词的历史考察[M]. 北京: 语文出版社.
唐韵. 1992. 近代汉语的程度副词"十分"[J]. 四川师范学院学报(哲学社会科学版), (4): 31-35.
王森. 1991. 《老乞大》《朴通事》里的动态助词[J]. 古汉语研究, (2): 16-20.
王锳. 1992. 古代诗文中"就"的介词用法[J]. 中国语文, (3): 235-236.
魏达纯. 1998. "所以"在六本古籍中的演变考察[J]. 古汉语研究, (2): 30-35.
吴福祥. 1994. 敦煌变文的人称代词"自己""自家"[J]. 古汉语研究, (4): 33-37.
吴福祥. 1995a. 敦煌变文人称代词初探[J]. 青海师范大学学报(哲学社会科学版), (2): 70-78.
吴福祥. 1995b. 敦煌变文的疑问代词"那"("那个"、"那里")[J]. 古汉语研究, (2): 74-77.
吴福祥. 1995c. 否定副词"没"始见于南宋[J]. 中国语文, (2): 153.
吴福祥. 1996a. 敦煌变文语法研究[M]. 长沙: 岳麓书社.
吴福祥. 1996b. 敦煌变文的近指代词[J]. 语文研究, (3): 30-36.
向熹. 1993. 简明汉语史(上、下)[M]. 北京: 高等教育出版社.

谢俊英.1993.汉语人称代词"您"的变异研究[J].语文研究,(4):27-34.
徐时仪.1999.指代词"这"来源考[J].大同高等专科学校学报,(2):58-62.
许仰民.1992.论《金瓶梅词话》的助词"着"与"来"[J].信阳师范学院学报(哲学社会科学版),(2):93-99,105.
杨伯峻,何乐士.1992.古汉语语法及其发展[M].北京:语文出版社.
杨建国.1993.近代汉语引论[M].合肥:黄山书社.
杨荣祥.1999a.近代汉语否定副词及相关语法现象略论[J].语言研究,(1):20-28.
杨荣祥.1999b.近代汉语副词简论[J].北京大学学报(哲学社会科学版),(3):139-147,159.
杨淑敏.1994a.明代白话中某些新兴或特殊副词研究[J].东岳论丛,(3):68-72.
杨淑敏.1994b.元明时期新兴副词探析[J].山东社会科学,(4):80-82.
叶友文.1988."这"的功能嬗变及其他[J].语文研究,(1):17-21.
于江.1996.近代汉语"和"类虚词的历史考察[J].中国语文,(6):457-464.
俞光中.1992.动词后的"着"及其早期历史考察[M]//胡竹安,杨耐思,蒋绍愚.近代汉语研究.北京:商务印书馆:325-336.
俞光中,植田均.1999.近代汉语语法研究[M].上海:学林出版社.
袁宾.1992.近代汉语概论[M].上海:上海教育出版社.
袁宾,段晓华,徐时仪,等.1997.宋语言词典[M].上海:上海教育出版社.
袁毓林.1997."者"的语法功能及其历史演变[J].中国社会科学,(3):160-178.
张鸿魁.1997.关于"么""们"的读音[J].东岳论丛,(2):98-102.
张惠英.1991.第二人称"贤、仁、恁、您"语源试探[J].中国语文,(3):226-233.
张惠英.1993."兀底、兀那"考[J].方言,15(4):306-310.
张惠英.1995.《金瓶梅》人称代词的特点[J].语言研究,(1):12-14.
张谊生.1993.试说近代汉语副词"才"的特殊用法[J].徐州师范学院学报(哲学社会科学版),(4):77-81.
张谊生.1999.近代汉语预设否定副词探微[J].古汉语研究,(1):27-35.
赵日新.1999.说"个"[J].语言教学与研究,(2):36-52.
朱庆之.1991.关于疑问语气助词"那"来源的考察[J].古汉语研究,(2):24-28.
祝敏彻.1991.《朱子语类》句法研究[M].武汉:长江文艺出版社.
祝敏彻.1996.近代汉语句法史稿[M].郑州:中州古籍出版社.

# 第五章 二十一世纪初十年的近代汉语虚词研究

## 第一节 二十一世纪初十年的近代汉语连词研究

进入二十一世纪，近代汉语连词的研究进入持续繁荣阶段。二十一世纪初十年（2000—2009年）关于汉语连词研究最显著的特点就是出现了汉语连词研究的专书，这对于连词的研究是具有里程碑意义的。就近代汉语连词的系统研究而言，一方面，随着近代汉语语法史的研究专著的大量增加，这一时期关于近代汉语连词的研究成果也大量增加；另一方面，这一时期学界掀起了关于专书近代汉语连词研究的热潮，近代较有代表性的专书的连词研究成果颇丰。以下我们将分别加以总结。

周刚的《连词与相关问题》是学界第一部研究汉语连词的专著。虽然该书主要对现代汉语中的连词进行了考察，但在"连词产生和发展的历史回顾"一章中也从历时的角度对上古（殷墟—两汉）、中古（魏晋—唐中叶）、近代（晚唐—清中叶）、近代至现代过渡（清中叶—清末民初）四个时期连词的发展和使用情况进行了探讨，呈现了整个连词系统产生和发展的大致脉络。在近代汉语连词的历时考察部分，作者总结出了近代汉语连词的特点："新旧形式继续交替，双音节词剧增，口语化趋势已形成。"①同时，作者以《敦煌变文集》为例来说明这一时期连词系统内部的新旧更替。此外，该书还整理出了双音节连词构成手段的四种具体表现形式。

　　蒋绍愚、曹广顺的《近代汉语语法史研究综述》（图32）是第一部对近代汉语语法史的研究成果进行概括整理的专著，该书在第五章对近代汉语连词的研究成果作了简述，这也是学界首次对近代汉语连词的研究成果进行综述性的整理。作者首先对近代汉语连词研究的概貌进行了描写，对与近代汉语连词相关的比较重要的专著和文章进行了梳理；其次，整理了单个连词或某类连词的专题研究成果；最后，提出了关于近代汉语连词研究有待加强的几个方面，对如何继续近代汉语连词的研究提出了自己的看法。

图32　《近代汉语语法史研究综述》

　　周晓林的《近代汉语语法现象考察：以〈老乞大〉〈朴通事〉为中心》一书以近代汉语重要口语语料《老乞大》和《朴通事》为研究对象，该书在第七章"连词"部分讨论了这一时期连词的使用情况。值得关注的是，周书将连词分为三大类：第一类是只起连接作用的词，包括连接词、短语、分句和句子的词；第二类是在某些语言环境中能起连接作用，同时在其他语言环境中兼有其他语法功能的

---

① 周刚：《连词与相关问题》，安徽教育出版社，2002，第164页。

词；第三类是主要起连接作用、介于词与短语之间的一些连接性词语。且指出后两类是非典型的连词，体现了作者在学术研究中严谨的态度。作者首先对《老乞大》和《朴通事》的连词系统作出计量描写，在此基础上，又将《老乞大》和《朴通事》的连词系统与唐五代和现代汉语连词系统作了对比分析，既有共时的描写，又有历时的研究。

雷冬平的《近代汉语常用双音虚词演变研究及认知分析》一书讨论了近代汉语双音虚词的演变情况，这是学界第一部针对近代汉语双音虚词研究的专著。该书在第四章"近代汉语常用双音连词演变研究"部分考察了近代汉语中 109 例双音连词的使用情况。作者采取将功能相近的连词对举的方式进行研究，在研究的过程中还加入了语义分析，对"便是"与"就是"，"除非"与"除是"，"只要"与"只有"，"不管"、"不拣"与"不拘"，"既然"与"因为"等的形成以及功能的异同作了相关比较研究，同时探讨了造成这些差异的认知因素。值得注意的是，该书在讨论双音连词的过程中往往会分析前贤对这个词的研究成果，并提出自己的看法。

魏达纯的《近代汉语简论》（图 33）将连词和介词放在一起讨论，该书只考察了"和"以及"以"两个连词的用法，总体上关于连词的讨论不多。

图 33　《近代汉语简论》

专书的近代汉语连词研究，较有代表性的有冯春田的《〈聊斋俚曲〉语法研究》、吴福祥的《敦煌变文 12 种语法研究》和《〈朱子语类辑略〉语法研究》、刁晏斌的《〈三朝北盟会编〉语法研究》、高育花的《元刊〈全相平话五种〉语法研究》等。

冯春田的《〈聊斋俚曲〉语法研究》在"词法"的"连词"一章讨论了《聊斋俚曲》中的连词,该书将连词定义为:"连接单词、短语(词组)和连接小句、句子,表示某种语义关系的词。"①冯氏将这一时期的连词分为并列连词、选择连词、承接连词、让步连词、递进连词、条件连词、转折连词、假设连词和因果连词九种类型。值得注意的是,该书对每个连词在书中每部分的用例情况作了计量考察,让我们直观明了地看出每个连词在这一时期的使用频率。此外,该书在讨论连词的用法时,并不是简单地列举,而是将每个连词的用法分类讨论,如在讨论到连词"合"时,冯氏总结出了"合"作连词的两种用法,即连接并列的名词、代词和连接动词、形容词,并分别举例说明。

吴福祥在其《敦煌变文 12 种语法研究》的第六章"连词"中对新增的 12 种变文里的连词做了穷尽性的调查和研究。该书将 12 种变文中的连词分为联合关系连词和主从关系连词两大类,其中联合关系连词又包括并列连词、承接连词、递进连词、转折连词等,主从关系连词又包括纵予连词、假设连词、条件连词、因果连词以及推论连词等。在考察的过程中,该书注重总结同类连词在使用上的差异,如在讨论连词"及"和"与"时,作者指出:"用'及'时前项成分被强调的程度高于后项,'与'所连接的两项一般没有这种差别。"②此外,该书也对变文 12 种中每个连词的出现频率做了统计。

吴福祥的《〈朱子语类辑略〉语法研究》也是这一时期比较典型的近代汉语连词专书研究专著。该书对《朱子语类辑略》里的 90 个连词进行了考察,且同样将其分为联合关系连词和主从关系连词两大类,但在具体分类中又和变文 12 种中有所不同,联合关系连词中增加了选择连词一类,原来的转折连词归入了主从关系连词一类中,主从关系连词中又新增加了让步连词一类。这本书对连词的解说

---

① 冯春田:《〈聊斋俚曲〉语法研究》,河南大学出版社,2003,第 195 页。
② 吴福祥:《敦煌变文 12 种语法研究》,河南大学出版社,2004,第 119 页。

十分全面细致，且把每个连词的使用情况制成附表，一目了然，是专书语法研究的范例。

《三朝北盟会编》是宋代重要的史料性著作，保留了当时大量的口语记录，刁晏斌在其《〈三朝北盟会编〉语法研究》的第六章"连词"部分讨论了《三朝北盟会编》中连词的使用情况。该书将这一时期的连词分为联合关系连词和主从关系连词两大类，其中联合关系连词又分为并列连词、递进连词、承接连词和选择连词等，主从关系连词又分为假设连词、让步连词、因果连词、条件连词和转折连词等。作者对每一个连词都进行了计量考察，同时还总结出了《三朝北盟会编》中连词使用的最大特点，即："先秦产生的多且使用频率最高，而中古以后新产生的少且使用频率较低。"[①]

高育花的《元刊〈全相平话五种〉语法研究》则考察了元代《全相平话五种》中的语法现象，高氏在该书的第五章"连词"部分将《全相平话五种》中的连词分为并列关系连词、选择关系连词、承接关系连词、递进关系连词、因果关系连词、假设关系连词、条件关系连词、让步关系连词和转折关系连词等九大类。作者对每一个连词均作了计量考察，且将出现连词的词项及频率制成了图表，并总结出了《全相平话五种》中连词系统的特点，对我们了解这一时期的连词的发展规律有很大帮助。

上述五本专书著作都是"近代汉语专书语法研究"课题的子课题成果。这个课题成果编成"汉语史专书语法研究丛书·近代汉语专书语法研究"，共十本。另外五本专书著作是：马贝加的《〈碧岩录〉语法研究》，顾之川的《〈老乞大谚解〉、〈朴通事谚解〉语法研究》，杨永龙、江蓝生的《〈刘知远诸宫调〉语法研究》，曹广顺、梁银峰、龙国富的《〈祖堂集〉语法研究》，李崇兴、祖生利的《〈元典章·刑部〉语法研究》。这十本专书著作分别反映了晚唐五代至清代不同时期的语法特点，有助于完善、充实近代汉语语法全貌（图34）。

---

[①] 刁晏斌：《〈三朝北盟会编〉语法研究》，河南大学出版社，2007，第98页。

图 34　汉语史专书语法研究丛书

除此之外，曹炜的《〈水浒传〉虚词计量研究》也是专书近代汉语虚词研究的重要著作。该书在第四章"连词"部分讨论了《水浒传》中连词的使用情况，将《水浒传》中的连词分为并列连词、递进连词、选择连词、时间连词、转折连词、条件连词、假设连词、因果目的连词等八大类，并对每一个连词均作了计量统计，通过计量的方法还原了整个明朝时期白话连词分布和使用的全貌。该书是苏州大学曹炜主持的教育部人文社会科学研究规划基金项目"明代早中晚期三部白话小说虚词计量研究"的成果之一，另两本分别是《〈型世言〉虚词计量研究》和《〈金瓶梅词话〉虚词计量研究》（图 35）。这三本著作对明代早中晚期三部白话小说的虚词进行计量研究，细致勾勒出了明代汉语虚词系统。

除了专书的研究，这一时期同样也有近代汉语连词的断代研究成果，以李文泽的《宋代语言研究》为代表。李文泽在其《宋代语言研究》的"语法编"第四节"连词"部分讨论了宋代连词的使用情况，将宋代的连词分为并列、选择、递进、转折、因果、假设、纵予、条件等几个类型，往往在讨论一个连词时，作者会把该词的源流和发展演变过程作细致分析。此外，有些小句之间的连接关系不是单纯依靠连词来体现的，有时候会通过连词、副词、短语三者相互配合来表达，作者在述及这种句式时也会一并讨论。

第五章 二十一世纪初十年的近代汉语虚词研究 ·189·

图 35 专书虚词计量研究系列

二十一世纪初十年也有不少关于近代汉语连词研究的成果以论文形式问世，相较于二十世纪九十年代，这些论文主要呈现出以下几个特点：在数量上呈现明显增加的趋势；在研究类型上关于近代汉语连词的演化以及连词的来源问题仍然是这一时期关注的重点；注重对某类连词进行考察，并列连词和让步连词的研究成果较多；双音连词的研究成果逐渐增加，甚至出现了三音连词的研究成果。

汉语连词的演化以及连词的来源问题一直备受学界关注，到了二十一世纪，近代汉语连词的演化及来源问题仍然是学者关注的重点之一。席嘉的《与副词"只"有关的几个连词的历时考察》讨论了与副词"只"有关的几个连词的发展演变情况。转折连词"只是"、条件连词"只有"和"只要"都是副词"只"在近代汉语中引申和发展出来的，该文通过对这几个词连词化过程的考察，探讨了副词向连词演化过程中的一些规律，从而提出："连词化过程主要通过组合新的复合词分化语法功能，新的语法功能一般与引申前的源词意义有关联。"[1]

之后，席嘉的《与"组合同化"相关的几个连词演化的考察》又从"组合同化"的角度出发，对转折连词"然"、让步连词"然"、假设连词"还"以及假设连词"要"等几个连词的来源及演化过程进行了考察，且提出这些连词"都是经过跨层组合构成词组或具有了结构意义，然后受到组合中另一个词或词素语

---

[1] 席嘉：《与副词"只"有关的几个连词的历时考察》，《武汉大学学报》（人文科学版），2004年第6期。

义—语法功能的同化,产生了新的语法功能"①。这些连词大多在近代产生了新的语法功能,如"还"从唐宋时期开始虚化,"要"作假设连词在明代完全成熟等。

除此之外,张睿的《从状动短语到条件连词——"只有"语法化的发展历程和演化动因》也讨论了连词"只有"的连词化过程。这一过程发生于近代,因此在讨论的过程中,张氏引用了很多《朱子语类》《三国演义》《儿女英雄传》等近代文献中的例证来加以佐证。该文将"只有"分为状动短语"只+有"、副词"只有$_1$"、副词"只有$_2$"以及连词"只有"四类来论述,且对"只有"从状动短语到条件连词的连词化发展过程及演化动因进行了梳理。

袁雪梅的《中古汉语连词"不问"的形成》对连词"不问"的形成过程进行了梳理,连词"不问"产生于中古时期,它的出现标志着汉语无条件关联词的诞生。该文在讨论了连词"不问"的发展演变过程后,又对其产生后在近代汉语中形成的常见的格式进行了考察,具体包括以下五种类型:"不问"后接意义相对的词或词组、"不问"后出现表示不定或任指的代词或其他成分、"不问"后出现总括性副词或限止性词语、与同类关联词语并行,以及"不问"后出现否定词构成双重否定等。可见,连词"不问"形成于中古时期,在近代发展迅速,是无条件关联词语系统中最重要的成员之一。

曹秀玲、张磊的《"否则"类连词的语法化梯度及其表现》考察了"否则"类连词的语法化轨迹,主要包括"否则""不然""要不""要不然"等。这些双音连词的语法化大多在近代完成,如"宋元时期'否则'用例中同时出现其他顺承义副语,表明此时'则'语义弱化,'否''则'之间的结合更加紧密"②。此外,"不然""要不然""要不"等的选择义、建议义、醒悟义等均出现在近代汉语中,作者对这几个连词的语法化轨迹进行了讨论,同时也对近代汉语中的"否则"类连词的概貌进行了描写。

梁吉平的《近代汉语"遮莫"一词用法及发展》讨论了近代汉语中"遮莫"一词的用法,重点讨论了"遮莫"从动词发展成为纵予连词、转折连词的发展过程。"遮莫"的连词用法盛行于唐宋时期,该文通过对"遮莫"一词发展演变轨

---

① 席嘉:《与"组合同化"相关的几个连词演化的考察》,《语言研究》2006 年第 3 期。
② 曹秀玲、张磊:《"否则"类连词的语法化梯度及其表现》,《汉语学习》2009 年第 6 期。

迹的刻画，得出结论："'遮莫'的发展与其句所述事件的性质、时间及类型有关。在使役性兼语句中'遮莫'仍为容许义动词；在虚拟性转折评议句中演变为纵予连词；而连接真实性转折句时，则发展为'尽管'义转折连词。"①

蒋冀骋、徐朝红的《连词"正使"的产生和发展》对连词"正使"的产生和发展进行了考察。"正使"是中古时期的新生连词，该文对"正使"在中古的使用情况进行了考察，同时也讨论了它在近代的发展演变情况，并得出结论："'正使'不仅能够作让步连词，而且也能作假设连词和条件连词，其中假设连词和条件连词属于汉译佛经里特有的用法，让步连词的用法产生于东汉并在南北朝发展，一直沿用到明代，至清几近消亡。"②

邢福义和姚双云的《连词"为此"论说》在文章的第二部分讨论了"为此"的连词化过程。"为此"在元明清时期基本上完成了由介词短语向连词的语法化过程，该文通过对近代汉语时期《西游记》《醒世恒言》等文献中连词"为此"用法的考察，对"为此"连词化的过程和原因作了详细的论证，且指出："'为此'属于因果连词，它所关联的分句在语义上具有因果逻辑关系。"③

以上均为双音连词的研究成果。肖奚强、王灿龙的《"之所以"的词汇化》则考察了三音连词"之所以"的词汇化过程。该文认为，现代汉语中的"之所以"是一个连词，它是由句法单位词汇化而成的。作者通过对"所以"和"之所以"的词汇化过程的分析，发现"'所以'又于中古时期开始虚化，并且后来逐渐成为表结果的连词"，而"之所以"也变成另一个表示结果的连词，"到南宋时期，'之所以'用作表结果义连词的用法已相当成熟"④。

这一时期近代汉语并列连词是学界关注的重要议题之一，较有代表性的是曹炜（2003，2006）、张亚茹（2005）、徐朝红和易永姣（2007）等的研究。曹炜的《近代汉语并列连词"并"的产生、发展及其消亡》对近代汉语并列连词"并"产生、发展、消亡的全过程进行了梳理，通过对《三国演义》《金瓶梅词话》《型

---

① 梁吉平：《近代汉语"遮莫"一词用法及发展》，《清华大学学报》（哲学社会科学版），2009年第S2期。
② 蒋冀骋、徐朝红：《连词"正使"的产生和发展》，《汉语学报》2009年第3期。
③ 邢福义、姚双云：《连词"为此"论说》，《世界汉语教学》2007年第2期。
④ 肖奚强、王灿龙：《"之所以"的词汇化》，《中国语文》2006年第6期。

世言》《红楼梦》《儿女英雄传》中"并"的用法的计量考察,总结了"并"由出现到消亡的发展演变规律,且认为"并"的语法化轨迹并没有经历像其他"和"类虚词所经历的由伴随动词到伴随介词到并列连词的语法化链,"它是由伴随动词直接语法化为并列连词的,中间并没有经历一个'伴随介词'的阶段"①。之后,曹炜的《近代汉语中被忽视的"和"类虚词成员"并"——以〈金瓶梅词话〉中"并"的用法及分布为例》进一步对《金瓶梅词话》中"并"的用法进行了考察。"并"在《金瓶梅词话》中可以作并列连词,也可以作伴随介词,但作伴随介词的"并"仅占总量的 2%。该文通过对《金瓶梅词话》中不同词性"并"的分布情况的考察,进而得出结论:"'并'理应属于近代汉语'"和"类虚词'家族成员中的重要一员。"②张亚茹的《〈红楼梦〉中的并列连词》则对《红楼梦》中的六个并列连词"和""并""与""及""以及""同"等进行了统计分析,经过对这六个并列连词的使用频率、并列成分的语法特征和语义特征、并列成分之间的关系等四个方面的考察,作者提出了"《红楼梦》中的并列连词已在很大程度上接近了现代汉语"③的论断,说明现代汉语并列连词系统在这一时期已经基本形成。

近代汉语中的让步连词也是这一时期学界研究的热点,较有代表性的有池昌海和凌瑜(2008)、曾晓洁(2006)、高文盛和席嘉(2005)等的研究。池昌海、凌瑜的《让步连词"即使"的语法化》对让步连词"即使"的语法化过程进行了考察,该文通过分析让步连词"即使"在上古、中古、近代文献中句法结构、语义的变化以及语用表达的变化情况,得出:"假设连词'即'+使役动词'使'在明代初步语法化为假设让步连词。"④可以看出,"即使"在近代开始语法化凝结成为一个假设让步连词。曾晓洁的《略论"即使"类连词的源与流——兼及该类连词的归类问题》则讨论了"即使"一类连词的发展演变情况,首先该文从

---

① 曹炜:《近代汉语并列连词"并"的产生、发展及其消亡》,《语文研究》2003 年第 4 期。
② 曹炜:《近代汉语中被忽视的"和"类虚词成员"并"——以〈金瓶梅词话〉中"并"的用法及分布为例》,《古汉语研究》2006 年第 4 期。
③ 张亚茹:《〈红楼梦〉中的并列连词》,《语言教学与研究》2005 年第 3 期。
④ 池昌海、凌瑜:《让步连词"即使"的语法化》,《江南大学学报》(人文社会科学版),2008 年第 2 期。

语义的角度讨论了"即使"类连词的具体演变情况，尤其是中古到近代汉语中，"即使"类连词呈现膨胀状态，之后，又从其他的角度总结了隐藏在这些纷繁芜杂形式背后的规律。高文盛、席嘉的《〈朱子语类〉中的让步连词"虽"及相关问题》对《朱子语类》中的让步连词"虽"及其相关语法现象进行了考察，通过对《朱子语类》中"虽"类连词的计量统计以及历时考察，作者总结出了这一时期"虽"类连词的三种演化机制：复合组词、语法关联、由语用关联而产生的结构意义等。此外，作者从语法化单向性理论出发，对这三种演化机制对句义的制约作用的大小进行了排序，即语法关联的作用最大，其次是复合组词，最后是结构意义。

总体而言，二十一世纪初十年的近代汉语连词研究处于持续繁荣阶段，关于近代汉语连词的研究成果无论是专著形式还是论文形式都有明显的突破。首先，就近代汉语连词研究的专著而言，这一时期出现了汉语连词研究的专书，且对近代汉语连词的研究也着力甚多。同时，学界掀起了关于专书近代汉语连词研究的热潮，近代较有代表性的专书的连词研究成果颇丰。就近代汉语连词研究的论文而言，相较于二十世纪九十年代，这一时期近代汉语连词研究的文章在数量上明显增多，关于近代汉语连词的演化以及连词的来源问题仍然备受学界关注。值得注意的是，这一时期学者开始注重对某类连词进行考察，并列连词和让步连词的研究成果较多。此外，双音连词的研究成果逐渐增加，甚至出现了三音连词的研究成果。

## 第二节 二十一世纪初十年的近代汉语助词研究

二十一世纪以来，近代汉语的研究越来越得到重视，加上近代汉语的研究有了一定积累，一些综述性质的书应运而生。袁宾等编著的《二十世纪的近代汉语研究》在综合百年以来语言学界大量研究成果的基础上，从语音研究、语法研究、词汇研究和文献研究等方面，对二十世纪近代汉语的研究成果进行了全面的总结、梳理、分析和研究，系统介绍了近代汉语形成、发展的过程及其主要的研究成果。

蒋绍愚、曹广顺的《近代汉语语法史研究综述》中有几个章节是介绍助词研究成果的，分别介绍了它们的形成标志、形成时间、产生过程等。动态助词里介绍了完成态助词"了"、持续态助词"着"、过去态助词"过"和尝试态助词"看"，事态助词里介绍了"了""去""来"，结构助词里介绍了"底"和"地"。以上介绍的这些助词都是比较重要的和有较多研究成果的。

一些语法研究的书籍也陆续出现，如冯春田的《近代汉语语法研究》重点考察了助词"底（的）""地""家（价）""馨""生""许"和语气助词"罢""波""婆""休""呢""那（哪）"的来源、用法及发展变化。举助词"底（的）"与"底"字结构为例，"的（底）"结构大约始见于唐代，晚唐以后助词"底"的用例逐渐多起来。到五代时期，助词"底"在禅宗文献里尤其常见。宋代以来，"底"字结构有了新的发展，"形+底+名"结构已相当常见。"名+底+名"是唐五代文献所未见的结构，但到了北宋中期以后，就出现了较多的用例。从元代开始，结构助词"底"在书面形式上就通常写作"的"了。从明代开始的另一类结构助词"的"的延伸用法，是用在句子的主语和谓语之间、谓语动词和宾语之间，其作用似乎在于表示强调。

魏达纯的《近代汉语简论》一书共八章，简明扼要地对近代汉语的主要内容进行了介绍，讨论内容包括简要介绍什么是近代汉语及其地位、近代汉语与社会历史文化、近代汉语文献、研究方法、语音、词汇、语法和文献选读等。在近代汉语语法一章，对代词、介词、连词、助词等虚词都撰文阐述。助词方面，主要选取了动态助词"了、着、却、过"、语气助词"但、念、罢（波）、休、么、那、在裏"、结构助词"价、将、地、得、教"和比拟助词"也似、也似的、是的"等进行考察，不仅介绍了用法，而且比较详细地探究了虚化过程。

蒋绍愚的《近代汉语研究概要》是对《近代汉语研究概况》的补充。和《近代汉语研究概况》一样，该书讨论了"了""着""底、地、的"这几个助词的相关问题，并新增了一些学者对助词"了""着""底"的新观点。

雷冬平的《近代汉语常用双音虚词演变研究及认知分析》在第五章深入探讨了四个近代汉语双音语气助词的语法化问题。该章首先把用法基本相同的"便是""就是"放在一节讨论，探究了这两个词的功能和语法化过程，并对两个词之间的兴替关系进行了数据分析。然后讨论了唐代已连用的"他个",分析了它的功能和语法化过程及其功能在现代汉语中的沿袭。最后研究了争议较大的助词"来着",探究了该助词的功能和形成过程。

周晓林的《近代汉语语法现象考察:以〈老乞大〉〈朴通事〉为中心》在第八章重点讨论了动态助词"将""的(地、得)""着"。该章穷尽性检索动态助词"将""的(地、得)""着"在《老乞大》《朴通事》中的用例,总结了它们的基本结构形式和语义类型,并将它们在《老乞大》《朴通事》与清代新《老乞大》本、《朴通事》本中的使用情况进行历时对比,分析出它们在明代和清代的不同活跃程度。

杨永龙的《〈朱子语类〉完成体研究》(图36)通过运用现代语言理论,对《朱子语类》中表达完成体意义的副词、助词、语气词、完毕义动词进行了深入考察,并对完成体及其相关理论问题进行了初步探讨。该书最后两章分别研究了《朱子语类》中的"了"和"过"。

图36 《〈朱子语类〉完成体研究》

冯春田的《〈聊斋俚曲〉语法研究》对《聊斋俚曲》中的词法和句法进行了详细的静态描写,统计语法现象出现的频率,但不作纵向、横向比较。《聊斋俚曲》中的语言近乎口语,并且有不少山东方言色彩的词语和句式,作者细致地描写和分析,充分发掘了书中的方言特色和语法特点。该书全面描写了《聊斋俚曲》

中出现的助词，包括结构助词、动态助词、事态助词、概数助词和语气助词。从书中助词系统的研究结果可以发现，当时使用的助词已相当接近现代汉语，比如现代汉语常用语气词"呵、呀、哇、唻、吧、吗"等都已在《聊斋俚曲》中出现。

吴福祥的《〈朱子语类辑略〉语法研究》把《朱子语类辑略》作为一个封闭系统，对指代词、助动词、数量词、副词、介词、连词、助词、述补结构、处置式、被动式和疑问句等语法现象进行定量分析和静态描写。助词方面主要考察了书中动态助词、尝试态助词、事态助词、语气助词、结构助词等五类助词。

林新年的《〈祖堂集〉的动态助词研究》是在作者博士论文基础上修改而成的。全书共七章，作者运用当代语言学理论，分别研究了"了、却、著、得、过、取、将"七个助词在《祖堂集》中的分布情况、语法化等级等问题，在前人对这些助词研究的基础上有所推进。

刁晏斌的《〈三朝北盟会编〉语法研究》十分细致地描述了助动词、代词、数量词、副词、介词、连词、助词，以及句子成分、处置式、被动式等在《三朝北盟会编》中的使用情况，有助于以此探究宋代语法的全貌。其中助词部分主要描写了动态助词"却、了、著、过、将、得、取"、事态助词"了、来、去"、结构助词"的、底、者、地"和语气助词"时、后、么、哩、来、则个、休"。

高育花的《元刊〈全相平话五种〉语法研究》分为词法和句法两编，全面细致地介绍了元刊《全相平话五种》的语法系统，其中词法有六章，分别讨论了代词、数词和量词、副词、介词、连词、助词在专书中的用法、功能、用例和使用频率等，并在每章最后加以小结，归纳各个词类的主要特点，有助于读者清晰把握《全相平话五种》的语法特点。

曹炜的《〈水浒传〉虚词计量研究》对助词体系的探讨主要是从动态助词、结构助词、语气助词、比况助词等部分来进行的。采取计量统计的办法，得出它们的常用用法，与同时期其他语料中的助词相对比，并对其个别现象单独加以解释。

翟燕的《明清山东方言助词研究》穷尽性调查了明清时期具有山东方言特色的《金瓶梅词话》《醒世姻缘传》《聊斋俚曲》中的助词，将其分为结构助词、动态助词、事态助词、语气助词、假设助词、概数助词、比况助词七类，考察了每个助词在句法、语义、表达功能等方面的使用情况，探究了各助词的源流。

二十一世纪的近代汉语论文，仍旧有一大部分是以特定的语料为基础，对近代汉语助词进行专书研究。

李泰洙的《〈老乞大〉四种版本从句句尾助词研究》对分别刊于元代、明初和清代的四个版本的《老乞大》中从句句尾助词"时、呵、的、么、呢"进行比较分析。文章统计了这五个助词在《老乞大》四个版本中的具体使用情况，比较了它们在功能和句型变化方面的异同，认为这些从句句尾助词并没有词源上的演变关系，只是词汇上的兴衰替代。文章还指出这些助词"主要表达停顿语气，在假设复句从句句尾表达假设语气"①。文章第四部分专门讨论了"时"从时间名词语法化为语气助词的三个阶段。同年，他的《古本〈老乞大〉的语助词"有"》考察了古本《老乞大》中句尾助词"有"的使用情况，解释了崔世珍所说的"元时语必于言终用有字。如语助而实非语助，今俗不用"②的含义。

祖生利的《元代白话碑文中助词的特殊用法》考察了白话碑文等直译体文献中助词"者""有""了""来""着""呵""的"对应蒙古语动词式、时、体等附加成分的功能，并探讨了这种对译发生的依据，指出某些特殊用法已渗透到元代北方汉语中。

李崇兴的《〈元典章·刑部〉中的"了"和"讫"》先考察了"了"的用法。在《刑部》中助词"了"主要有两类："'了₁'主要用在动词后，表示动作完成；有时用在形容词后，表示状态的达成或变化的实现。'了₂'用在句末，主要肯定事态出现了变化或即将出现变化。"③"了"在动宾结构中的位置，"动+了+宾"相较"动+宾+了"在用例上具有压倒性的优势，这完全不同于《朱子语类》中的情形。文章认为"动+了+宾"之所以如此迅猛地发展，除了语言自身的原因以外，离不开蒙古语对汉语的影响。文章也考察了"讫"在《刑部》中的用法，指出"讫"有"了₁"之用，而且"讫"和"了"在分布上大体互补，"讫"几乎都用于书面公文，而"了"较集中地出现在蒙古语直译体文件中。与"了"类似，"动+讫+宾"也有较大发展，在用例上完全压倒"动+宾+讫"。文章

---

① 李泰洙：《〈老乞大〉四种版本从句句尾助词研究》，《中国语文》2000年第1期。
② 李泰洙：《古本〈老乞大〉的语助词"有"》，《语言教学与研究》2000年第3期。
③ 李崇兴：《〈元典章·刑部〉中的"了"和"讫"》，《语言研究》2002年第4期。

认为这种情况的出现"是元代'V+了+O'全面取代'V+O+了'这一事实的曲折反映"①。

曹炜的《〈金瓶梅词话〉中的结构助词和语气助词》先讨论了结构助词"的（得、地）""个"在《金瓶梅词话》中的使用情况，特别指出"的""得""地"三词的混用情况，然后考察了"哩""也""罢了""则个""么""着"等语气助词在书中的使用情况。此后，他在《〈金瓶梅词话〉中的动态助词》里对《金瓶梅词话》中的"将""着""的""了"等动态助词的功能与用法作了详尽的考察。

丁喜霞在《〈歧路灯〉助词"哩"之考察》中考察了"哩"作为语气助词和结构助词的用法。文章指出：作为语气助词，"哩"可以用在句末，既能表示一般的疑问语气，也可以表示选择疑问语气；在不表示疑问的情况下，可表示肯定、陈述、推测、假设、建议等语气。作为结构助词，"哩"不但可用于句末，肯定事态将要发生，而且还有与"的""得"相同的用法。

冯春田的《〈歧路灯〉结构助词"哩"的用法及其形成》对结构助词"哩"在《歧路灯》中的用法作了详细归纳，指出结构助词"哩"兼具"的""地""的"这三个结构助词的用法。在结构助词"哩"的形成问题上，文章认为其形成与语气词"哩"、方位词"里"无关，"'哩'是'的''地''得'共同词音形式[ti]的变体"②。冯春田也考察了《聊斋俚曲》里假设助词"着"的用法③，并将"着"与用法相近的助词"可"及"时"类词进行比较分析，分别考察了假设助词"着""可"的来源。

这一时期，讨论得最为火热的助词是"得"，不少论文讨论其来源、历时发展等问题。

吴福祥的《汉语能性述补结构"V得/不 C"的语法化》在探讨"V 得 C"的产生问题时，指出这个结构的产生与"得"的虚化密切相关。文章认为"得"是由"获得"义动词"演变成语义指向动作的结果补语"，然后在唐代进一步虚化

---

① 李崇兴：《〈元典章·刑部〉中的"了"和"讫"》，《语言研究》2002 年第 4 期。
② 冯春田：《〈歧路灯〉结构助词"哩"的用法及其形成》，《语言科学》2004 年第 4 期。
③ 冯春田：《聊斋俚曲里的假设助词"着"及相关问题》，《中国语文》2004 年第 3 期。

为"表示动作实现或完成的动相补语"①,最后逐渐演变成结构助词。

赵长才的《结构助词"得"的来源与"V得C"述补结构的形成》着重探讨了"达到"义的"得"和"致使"义的"得"在"V得VP"结构中进一步虚化为结构助词的过程,述补结构"V得C"也由此演变而来,因此,文章认为"V得C"结构的产生并非单一来源,而是在两个来源共同作用下形成的。文章在余论部分讨论了"得"产生"致使"义的原因,认为"得""是在由'获得'义引申为'达成、达到'义之后,进一步引申出'致使'义的"②。

刘子瑜的《也谈结构助词"得"的来源及"V得C"述补结构的形成》认同"V得C"述补结构中的结构助词"得"是"达成"义"得"进一步语法化而来这一观点,并从三点讨论了赵长才(2002)在论证中的待商榷之处,得出"致使"义"得"与结构助词"得"、"V得C"结构的产生无关的结论。

力量、解正明的《单音动词"得"的语法化过程》分析了"得"在句法、语义、语音等方面的演变过程,涉及"得"为动补结构中的结构助词的用法。力量、肖应平的《"得"的语法化动因和机制》描述了"得"在现代汉语中的分布,探讨了"得"的语法化历程,并着重分析了"得"语法化的机制和动因。

林新年的《唐宋时期助词"取"与"得"的差异》从语法意义、语法化程度、语法功能等方面考察了助词"取""得"在唐宋语料中的差异,并分析了其成因。

不少学者考察结构助词"底"的来源,这一时期较有代表性的是蒋冀骋(2005)、刘敏芝(2006)的研究。蒋冀骋的《结构助词"底"来源之辨察》不认同助词"底"来自方位词"底"的说法,文章结合语音分析论证,认为"底"字不论语法意义上还是语音上,都来源于"之""者"合流。刘敏芝的《宋代结构助词"底"的新兴用法及其来源》着重考察了结构助词"底"自唐代产生至宋代发展出的四种新用法,描写了这些用法在后代的发展情况,并探讨了"的"的语法化。

近代汉语中的假设助词也是这一时期学界研究的热点,较有代表性的如江蓝生(2002,2004)。江蓝生的《时间词"时"和"後"的语法化》探讨了"时"和"後"由时间名词演化为假设助词的语法化过程,认为"时"语法化的句法语

---

① 吴福祥:《汉语能性述补结构"V得/不C"的语法化》,《中国语文》2002年第1期。
② 赵长才:《结构助词"得"的来源与"V得C"述补结构的形成》,《中国语文》2002年第2期。

义条件是"出现在时间条件短语或小句末尾，表示动作或事态是没有实现的、未然的；当'VP时'的'时'实词意义弱化时，就引发了语法化"①，其语法化的内部机制是类化和重新分析，"後"的语法化是对"时"的直接类推。"时"在语法化为假设助词后，语法化程度继续加深，语法功能也不断扩大，可用作一般停顿语气助词和名词话题标记，在某些现代汉语方言中助词"时"仍有使用。"後"也发展出了提顿助词的用法，但在元朝时助词"後"逐渐被助词"呵"吸收、取代。江蓝生的《跨层非短语结构"的话"的词汇化》指出"的话"是由跨层非短语结构词汇化而成的，助词"的话"最早见于《绿野仙踪》。文章重点考察了"话"的词义发展过程和清代时与"的话"相关的句法结构，分析了"的话"词汇化的诱因和机制，并将《绿野仙踪》和《小额》中"的话"的用法比较，展现出"的话"功能的扩展。

除此之外，杨永龙的《句尾语气词"吗"的语法化过程》认为"'吗'是在'VP+无'格式中语法化的"②，并从"无"的语义泛化与"VP无"句式的主观化进行考察，指出"无"的语义泛化的过程正是其组合能力增强、句法功能扩展的过程，而"VP无"句式由反复问句发展至反诘问句，主观性不断增强，"无"也在这个过程中演变为语气词。

梁银峰的《汉语事态助词"来"的产生时代及其来源》考察了"来"的语法化路径，认为事态助词"来"来源于连动式"V（+NP）+来"中的趋向动词，并指出事态助词"来"的产生时代并非唐五代，在南北朝最晚在隋代时事态助词"来"已形成。梁银峰的《时间方位词"来"对事态助词"来"形成的影响及相关问题》也讨论了事态助词"来"的来源问题，专门梳理了时间方位词"来"在"V（+NP）+来"格式中语法化为事态助词"来"的过程，并指出事态助词"来"不是由动态助词"来"演化而来的。综合来看，梁银峰认为事态助词"来"由趋向动词"来"和表时间的方位词"来"语法化而成，即事态助词"来"有两个来源。

这一时期也有不少成果是结合汉语方言进行助词研究的。杨永龙的《汉语方言先时助词"着"的来源》认为先时助词"着"的来源并非"再说"合音，并通

---

① 江蓝生：《时间词"时"和"後"的语法化》，《中国语文》2002年第4期。
② 杨永龙：《句尾语气词"吗"的语法化过程》，《语言科学》2003年第1期。

过分析各地方言资料和历时语料进行论证，最终得出"明代以来'再说'义的'着'是从唐宋以降表示祈使/愿望的'着'演化而来"[①]的结论。

杨永龙的《从稳紧义形容词到持续体助词——试说"定"、"稳定"、"实"、"牢"、"稳"、"紧"的语法化》描写了持续体助词"定"在近代汉语中的用法，分析了"定"相较于常用持续体助词"着"的突出特点，并通过考察"定"的历时演变过程，总结了"定"从稳紧义形容词演化为持续体助词的语法化路径及动因、机制。文章还从上述研究成果出发，结合对连城客家话的"稳定"、香港粤语的"实"、苏州吴语的"牢"、江西上犹客家话的"稳"、广州和香港粤语的"紧"这些词的语法化过程的考察，归纳出一种特别的语法化路径，即由稳紧义形容词演化为持续/进行体助词。

翟燕的《明清山东方言中的比拟助词"也似"及其来源问题》考察了明清时期以山东方言为背景的《金瓶梅词话》《醒世姻缘传》《聊斋俚曲》中的比拟助词"也似"的使用情况，发现了"也似"的词形变体"也似的"和语音变体"呀似（是）的、那似（是）的、哇似（是）的"，并从词形和结构形式两方面探讨了比拟助词"也似"的来源问题，认为"也似"和比拟助词"相似"一样，也是汉语土生土长的语法形式。

## 第三节　二十一世纪初十年的近代汉语介词研究

二十一世纪以来，近代汉语介词研究进入繁荣发展阶段，论著方面有很多优秀的作品。

马贝加的《近代汉语介词》（图37）是她多年来介词研究的集大成之作，具有相当高的学术价值。全书共分六章，第一章为引言，介绍了选题目的和研究范围、各历史时期汉语介词概况、区分动词和介词的标准、介词的来源、介词发展的原因和发展趋势展望，余下五章根据介词的语义范畴将介词分类，分别讨论了

---

[①] 杨永龙：《汉语方言先时助词"着"的来源》，《语言研究》2002年第2期。

表示处所的介词、表示时间的介词、表示对象的介词、表示方式和原因的介词、表示范围的介词。该书"以近代汉语为枢纽"[1]，向上追溯至上古时代，向下延伸至明清时期，全面、细致地描述了近160个介词的各个义项在不同历史时期的产生、发展、演变，清晰地展现了汉语介词嬗变的轨迹，描绘出了汉语介词比较完整的面貌。书中对介词的描述主要包括四个方面：追溯介词的来源，考察介词产生的确切时代，列举近代汉语介词在现代汉语中已消失的用法，辨析介词异同。该书并不止步于对介词各个义项的描述，更为难得的是，书中对一些问题的讨论颇具理论深度，这主要表现在作者对区分动词和介词的判定标准及汉语介词范畴发展的原因的探讨上。作者在引言部分提出用义素分析、语义结构分析、次类比较这三种方法来区分历史发展过程中的动词和介词，并在考察各个介词产生的时代时多次使用这些区分方法，清楚地展现了各词由动词发展至介词的脉络，而这反过来也有力地证明了区分方法的可操作性。全书内容全面，研究深入，具有较高的科学性、系统性、理论性和学术价值。

图37 《近代汉语介词》

张赪的《汉语介词词组词序的历史演变》考察了先秦至元明时期处所介词词组和工具介词词组的词序情况，探究了汉语介词词组词序变化的原因。全书共八

---

[1] 马贝加：《近代汉语介词》，中华书局，2002，第2页。

章，在第四章至第六章分别描写了唐五代、宋代、元明时期介词的概貌和介词词组的词序，在第七章探讨了汉语处所介词词组和工具介词词组词序变化的原因，在第八章从介词词组语序变化的原因出发，就汉语是否从 SVO 型语言变成了 SOV 型语言提出了自己的看法。

这一时期，有的著作概述了前人研究的灿烂成果，如蒋绍愚、曹广顺的《近代汉语语法史研究综述》一书在第五章重点介绍了介词。首先是对近代汉语介词总体情况作了概述，并总结了近代汉语介词不同于其他时期介词的五个特点；然后梳理了常用介词源流，这些介词包括"共、连、同、和、跟""替""打""就""向（嚮）"；第三部分讨论了介宾结构的位置问题，内容以张赪（2002）的研究成果为主；最后总结了现有研究中探讨介词形成规律的多个角度和产生条件及原因。

在语法研究的某一章节探究了近代汉语介词的著作如冯春田的《近代汉语语法研究》（图38）。该书考察了近代汉语介词系统，将其大致分为六大类，包括表示对象的介词、表示与同和包括的介词、表示方所的介词、表示时间的介词、表示工具的介词、表示方式的介词。该章主要探讨了上述六类介词的用法和组合关系，描绘了近代汉语介词的整体面貌。

图 38 《近代汉语语法研究》

魏达纯的《近代汉语简论》介绍了前人介词研究取得的一些成果，他赞同马贝加的《近代汉语介词》中提出的认定介词的四条标准，并根据这个标准，简单列举了介词"从""问""向""在""和""打""去""连""对""以""与""被、吃""将（把、捉、拿）"等的用法，其顺序基本依照袁宾的《近代汉语概论》。对有的介词，如"在""去"等，仅引用例句，没有任何说明，十分简略。

雷冬平的《近代汉语常用双音虚词演变研究及认知分析》认为近代汉语介词"主要有从句法结构演变而来和并列式两种"[①]，因此在第三章通过对双音介词"X 着""X 了""经过""通过"的个案研究来分析双音介词演变的特点。该章首先探讨了"X 着"类介词的产生、发展，总结这类双音介词内部间的相互演变关系；其次分别讨论了"X 了"各类双音介词的形成、发展；最后探究了介词"经""经过""通过"的语法化过程，分析了这三个词形成的意象图式映射机制。

周晓林的《近代汉语语法现象考察：以〈老乞大〉〈朴通事〉为中心》从《老乞大》《朴通事》入手，描写了引进工具/施事的介词"着"、引进受事/工具的介词"把、将"和引进工具的介词"用"的用法和使用频率，并深入探究了引进工具/施事的介词"着"从出现至逐渐隐退的演变情况，历时比较了介词"把、将""用"的使用情况。

这一时期还有不少学者进行专书研究。冯春田的《〈聊斋俚曲〉语法研究》、吴福祥的《〈朱子语类辑略〉语法研究》、刁晏斌的《〈三朝北盟会编〉语法研究》分别以《聊斋俚曲》《朱子语类辑略》《三朝北盟会编》为研究对象，对文献中的介词进行计量考察，描写了各类介词的用法。

曹炜的《〈水浒传〉虚词计量研究》第二章为介词研究，以《水浒传》的介词系统作为考察对象，以计量研究为基础，对《水浒传》中每个介词的分布情况及用法进行详尽的分析和描写。书中将介词分为四大类：处所、时间类介词，凭借、方式类介词，原因、目的类介词，对象、范围类介词。在每一大类中再根据不同的语法意义分为不同的小类，在每一小类讨论结束后都有一个小结和数据表，每一大类讨论结束后都有一个总结，对《水浒传》中的 67 个介词展开讨论。

---

① 雷冬平：《近代汉语常用双音虚词演变研究及认知分析》，中国社会科学出版社，2008，第119页。

论文方面也有很多优秀的成果。

马贝加仍然有很多介词方面的研究值得借鉴。马贝加的《对象介词"将"的产生》指出对象介词"将"可以表处置和交与对象,然后分别探讨了表处置的"将"和表交与的"将"的来源,认为对象介词"将"都是由"率领、带领"义的动词"将"演变而来的。文章在第三部分从处置式的语义结构和语法化过程方面对比了"将""以"的不同,从而提出:"'将'取代'以'而成为处置式中常用的介词,是语法化的结果。"[①]

马贝加和陈伊娜的《瓯语介词"代"的功能及其来源》描写了瓯语介词"[de$^{22}$]"的六种功能,指出"[de$^{22}$]"的本字应是"代",并通过考察瓯语介词"代"、近代汉语介词"替"和上古介词"逮"的来源和功能,认为瓯语介词"代"的源词应为动词"代",瓯语介词"代"和介词"替"是同义替换关系。

马贝加的《原因介词"坐"的产生》仔细考察了原因介词"坐"的产生源头和语法化过程,分析了动词"坐"的义素,深入探究了"坐"语法化的三个阶段,即"(1)进入'坐+N+V'格式;(2)'坐'的宾语(N)的次类变换——宾语不再表示罪错;(3)V的次类变化——V不再表示坏的结果"[②],并探讨了"坐"语法化的机制。

马贝加的《在汉语历时分析中如何区分动词和介词》认为从现代汉语平面和历时平面区分动词和介词应使用不同的区分方法和标准,并提出在历时平面区分动词和介词可以综合使用义素分析、语义结构分析和次类比较三种方法。文章仔细介绍了这三种方法的定义和操作方法,并对每种方法都列举了至少两个实例加以分析,清晰地展现出这些方法的可操作性。

此外,还有许多学者考察近代汉语介词的功能,探究近代汉语介词的来源、语法化过程。

赵日新的《说"在"及相当于"在"的成分》一文以介词"在"为中心,讨论了一系列在汉语史和汉语方言中的介词的具体用法,其中汉语史中的介词包括"在""于(於)""从""着(著、箸)""是""到""向""去""就",

---

① 马贝加:《对象介词"将"的产生》,《语言研究》2000年第4期。
② 马贝加:《原因介词"坐"的产生》,《语言研究》2009年第2期。

这些介词虽然不都处于同一个时间层次或地域层次，但都具有引出时间处所的用法。此外，文章还考察了"在"类介词与"V prep. NL"和"prep. NL V"结构的关系，分析了这两个结构及其省略式表示持续体和进行体的情况。

蒋冀骋的《论明代吴方言的介词"捉"》考察了介词"捉"在《明清民歌时调集·山歌》中的用例，并结合历时语料和现代汉语方言语料，分析了介词"捉"的用法及使用情况，探讨了介词"捉"的产生和消失原因。

董为光的《介词"打"来源补说》认同刘坚等（1992）提出的介词"打"是从动词"打"虚化而来的观点，但也指出其中的演变过程还需更为清楚有力的论证。董文通过考察"打"的用例，认为相较于"打"的"冲向、朝向"义，"游转"义更可能是动词"打"虚化为介词"打"的语义来源。

何洪峰和苏俊波的《"拿"字语法化的考察》从历时、现代汉语普通法、现代汉语方言三方面对"拿"的功能义进行考察，并在梳理"拿"的语法化过程中着重讨论了"拿"的处置义、被动义和使役义及它们之间的联系，认为"其语法化过程是：表对象→处置→使役；对象→被动"[①]。

周芍和邵敬敏的《试探介词"对"的语法化过程》指出介词"对"的"引进动作对象、方向"、表示"对待关系"、表示"评议角度"这三个义项之间呈现出逐渐虚化的进程，并对介词"对"产生的历史条件、来源和语法化过程进行考察，认为介词"对"的语义来源应是动词"对"的"对答"义，介词"对"的"引进对待对象"这一义项是由其"引进动作对象"义项语法化而来。此外，文章还考察了介词"对于"和"对……来说"结构。

吴福祥的《汉语伴随介词语法化的类型学研究——兼论 SVO 型语言中伴随介词的两种演化模式》首先考察了上古汉语、中古汉语、近代汉语中"和"类虚词的语法化过程，其中考察的近代汉语"和"类虚词包括"和""同""跟"，结合对现代汉语方言中"和"类虚词的调查，发现汉语中存在"伴随动词＞伴随介词＞伴随连词"的语法化路径。在扩大语言类型调查范围后，文章发现 SVO 型语言中伴随介词的语法化路径除了上述一种外，还有另一种语法化路径，即"伴随

---

[①] 何洪峰、苏俊波：《"拿"字语法化的考察》，《语言研究》2005 年第 4 期。

介词＞工具介词＞方式介词"。在对这两种演变模式分析后，发现导致这种现象产生的因素是句法条件，认知动因也各有不同。

## 第四节　二十一世纪初十年的近代汉语代词研究

进入二十一世纪以来，近代汉语受到学者越来越多的重视，研究成果蜂出，首先在著作方面有关近代汉语代词的研究主要为通论及专书研究。通论方面，冯春田的《近代汉语语法研究》涉及近代汉语的代词、助词、介词和句式。"代词"一章按照传统分法分为人称代词、指示代词和疑问代词三部分来讨论，在借鉴吕叔湘等学者的研究成果的基础上，依据调查所得出语料，对近代汉语代词问题做了叙述和讨论，既有定量考察也有定性分析，一些看法颇具见地，对我们进一步的研究具有较大的启发性。袁宾等编著的《二十世纪的近代汉语研究》（图39）对一百年来近代汉语语音、语法、词汇及文献方面的研究作了总结，代词的研究属于语法研究的范畴，著作分人称、指示、疑问代词对以往的研究成果——加以介绍，不同的是最后还专列一节介绍了词语演变的几个模式。魏达纯的《近代汉语简论》定位是"一本供初学者使用的教材"，作者在介绍现有研究成果的基础

图39　《二十世纪的近代汉语研究》

上融合了自己的意见，语言通俗易懂，有助于学习者了解学界研究情况。书中语法部分讨论代词时引述了不少前人的学术见解，并就相关问题表达了作者自己的意见。蒋绍愚的《近代汉语研究概要》是对《近代汉语研究概况》的"补充和更新"，新增了学界重要研究成果，也补充了一些作者本人的成果和看法。在代词部分最大的变化是补充了江蓝生对"们"的来源的意见，不过作者认为用现代方言中的"叠置式音变"来解释从"弭"到"们"的变化虽然有启发性，但仍有两个问题无法解决：①"同义词类同引申"，只能说是一种可能性，因此，跟"'何等'的'等'意义相同的'物'"并不一定会虚化为复数词尾；②如果要证明从"弭"到"们"的变化是叠置式音变的结果，其前提就要证明在唐代的确有这样的方言"弭"和"们"的白读相同，而这几乎是不可能的。①

蒋绍愚、曹广顺的《近代汉语语法史研究综述》对近代汉语的一些词类及句式分章节进行了介绍，将人称代词、指示代词、疑问代词中主要的代词的重要研究成果一一加以介绍。书中一般都不加入作者自己的观点，只是将学术界对某一问题的讨论一一罗列，这也正是这类著作的目的，即将近代汉语的研究成果作一个系统的总结，以便更好地开辟未来的研究。

专书研究方面，冯春田的《〈聊斋俚曲〉语法研究》全书分为词法和句法上下两编，代词的研究置于句法一编，分为人称代词、指示代词、疑问代词三节，对其在《聊斋俚曲》中所作句法成分及相关用法作了计量统计，同时结合定性分析，使读者对《聊斋俚曲》的代词系统有了大致的了解。

《〈水浒传〉虚词计量研究》第五章为代词研究，该章利用计量统计的方法研究《水浒传》中一百多个代词的使用频率、各种用法意义和用法的百分比率，全文全方位、全过程地利用计量统计法着重作详细的共时研究，一般不作历时比较，以期发现一些以前所未曾看到过的新景观。

其次论文方面，对于专书的研究是近代汉语研究中较为普遍的一块，研究成果可以说是与日俱增，其中较有代表性的成果有冯春田（2008a）、何继军（2008）的研究。

---

① 蒋绍愚：《近代汉语研究概要》，北京大学出版社，2005，第118页。

冯春田的《敦煌变文里的"若"系指代词及相关问题》考察了"若"系指代词在《敦煌变文集》里的分布情况,发现"若"系指代词在敦煌变文里分为两类:一类是样态指示词,包括"惹子"和"曰";另一类是疑问代词,包括"若箇""若边""若为""若生"。据此,文章内容主要分为两部分:第一部分分析了敦煌变文里样态指示词"惹子"和"曰"的用法,讨论了"若""惹""曰"之间的词音关系及指示词"曰"的来历;第二部分梳理了"若"系疑问代词"若箇""若边""若为""若生"的用法和出现时间,并特别指出"若为"在敦煌变文中多用于设问,不应简单归为套语。

何继军的《〈祖堂集〉中"那"的隐指用法》分别从语法和修辞角度探讨了《祖堂集》中"那"的隐指用法的类别,并分析了"那"的隐指用法的来源及发展问题,最后在余论部分从认知的角度简略分析了中国人用指示代词作隐指的原因以及远指代词的隐指用法大大超过近指代词的原因。

除了上述专书研究成果,还有一些研究成果是关于某个代词或某几个代词的研究。

关于人称代词"俺"的来源,一般认为是由"我们""我懑"合音而来的,当然也有学者对此存在质疑。张俊阁的《汉语第一人称代词"俺"的来源》就对此提出了不同的见解。张文考察了从宋到清的文献作品,对近代汉语第一人称代词"俺"的意义及功能分布加以梳理分析,并深入探讨了"俺"和"我"之间的联系,认为"俺"是由"我"音变而来的,指出:"语言接触是近代汉语第一人称代词'我'在领属格位置上发生鼻音化的直接动因。"[①]

袁宾和张秀清的《禅录词语"专甲"与"某专甲"源流考释》对多部禅宗史书及辞书进行考察,深入探究了"专甲""某专甲"的来历。文章指出,"专甲"和"某甲"在典籍中多用作第一人称代词,有时也用于代替人名。因为在唐宋时期,"厶"既是"某"的俗简写法,也是"专"的俗简写法,因此"专甲"的来历应是手写"某甲"时笔误所致。至于"某专甲",则是"某甲"和"专甲"的拼合形式。

---

[①] 张俊阁:《汉语第一人称代词"俺"的来源》,《河北大学学报》(哲学社会科学版),2007年第1期。

关于指示代词的个案研究，最具代表性的是对"这"的争鸣与探讨。卢烈红的《"这"单独作主语问题补证》是对他《〈古尊宿语要〉的近指代词》一文中提出的"'这'（'者'）单独作主语的起始时间不是南宋，至迟应定在北宋，始于中唐的寒山诗也有可能"①这一看法作进一步的论证。文章指出，要弄清"这"单独作主语的年代关键在于确定"只这（者）"格式中"只"的语法性质，因此文章利用大量例证，论证了北宋《景德传灯录》中的"只这（者）便是……"中的"只"是表强调的副词，由此确定"这（者）"单独作主语至迟始于北宋。这篇文章不仅引进现代语言学的语音分析，而且将语义和语法结合起来考察，有一定的理论深度，且材料翔实，结论较为可靠。

张俊阁的《明清山东方言指示代词"这"、"那"单独表处所略说》指出明清时期具有山东方言背景的文献材料中出现了指示代词"这""那"单独表处所的用例，作者通过对文献中用例的考察说明这种语法现象不是沿着"这里/那里"→"这儿/那儿"→"这/那"的顺序发展演变而来的，而是与"这""那"自身的性质有关，而且古代汉语中就有指示代词单独表处所的传统。文章以文献材料为依据进行分析论证，理据性较为充实，对近代汉语中"这""那"的用法进行了进一步的发掘。

关于疑问代词的探索，较有代表性的是冯春田的相关研究。冯春田在 2003 年发表的《合音式疑问代词"咋"与"啥"的一些问题》认同吕叔湘提出的"啥"来自"什么"的和音这个观点，但对其"咋"是"作啥"的和音这个看法存疑。文章在考察"咋""啥"出现时代和总结、分析"咋""啥"用法的基础上，论证了"啥"是"什么"的合音，"咋"是"怎么"的合音。此外，文章还注意到："'啥'、'咋'的形成在明清时期南北方言里存在着先后的差异，并且有着非同步产生与同步产生的区别。"②

他在 2006 年发表的《疑问代词"作勿"、"是勿"的形成》在吕叔湘、江蓝生对"作勿""是勿"来源问题分析的基础上，提出"疑问代词'是勿''作勿'应该就是判断词'是'与动作'作'分别跟疑问词'勿（物）'在一定的句法环

---

① 卢烈红：《〈古尊宿语要〉的近指代词》，《武汉大学学报》（哲学社会科学版），1998 年第 5 期。
② 冯春田：《合音式疑问代词"咋"与"啥"的一些问题》，《中国语文》2003 年第 3 期。

境里组合而形成的"①，并分别考察了"作勿""是勿"的形成过程，重点分析两词产生的句法环境和影响因素。文章在已有研究成果的基础上进一步深入，从语义、语法等方面分析了"作勿""是勿"的形成，推理合情合理且有文献为证，结论较为可信。

同年，他的《反诘疑问代词"那"的形成问题》先梳理分析了前人对相关问题的研究，从词音、用法等方面讨论了诘问词"那"出自"如何""若何""奈何"合音说存在的问题，然后在深入调查的基础上，提出反诘疑问代词"那"是由"奈何"省缩音变而来的。

2008年，冯春田的《试论疑问代词"若为"、"若箇"的来源》分析了先后出现于南北朝时期和唐代的疑问代词"若为""若箇"的来源。文章先梳理了吕叔湘（1985）研究相关问题的观点，描写了"若为""若箇"的用法，然后探讨了指示代词性质的"若"，由此考察了"若为""若箇"的来源，并得出结论："'若为''若箇'的'若'由'像似'义动词'若'跟疑问代词'何'组成的'若何'而来，在意义和功能上'若'等于'何'。"②关于"若为""若箇"的来源以往罕有论及，冯春田在前人研究的基础上，基于语料的考察并结合语言现象的相关性对这一问题提出自己的观点，可以说是在一定程度上弥补了研究中的不足，促进了近代汉语研究。

2009年，冯春田的《汉语疑问代词演变的特殊规则》一文先分析了多组疑问代词的演变路径，包括：何等＞等＞底，何物＞勿/没，什么（麽、摩）＞什/甚，作物（勿）＞作/怎，奈何＞那（哪），若何＞若（若为），如何＞如。通过对这七组疑问代词省缩变化的演变路径的总结，揭示出汉语疑问代词在历史演变过程中的一种特殊变化规律，即由原本属于疑问词与另外一个非疑问词构成的短语变化而来的双音式疑问代词，可以通过缩略原来的疑问词部分而产生或者说形成一个可替换原先这个双音式疑问词的新的疑问代词；在省缩过程或经过省缩之后，新的词形又可能发生音变。冯春田对近代汉语的研究颇有造诣，发表过一系列具有启发性的文章，《汉语疑问代词演变的特殊规则》这篇文章同样具有较高的理

---

① 冯春田：《疑问代词"作勿"、"是勿"的形成》，《中国语文》2006年第2期。
② 冯春田：《试论疑问代词"若为"、"若箇"的来源》，《语言科学》2008年第6期。

论价值,它在对一系列相似语言现象进行研究后能发现其共性,总结出一般规律从而上升为理论高度,这对于探索汉语代词的历史演变及汉语发展的规律,都应该是有意义的。这也启发我们在今后的研究中对于已得出的有价值的结论要善于进行理论概括,上升为理论形态的语言规律,提高研究的学术价值。

## 第五节　二十一世纪初十年的近代汉语副词研究

步入二十一世纪以来,在前人累累硕果的基础上,近代汉语副词的研究可谓是蒸蒸日上。这一阶段的研究理论、研究方法更加多样,研究成果也越显成熟,呈现出量的剧增和质的变化。

这一时期出现了两部专门研究近代汉语副词的专著——杨荣祥的《近代汉语副词研究》和陈群的《近代汉语程度副词研究》。

杨荣祥的《近代汉语副词研究》(图40)是我国第一部系统全面地研究近代汉语副词的专著。该书在其博士论文基础上修订而成,主要考察了晚唐五代到明代的副词。该书对近代汉语不同时代的一些有代表性的作品《敦煌变文集》《朱子语类》《新编五代史平话》《金瓶梅词话》等进行了穷尽性的研究,并结合了

图40　《近代汉语副词研究》

《祖堂集》《乙卯入国奏请（并别录）》《元曲选》《水浒传》等语料，整理出晚唐五代至明代汉语中使用的639个副词，讨论了近代汉语副词的分类，探讨了近代汉语副词的结构形式，分析了近代汉语副词的来源发展，考察了近代汉语副词的组合功能。在共时描写的同时，结合了近代汉语副词的历时考察，总结出了近代汉语副词发展的规律特点，探讨了近代汉语副词源流演变，对一些重要的近代汉语副词产生和消失的时代作出了判断，为汉语副词的研究提供了很有价值的理论依据和材料。

陈群的《近代汉语程度副词研究》根据程度副词表示程度的高低把近代汉语程度副词分为五类，即"太"类、"更加"类、"最"类、"很"类、"稍"类。以类为纲，每一大类即为一章，考察了各副词的用法和历时发展脉络。不过他只考察了明清小说中出现的程度副词，考察范围略小。

此外，也有关于副词的综述类著作。蒋绍愚、曹广顺的《近代汉语语法史研究综述》概述了前人时贤对近代汉语副词的整体面貌或近代汉语某一时期或某一专书的研究成果，总结了学者对常用副词"都、也、还、休、别、就（即、便）、没、没有、好不、已经、只、纔（才）"的源流探讨，归纳了副词的来源和形成条件。

同时，也有学者探讨了副词的语法化过程，这一时期较有代表性的有雷冬平的《近代汉语常用双音虚词演变研究及认知分析》。该书第二章"近代汉语常用双音副词演变研究"选择了四类以往研究不充分但非常具有特色的副词为研究对象，分析了它们的语法化过程。第一类是"动词+头"类，以"为头/起头/起为头"为代表，认为它们是由动宾短语演变而来的时间副词。第二类是推度副词"看/想来"，指出它们由动词"想"和事态助词"来"词汇化为认知动词并进一步语法化而成。主观化随着语法化程度深化而加深，两者相互影响。第三类研究的副词是反义并列语素双音副词，代表副词有"长短/左右/好歹/横竖/死活/反正"这六个语气副词，主要考察了极性对立的语义引申途径和它们副词化的过程。第四类是一组意义、内部结构、演变路径都相同的程度副词"分外""非分""格外""破格"，讨论了它们之间的平行语法化和发展过程中的不平衡性及原因。

这一时期学界掀起了关于专书研究的热潮，副词也不例外。

冯春田的《〈聊斋俚曲〉语法研究》全面描写了《聊斋俚曲》中所出现副词的用法，包括范围副词、时间副词、程度副词、事态和动态副词、否定和禁止副词、疑问副词、语气副词、关联副词。吴福祥的《〈朱子语类辑略〉语法研究》将《朱子语类辑略》重点副词分为范围副词、程度副词、时间副词、累加副词、关联副词、语气副词、否定副词、方式和情状副词等八大类，细致描写了每个类别的副词，比如时间副词可细分为十二类，包括过去/已然、现在/方然、将来/未然、初始、终竟、迅疾/短时、持续/长时、暂时、逐渐、偶时、惯常和重复。刁晏斌的《〈三朝北盟会编〉语法研究》考察了《三朝北盟会编》中的程度副词、范围副词、时间副词、情态副词和语气副词，对每个副词的用法都进行了静态描写，并总结了《三朝北盟会编》中副词的特点。曹炜的《〈水浒传〉虚词计量研究》在第六章讨论了《水浒传》的程度副词系统，对《水浒传》中的绝对程度副词和相对程度副词进行了细致描写和计量分析。

论文方面，主要集中于历时探源研究和专书研究。关于历时的探源研究，不少论文都同语法化、词汇化相关理论相结合。对某个副词进行探源或历时演变研究根据副词的分类，基本可分为十类，其中研究较多的是程度副词、语气副词和时间副词。

有关程度副词的研究有武振玉的《程度副词"非常、异常"的产生与发展》，武文细致调查了双音程度副词"非常"和"异常"的相关语料，发现它们的产生、发展过程中有许多相似之处。"非常"和"异常"均是源自"超常"义述宾词组，虽然这两个词的具体产生时间以及发展的过程有所不同，但总体说来，它们都在南北朝时期虚化出程度副词的用法，并在明清时期高频使用。而且两词的句法位置都是由位于所修饰词后发展到位于所修饰词前，两者以修饰形容词和心理动词为主，所修饰的词多具有积极色彩义。不过，"非常"较"异常"修饰具有积极色彩义词语的比例更高。

卢惠惠的《近代汉语程度副词"十分"的语法化及其特殊用法》探究了程度副词"十分"的语法化过程，认为"十分"至迟在宋代已由数量词组凝合成了程度副词，表示"程度之甚"义。作者指出，程度副词"十分"在语法化过程中有多种特殊用法，与"十分"在现代汉语中的用法不同，如"十分+动词性谓语"

"十分+强度形容词+动词/形容词""十分+句子"等，这些用法在清末已消失。此外，她的《近代汉语程度副词"老"的语法化》认为程度副词"老"是从"老大 NP"结构中重新分析而来的。汉魏时，形容词"老""大"复合成一个双音词，并在晚唐五代发展出修饰 NP 的语法功能，其中 NP 必须是"有生命的人"。元代时，"老大"修饰的 NP 发展到表示无生命特征的事物，"老大/NP"重新分析为"老/大/NP"，程度副词"老"开始萌芽。到明清时，"老"不仅独立地广泛用于状语位置，而且它与"老大"的功能也已具有明显分工。

张谊生的《从间接的跨层连用到典型的程度副词——"极其"词汇化和副词化的演化历程和成熟标志》探讨了"极其"的副词化过程，认为程度副词"极其"由动词"极"和指示代词"其"连用虚化而成。虽然早在南宋就已萌芽，但副词"极其"直到清代中叶才完全成熟。"极其"副词化的动因主要有节奏的双音化、表述的程度化和指称的虚无化。副词"极其"完全成熟主要表现在限定功能不断扩展，包括被限定的对象从双音到多音、从谓语到定语、从程度到状况。

王秀玲的《程度副词"分外"的来源及其发展》认为"分外"修饰形容词和心理动词是其虚化为程度副词的关键，并据此分析程度副词"分外"在晚唐时期萌芽。作者考察了程度副词"分外"在两宋、元代、明代和清代文献中的使用情况，详细描写了程度副词"分外"在各个时期代表文献中的使用频次和具体用法，纵向总结了各个历史时期"分外"的用法发展特点。

张振羽的《"尤其"的词汇化及相关问题》主要考察了程度副词"尤其"的词汇化问题，认为"尤其"在唐五代时开始词汇化，宋元时期已基本形成，明清时完全成熟。作者认为句法位置、韵律规则、词汇双音化、使用频率等是"尤其"有跨层结构词汇化为程度副词的主要动因。作者还提到附加式副词如"～乎""～自""～复"等有相似的虚化轨迹和演变动因，但未详细探讨。

有关语气副词的研究有杨永龙的《近代汉语反诘副词"不成"的来源及虚化过程》，文章将共时分析与历时语料结合起来，探讨了反诘副词"不成"的来源和虚化过程。文章认为反诘副词"不成"可溯源至"不+成+N"格式，其中"成"为使动词，其后带体词性宾语，"不"修饰述宾结构"成 N"。"成"后发展为可带谓词性宾语时，该格式可表示为"不+成+V"，"不""成"仍是跨层结构。当"不成"后句法结构复杂化时，"不成"逐渐凝结为否定副词，表示否定性评议。反诘副词"不成"由否定副词"不成"用在测度问句中演变而来。

朱冠明的《副词"其实"的形成》认为评注性副词"其实"来源于偏正词组"其实"，判断偏正词组"其实"已虚化为副词的形式标志有两条：一是"其"的指代功能完全虚化；一是"其实"丧失主语资格，用作状语。根据这两条标准，作者认为"其实"至少在晋代才虚化为副词，唐代时渐趋成熟，宋代时已完全成熟。文章还深入讨论了偏正词组"其实"在主语位置上虚化为副词的原因。

钟兆华的《疑问副词"何忽"》探讨了疑问副词"何忽""那忽"的词汇意义、语法意义和构成方式，认为这两个词是一组同义词，都用来表示疑问、询问或诘问语气。

叶建军的《疑问副词"莫非"的来源及其演化——兼论"莫"等疑问副词的来源》认为疑问副词"莫非"在宋元时已经产生，该词的产生与测度疑问副词"莫""莫是""莫不""莫不是"有渊源关系。作者从探究这四个测度疑问副词的来源入手，分析了疑问副词"莫非"的来源问题。叶建军指出疑问句是双音节疑问副词"莫非"产生的语境，类化和重新分析是其产生的重要机制。他还从使用频率、句法功能和疑问语气的分化三方面讨论了疑问副词"莫非"的演化情况。除了疑问副词"莫非"，叶建军在这一时期还探讨了测度副词"敢""敢是"[①]和疑问副词"还"[②]的来源和发展情况。

李宇凤也探讨了测度疑问副词"莫"的来源问题[③]，她赞同叶建军（2007a）提出的测度疑问副词"莫"来源于劝止词"莫"的观点，并从语料事实和认知理论两方面加以论证。语料事实方面，作者主要讨论了劝止词"莫"与测度疑问词"莫"的时序性和频率性特征关系、测度疑问副词"莫"的句法特征，并且描

---

① 叶建军：《测度副词"敢"、"敢是"的形成及其演化》，《上饶师范学院学报》2007年第4期。
② 叶建军：《疑问副词"还"溯源》，《安徽大学学报》（哲学社会科学版），2008年第1期。
③ 李宇凤：《也论测度疑问副词"莫"的来源》，《语言科学》2007年第5期。

写了与"莫"具有相同意义的"不要、别"也经历了从劝止情态到认识情态的语法化过程。认知理论方面,作者运用 Frantisek Litchenberk 提出的担心-认识情态观点,探讨了劝止词"莫"发展为认识情态词"莫"的认知因素。

有关时间副词的研究有张亚军的《时间副词"正"、"正在"、"在"及其虚化过程考察》,作者考察了时间副词"正""正在""在"的虚化过程和它们在不同历史时期意义和用法的异同。文章认为时间副词"正"产生时间最早,南北朝已产生;时间副词"正在"在宋元时已出现,它的形成与"正+[在+宾]pp+VP"以及"正在+VP+之间/之时"结构密切相关;时间副词"在"的产生时间比较晚,在现代汉语中才完全虚化。付义琴、赵家栋的《从明代小说中的"正"、"在"看时间副词"正在"的来源》也探究了"正在"的来源问题。作者考察了《拍案惊奇》《醒世姻缘传》《喻世明言》等明代文献语料,认为时间副词"正在"的形成与"正+[在+宾]pp+VP"结构关系不大,而是"正+在+VP+之时"结构受"正+VP"结构类推而成。文章不仅描述了"正在"语法化为时间副词的过程,而且将"正在"的形成过程、结构功能等与"正当"进行类比,进而佐证其结论。

雷冬平的《说"打头"有"刚刚"义》阐述了动词短语"打头"通过词义引申和句法位置的改变语法化为时间副词的过程,并利用江西安福方言佐证"打头"的用法。同时,该文也指出研究这类词语法化时应注意的问题。

张谊生的《从"曾经"的功能扩展看汉语副词的多能性》探讨了"曾经"在"曾经 VP"结构中逐渐虚化为时间副词的过程和机制,考察了副词"曾经"在当代汉语中展现的句法功能扩展现象,并涉及其他副词出现的同类现象,进而论证了汉语副词的多能性。

唐贤清的《副词"逐旋"杂议》描写了《朱子语类》中副词"逐旋"的语义和用法,并与意义相近的副词"逐渐、逐步、旋旋"相比较。文章还追溯了副词"逐旋"的来源及其演变,认为"逐旋"的使用是近代汉语特有的语法现象。

有关范围副词研究的如卿显堂的《副词"尽情"的形式化标志》。文章认为直到明代,副词"尽情"才正式确立,其形式化的标志有两个,即"一是句法形式上使用'将''把'等处置式的句子,二是语义特征上具有表示多数的数量特征"①,并解释了这两个标志出现的原因。

有关类同副词研究的有杨荣祥的《近代汉语中类同副词"亦"的衰落与"也"的兴起》。该文先描写了"亦"字句、"也"字句中"亦""也"表示类同的几种主要类型,然后在对比中描写了"也"兴"亦"衰的过程,并探讨了其原因。

有关情状方式的研究有徐朝红、易永姣的《副词"顺路"的产生和发展》,该文描述了"顺路"由介宾短语语法化为表示动作行为情态方式的副词,并探讨了其产生的重要原因。

关于情态副词的研究有董正存的《情态副词"反正"的用法及相关问题研究》。董文考察了情态副词"反正"在现代汉语中的用法,讨论了情态副词"反正"产生的原因,认为"反正"是通过隐喻直接成为情态副词的,并探讨了情态副词"反正"的进一步语法化问题。

关于关联副词的研究较有代表性的如席嘉(2003)、李宗江(2005)的研究。席嘉的《转折副词"可"探源》主要探讨了"可"作转折副词语法功能的产生时间、来源及过程。席文认为转折副词"可"产生于唐代,是由表示强调语气用法的"可"在语义转折这种特定语境影响下产生的。

李宗江的《副词"倒"及相关副词的语义功能和历时演变》先梳理了副词"倒"在现代汉语中的三个语义功能,即表示相反关系、表示转折关系和表示舒缓语气;然后从历时角度考察了副词"倒"的演变过程及这三种语义功能产生的先后顺序。最后探讨了一类由具有"相反"义素的动词虚化而来的转折副词,包括"却、还、反、翻、覆"等,并说明了"倒"与这些副词的联系与区别。

关于否定副词的研究较有代表性的是对副词"别"的探讨。冯春田、王群的《副词"别"形成问题补议》在江蓝生(1991)研究的基础上,进一步论证了表示禁止的"不要"与"别"的语源关系。文章统计了"不要""不要说""不要是""别要""别要说""别""别说""别是"在明清时期北方系语料中的分布情况,分析了这些词的用法和相互间的联系,指出:"'别'是'不要'不完

---

① 卿显堂:《副词"尽情"的形式化标志》,《古汉语研究》2003年第3期。

全合音的混音式，'别要'则是'不要'连说混音为'别'后在剩余音素，尤其是原式的影响下'要'音复原的新旧嫁接形式。"①

李焱、孟繁杰的《禁止副词"别"来源再考》总结了前人关于禁止副词"别"来源的观点，并在考察"别"的本义与禁止义以及"别"与相关禁止副词消长情况的基础上，从用法和音理两方面论证"'不必'的合音化才是'别'的来源"②。

有的研究了一个副词的多种用法，如唐贤清的《近代汉语副词"可煞"的演变规律》考察了"可煞"分别在唐代、宋代、元代、明代、清代和现代汉语方言中的使用情况，并分析总结了"可煞"在历时演变过程中的明显特点。

还有研究某类副词的，较有代表性的有唐贤清（2003a）、冯春田（2005）、姚琳（2006）等。唐贤清的《汉语"渐"类副词演变的规律》讨论的"渐"类副词是指表示"渐渐""逐渐"义的副词。文章分别考察了先秦两汉魏晋南北朝时期、唐宋时期和元明清时期"渐"类副词的使用情况，分析每一时期"渐"类副词的特点，并在文末总结了汉语副词发展的一些特点。

冯春田的《汉语"从/否"类副词的历史考察》考察的"从/否"类副词是指由"从"与否定词"不、没、未"等组成的一类复合式副词。文章通过调查自先秦以至近代汉语语料，指出"从/否"类副词的形成主要经历了两大变化，先是时间短语省缩形成副词"从来"，然后"从来"在"从来+否定副词+谓词"句式中省缩为"从"，并与否定副词组成具有"时间·否定"意义的"从/否"类副词。

姚琳的《由"立"组成的短时类时间副词的演化》先考察了"立刻""立即""立马"的来源与成词过程，然后运用语法化理论，并结合韵律、文化等因素总结了由"立"组成的短时类时间副词演化的动因及特点。

这一时期研究较多的专书有《祖堂集》《朱子语类》《型世言》等。陈宝勤的《〈祖堂集〉总括副词研究》穷尽性统计分析了《祖堂集》中的总括副词，分为新、旧两种，着重考察了它们的语法位置、语法功能和语义指向，并总结了整体特点。

唐贤清的《〈朱子语类〉中的副词"大段"》描写了副词"大段"在《朱子语

---

① 冯春田、王群：《副词"别"形成问题补议》，《汉语学报》2006年第1期。
② 李焱、孟繁杰：《禁止副词"别"来源再考》，《古汉语研究》2007年第1期。

类》中表示程度和推测的用法，考察了"大段"产生与消亡的过程，并指出副词"大段"的使用"可以视为宋代特有的一种语法现象"①。此外，唐贤清还考察了《朱子语类》中重叠式副词的类型②，并对重叠式副词进行了语义、语法分析③。

郑燕萍和曹炜的《〈型世言〉程度副词计量研究》一文采用计量方法对《型世言》中的程度副词进行穷尽式考察，探讨了程度副词在《型世言》中的音节情况、构词方式、使用频率和韵律特点，展现了程度副词在明代末期的使用情况与特点。

除了上述研究成果，还有一些副词和副词或其他词连用的相关研究。杨荣祥的《论汉语史上的"副词并用"》系统地论述了"副词并用"现象，区分了"副词并用"和"副词连用"两个不同的概念，总结了副词并用的性质和特点，考察了"副词并用"现象自兴起至衰落的历程，并对其兴衰原因作了解释。文章最后讨论了"副词并用"和合成副词的区分与联系，指出："虽然汉语中确有少数并列式合成副词，但汉语史上大量的同义副词并列形式都只是临时性的组合，还没有结合成词。"④

张谊生的《"副+是"的历时演化和共时变异——兼论现代汉语"副+是"的表达功用和分布范围》先从历时角度考察了副词或副词性语素同"是"组合成词的语法化过程，指出这个过程主要经历了动词性偏正短语→加词性偏正短语→偏正式副词→附加式副词→连词/语气词五个阶段；然后从现代汉语层面分析了各种同形异构的"副+是"在结构形式和表达功用上的特点，并总结了"副+是"在现代汉语中的分布情况。

此外，副词相关研究还有杨荣祥发表的《副词词尾源流考察》。文章考察了汉语历史上较为常见且比较确定的副词词尾的源流。主要考察了"～乎""～然""～自""～复""～其""～地""～尔""～生""～个（箇）""～可"等词尾的来源及其语法特征，然后总结了一些副词词尾的源流演变特点。

---

① 唐贤清：《〈朱子语类〉中的副词"大段"》，《湖南大学学报》（社会科学版），2002 年第 6 期。
② 唐贤清：《〈朱子语类〉重叠式副词的类型》，《中南大学学报》（社会科学版），2003 年第 4 期。
③ 唐贤清：《〈朱子语类〉重叠式副词的语义、语法分析》，《湖南大学学报》（社会科学版），2003 年第 5 期。
④ 杨荣祥：《论汉语史上的"副词并用"》，《中国语文》2004 年第 4 期。

杨淑敏的《元明白话某些新兴副词探析》指出元明时期的突出特点之一，"是新兴虚词特别丰富，并且与现代汉语的关系更为直接"[①]。文章专门选择三组新兴副词进行分析，即副词"急切"与"等闲"、副词"颠倒"与"反而"、副词性短语"行动"，展现出这一时期部分副词的特点。

## 本 章 小 结

进入二十一世纪，近代汉语连词的研究进入持续繁荣阶段。二十一世纪初十年关于汉语连词研究最显著的特点就是出现了汉语连词研究的专书，这对于连词的研究是具有里程碑意义的。就近代汉语连词的系统研究而言，一方面，随着近代汉语语法史的研究专著的大量增加，这一时期关于近代汉语连词的研究成果也大量增加；另一方面，这一时期学界掀起了关于专书近代汉语连词研究的热潮，近代较有代表性的专书的连词研究成果颇丰。

周刚的《连词与相关问题》是学界第一部研究汉语连词的专著。该书在"连词产生和发展的历史回顾"一章中也从历时的角度对上古（殷墟—两汉）、中古（魏晋—唐中叶）、近代（晚唐—清中叶）、近代至现代过渡（清中叶—清末民初）四个时期连词的发展和使用情况进行了探讨，呈现了整个连词系统产生和发展的大致脉络。在近代汉语连词的历时考察部分，作者总结出了近代汉语连词的特点："新旧形式继续交替，双音节词剧增，口语化趋势已形成。"同时，作者以《敦煌变文集》为例来说明这一时期连词系统内部的新旧更替。此外，该书还整理出了双音节连词构成手段的四种具体表现形式。

蒋绍愚、曹广顺的《近代汉语语法史研究综述》是第一部对近代汉语语法史的研究成果进行概括整理的专著，该书在第五章对近代汉语连词的研究成果作了简述，这也是学界首次对近代汉语连词的研究成果进行综述性的整理。作者首先对近代汉语连词研究的概貌进行了描写，对与近代汉语连词相关的比较重要的专

---

[①] 杨淑敏：《元明白话某些新兴副词探析》，《东岳论丛》2000 年第 2 期。

著和文章进行了梳理；其次，作者整理了单个连词或某类连词的专题研究成果；最后，提出了关于近代汉语连词研究有待加强的几个方面，对如何继续近代汉语连词的研究提出了自己的看法。

周晓林的《近代汉语语法现象考察：以〈老乞大〉〈朴通事〉为中心》在第七章"连词"部分讨论了近代汉语连词的使用情况。作者首先对《老乞大》和《朴通事》的连词系统作出计量描写，在此基础上，又将《老乞大》和《朴通事》的连词系统与唐五代和现代汉语连词系统作了对比分析，既有共时的描写，又有历时的研究。

雷冬平的《近代汉语常用双音虚词演变研究及认知分析》一书讨论了近代汉语双音虚词的演变情况，这是学界第一部针对近代汉语双音虚词研究的专著。该书在第四章"近代汉语常用双音连词演变研究"部分考察了近代汉语中109例双音连词的使用情况。作者采取将功能相近的连词对举的方式进行研究，在研究的过程中还加入了语义分析，对"便是"与"就是"，"除非"与"除是"，"只要"与"只有"，"不管"、"不拣"与"不拘"，"既然"与"因为"等的形成以及功能的异同作了相关比较研究，同时探讨了造成这些差异的认知因素。

魏达纯的《近代汉语简论》将连词和介词放在一起讨论，该书只考察了"和"以及"以"两个连词的用法，总体上关于连词的讨论不多。

专书的近代汉语连词研究，较有代表性的有冯春田的《〈聊斋俚曲〉语法研究》、吴福祥的《敦煌变文12种语法研究》和《〈朱子语类辑略〉语法研究》、刁晏斌的《〈三朝北盟会编〉语法研究》、高育花的《元刊〈全相平话五种〉语法研究》等。

除了专书的研究，这一时期同样也有近代汉语连词的断代研究成果，以李文泽的《宋代语言研究》为代表。李文泽在其《宋代语言研究》的"语法编"第四节"连词"部分讨论了宋代连词的使用情况，将宋代的连词分为并列、选择、递进、转折、因果、假设、纵予、条件等几个类型，往往在讨论一个连词时，作者会把该词的源流和发展演变过程作细致分析。

二十一世纪初十年也有不少关于近代汉语连词研究的成果以论文形式问世，相较于二十世纪九十年代，这些论文主要呈现出以下几个特点：在数量上呈现明显增加的趋势；在研究类型上关于近代汉语连词的演化以及连词的来源问题仍然是这一时期关注的重点；注重对某类连词进行考察，并列连词和让步连词的研究成果较多；双音连词的研究成果逐渐增加，甚至出现了三音连词的研究成果。

这一时期，近代汉语连词的演化及来源问题是学界关注的重点之一，关于这一问题取得的研究成果有席嘉（2004，2006）、张睿（2009）、袁雪梅（2009）、曹秀玲和张磊（2009）、梁吉平（2009）、蒋冀骋和徐朝红（2009）、邢福义和姚双云（2007）、肖奚强和王灿龙（2006）等。

学者开始注重对某类连词进行考察，并列连词和让步连词的研究成果较多。近代汉语并列连词是学界探讨的重要议题，较有代表性的是曹炜（2003，2006）、张亚茹（2005）、徐朝红和易永姣（2007）等。近代汉语中的让步连词也是这一时期学界研究的热点，较有代表性的有池昌海和凌瑜（2008）、曾晓洁（2006）、高文盛和席嘉（2005）等。

二十一世纪以来，近代汉语的研究有了一定积累，一些综述性质的书应运而生。袁宾等编著的《二十世纪的近代汉语研究》在综合百年以来语言学界大量研究成果的基础上，从语音研究、语法研究、词汇研究和文献研究等方面，对二十世纪近代汉语的研究成果进行了全面的综合、梳理、分析和研究，系统介绍了近代汉语形成、发展的过程及其主要的研究成果。蒋绍愚、曹广顺的《近代汉语语法史研究综述》中有几个章节是介绍助词研究成果的，分别介绍了它们的形成标志、形成时间、产生过程等。动态助词里介绍了完成态助词"了"、持续态助词"着"、过去态助词"过"和尝试态助词"看"。事态助词里介绍了"了""去""来"。结构助词里介绍了"底"和"地"。

一些语法研究的书籍也陆续出现，如冯春田的《近代汉语语法研究》重点考察了助词"底（的）""地""家（价）""馨""生""许"和语气助词"罢""波""婆""休""呢""那（哪）"的来源、用法及发展变化。

魏达纯的《近代汉语简论》在近代汉语语法一章，选取了动态助词"了、着、却、过"、语气助词"但、念、罢（波）、休、么、那、在裏"、结构助词"价、将、地、得、教"和比拟助词"也似、也似的、是的"等进行考察，不仅介绍了用法，而且比较详细地探究了虚化过程。

蒋绍愚的《近代汉语研究概要》是对《近代汉语研究概况》的补充。和《近代汉语研究概况》一样，该书讨论了"了""着""底、地、的"这几个助词的相关问题，不过新增了一些学者对助词"了""着""底"的新观点。

雷冬平的《近代汉语常用双音虚词演变研究及认知分析》在第五章深入探讨了四个近代汉语双音语气助词的语法化问题。该章首先把用法基本相同的"便是""就是"放在一节讨论，探究了这两个词的功能和语法化过程，并对两个词之间的兴替关系进行了数据分析。然后讨论了唐代已连用的"他个"，分析了它的功能和语法化过程及其功能在现代汉语中的沿袭。最后研究了争议较大的助词"来着"，探究了该助词功能和形成过程。

周晓林的《近代汉语语法现象考察：以〈老乞大〉〈朴通事〉为中心》在第八章重点讨论了动态助词"将""的（地、得）""着"。该章穷尽性检索动态助词"将""的（地、得）""着"在《老乞大》《朴通事》中的用例，总结了它们的基本结构形式和语义类型，并将它们在《老乞大》《朴通事》与清代新《老乞大》本、《朴通事》本中的使用情况进行历时对比，分析出它们在明代和清代的不同活跃程度。

这一时期，专书研究的著作有杨永龙的《〈朱子语类〉完成体研究》、林新年的《〈祖堂集〉的动态助词研究》、冯春田的《〈聊斋俚曲〉语法研究》、吴福祥的《〈朱子语类辑略〉语法研究》、刁晏斌的《〈三朝北盟会编〉语法研究》、高育花的《元刊〈全相平话五种〉语法研究》、曹炜的《〈水浒传〉虚词计量研究》等。

翟燕的《明清山东方言助词研究》以具有山东方言特色的《金瓶梅词话》《醒世姻缘传》《聊斋俚曲》为语料，穷尽性调查了每个助词在句法、语义、表达功能等方面的使用情况，探究了各助词的源流。

二十一世纪的近代汉语论文，仍旧有一大部分是以特定的语料为基础，对近代汉语助词进行专书研究，取得了不少成果，比较典型的有李泰洙（2000a）、丁喜霞（2000）、曹炜（2001，2002）、祖生利（2002）、李崇兴（2002）、冯春田（2004a）等。

也有不少学者研究助词的源流、历时发展等问题。吴福祥（2002）、赵长才

（2002）、刘子瑜（2003）、力量和解正明（2005）、力量和肖应平（2006）、林新年（2006）等都讨论了助词"得"的产生、发展问题。有的学者考察结构助词"底"的来源，这一时期较有代表性的是蒋冀骋（2005）、刘敏芝（2006）的研究。近代汉语中的假设助词也是这一时期学界研究的热点，较有代表性的有江蓝生（2002，2004），两篇论文分别探讨了时间词"时"和"後"的语法化与跨层非短语结构"的话"的词汇化。除此之外，杨永龙（2003）、梁银峰（2004a，2004b）对助词的研究也有参考价值。

这一时期也有不少成果是结合汉语方言进行助词研究的，较有代表性的如杨永龙（2002，2005）、翟燕（2008a）。

二十一世纪以来，近代汉语介词研究进入繁荣发展阶段，一些论著专门讨论介词。

马贝加的《近代汉语介词》第一次系统探讨了近代汉语介词，具有相当高的学术价值。该书全面、细致地描述了100多个介词的各个义项在不同历史时期的发展，比较完整地展现了近代汉语介词的面貌，这对近代汉语介词具有很大的意义。同时，该书不仅细致地描写了各个介词的来源，确定其时代，辨别其异同，而且研究深入，对于动词和介词的区分、汉语介词发展的原因等问题都提出了自己的见解，具有理论深度和实际意义。

张赪的《汉语介词词组词序的历史演变》考察了先秦至元明时期处所介词词组和工具介词词组的词序情况，探究了汉语介词词组词序变化的原因。全书共八章，在第四章至第六章分别描写了唐五代、宋代、元明时期介词的概貌和介词词组的词序，在第七章探讨了汉语处所介词词组和工具介词词组词序变化的原因，在第八章从介词词组语序变化的原因出发，就汉语是否从SVO型语言变成了SOV型语言提出了自己的看法。

这一时期，有的著作概述了前人研究介词的重要成果，如蒋绍愚、曹广顺的《近代汉语语法史研究综述》对近代汉语介词研究的相关情况进行了概述。

在语法研究的某一章节探究了近代汉语介词的著作如冯春田的《近代汉语语法研究》。该书考察了近代汉语介词系统，将其大致分为六大类，包括表示对象的介词、表示与同和包括的介词、表示方所的介词、表示时间的介词、表示工具的介词、表示方式的介词。该章主要探讨了上述六类介词的用法和组合关系，描绘了近代汉语介词的整体面貌。

魏达纯的《近代汉语简论》介绍了前人介词研究取得的一些成果，他赞同马贝加的《近代汉语介词》中提出的认定介词的四条标准，并根据这个标准，简单列举了介词"从""问""向""在""和""打""去""连""对""以""与""被、吃""将（把、捉、拿）"等的用法，其顺序基本依照袁宾的《近代汉语概论》。对有的介词，如"在""去"等，仅引用例句，没有任何说明，十分简略。

雷冬平的《近代汉语常用双音虚词演变研究及认知分析》在第三章通过对双音介词"X着""X了""经过""通过"的个案研究来分析双音介词演变的特点。

周晓林的《近代汉语语法现象考察：以〈老乞大〉〈朴通事〉为中心》从《老乞大》《朴通事》入手，描写了引进工具/施事的介词"着"、引进受事/工具的介词"把、将"和引进工具的介词"用"的用法和使用频率，并深入探究了引进工具/施事的介词"着"从出现至逐渐隐退的演变情况，历时比较了介词"把、将""用"的使用情况。

这一时期还有不少学者进行专书研究。冯春田的《〈聊斋俚曲〉语法研究》、吴福祥的《〈朱子语类辑略〉语法研究》、刁晏斌的《〈三朝北盟会编〉语法研究》分别以《聊斋俚曲》《朱子语类辑略》《三朝北盟会编》为研究对象，对文献中的介词进行计量考察，描写了各类介词的用法。苏州大学曹炜的《〈水浒传〉虚词计量研究》第二章为介词研究，以《水浒传》的介词系统作为考察对象，以计量研究为基础，对《水浒传》中每个介词的分布情况及用法进行详尽的分析和描写。

论文方面也有很多优秀的成果。到了二十一世纪，马贝加仍然有很多介词方面的研究值得借鉴。马贝加（2000，2009）探讨了对象介词"将"和原因介词"坐"的产生。马贝加和陈伊娜（2006）介绍了瓯语（即涵盖温州地区的吴语）中介词"代"（读音为[de$^{22}$]）的功能和来源。在介词研究中，她敏锐地察觉了动词与介词的密切联系，并在马贝加（2003）中提出义素分析、语义结构分析和次类比较三种方法区分动词和介词，确定语法化的阶段。

此外，还有许多学者考察近代汉语介词的功能，探究近代汉语介词的来源、语法化过程，比如赵日新（2001）、吴福祥（2003）、蒋冀骋（2003）、董为光（2004）、何洪峰和苏俊波（2005）、周芍和邵敬敏（2006）。

这一时期在著作方面有关近代汉语代词的研究主要为通论及专书研究。

通论方面，冯春田的《近代汉语语法研究》在"代词"章按照传统分法分为人称代词、指示代词和疑问代词三部分来讨论，对近代汉语代词问题做些叙述和讨论，既有定量考察也有定性分析，一些看法颇具见地，对我们进一步的研究具有较大的启发性。袁宾等编著的《二十世纪的近代汉语研究》分人称代词、指示代词、疑问代词对以往的研究成果一一加以介绍，并在最后还专列一节介绍了词语演变的几个模式。魏达纯的《近代汉语简论》讨论代词时引述了不少前人的学术见解，并就相关问题表达了作者自己的意见。蒋绍愚的《近代汉语研究概要》在《近代汉语研究概况》的基础上补充了一些作者本人的成果和看法，在代词部分最大的变化是补充了江蓝生对"们"的来源的意见。蒋绍愚、曹广顺的《近代汉语语法史研究综述》对近代汉语的一些词类及句式分章节进行了介绍，将人称代词、指示代词、疑问代词中主要的代词的重要研究成果一一加以介绍。书中一般都不加入作者自己的观点，只是将学术界对某一问题的讨论一一罗列，这也正是这类著作的目的，即将近代汉语的研究成果作一个系统的总结，以便更好地开辟未来的研究。

专书研究方面，冯春田的《〈聊斋俚曲〉语法研究》将代词的研究置于句法一编，分为人称代词、指示代词、疑问代词三节，对其在《聊斋俚曲》中所作句法成分及相关用法作了计量统计，同时结合定性分析，使读者对《聊斋俚曲》的代词系统有了大致的了解。曹炜的《〈水浒传〉虚词计量研究》第五章为代词研究，该章利用计量统计的方法研究《水浒传》中一百多个代词的使用频率、各种用法意义和用法的百分比率，全文全方位、全过程地利用计量统计法着重作详细的共时研究，一般不作历时比较，以期发现一些以前所未曾看到过的新景观。

其次论文方面，对于专书的研究是近代汉语研究中较为普遍的一块，研究成果可以说是与日俱增，其中较有代表性的成果有冯春田（2008a）、何继军（2008）。

除了上述专书研究成果，还有一些研究成果是关于某个代词或某几个代词的研究。关于人称代词研究的如袁宾和张秀清（2005）、张俊阁（2007）。关于指示代词的个案研究，最具代表性的是对"这"的争鸣与探讨，如卢烈红（2001）、张俊阁（2006）。关于疑问代词的研究中，较有代表性的是冯春田的相关研究，他在2003—2009年发表了5篇论文，探讨了一些疑问代词的来源和演变规律。

步入二十一世纪以来，在前人累累硕果的基础上，近代汉语副词的研究可谓是蒸蒸日上。这一阶段的研究理论、研究方法更加多样，研究成果也越显成熟，呈现出量的剧增和质的变化。

这一时期出现了两部专门研究近代汉语副词的专著——杨荣祥的《近代汉语副词研究》和陈群的《近代汉语程度副词研究》。

杨荣祥的《近代汉语副词研究》是我国第一部系统全面地研究近代汉语副词的专著。该书在其博士论文基础上修订而成，主要考察了晚唐五代到明代的副词。该书对近代汉语不同时代的一些有代表性的作品《敦煌变文集》《朱子语类》《新编五代史平话》《金瓶梅词话》等进行了穷尽性的研究，并结合了《祖堂集》《乙卯入国奏请（并别录）》《元曲选》《水浒传》等语料，整理出晚唐五代至明代汉语中使用的639个副词，讨论了近代汉语副词的分类，探讨了近代汉语副词的结构形式，分析了近代汉语副词的来源发展，考察了近代汉语副词的组合功能。在共时描写的同时，结合了近代汉语副词的历时考察，总结出了近代汉语副词发展的规律特点，探讨了近代汉语副词源流演变，对一些重要的近代汉语副词产生和消失的时代作出了判断，为汉语副词的研究提供了很有价值的理论依据和材料。

另一部是陈群的《近代汉语程度副词研究》，该书根据程度副词表示程度的高低把近代汉语程度副词分为五类，即"太"类、"更加"类、"最"类、"很"类、"稍"类。以类为纲，每一大类即为一章，考察了各副词的用法和历时发展脉络。不过他只考察了明清小说中出现的程度副词，考察范围略小。

此外，也有关于副词的综述类著作。蒋绍愚、曹广顺的《近代汉语语法史研究综述》概述了前人时贤对近代汉语副词的整体面貌或近代汉语某一时期或某一专书的研究成果，总结了学者对常用副词"都、也、还、休、别、就（即、便）、没、没有、好不、已经、只、纔（才）"的源流探讨，归纳了副词的来源和形成条件。

雷冬平的《近代汉语常用双音虚词演变研究及认知分析》在第二章"近代汉语常用双音副词演变研究"分别分析了"动词+头"类副词、推度副词"看/想来"、反义并列语素双音副词，以及"分外""非分""格外""破格"的语法化过程。[①]

这一时期学界掀起了关于专书研究的热潮，副词也不例外。例如，冯春田的《〈聊斋俚曲〉语法研究》、吴福祥的《〈朱子语类辑略〉语法研究》、刁晏斌的《〈三朝北盟会编〉语法研究》、曹炜的《〈水浒传〉虚词计量研究》等都讨论了近代汉语副词。

论文方面，主要集中于历时探源研究和对专书的研究。

关于历时的探源研究，不少论文都同语法化、词汇化相关理论相结合。对某个副词进行探源或历时演变研究根据副词的分类，基本可分为十类，其中研究较多的是程度副词、语气副词和时间副词。有关程度副词的研究有武振玉（2004）、卢惠惠（2005，2009）、张谊生（2007）、王秀玲（2007）、张振羽（2009）等。有关语气副词的研究有杨永龙（2000）、朱冠明（2002）、钟兆华（2002）、叶建军（2007a，2007b，2008）、李宇凤（2007）等。有关时间副词的研究有张亚军（2002）、唐贤清（2002a）、张谊生（2003a）、付义琴和赵家栋（2007）、雷冬平（2008a）等。此外，杨荣祥（2000）讨论了类同副词"亦""也"的发展情况；卿显堂（2003）总结了范围副词"尽情"的形式化标志；董正存（2008）探讨了情态副词"反正"产生的原因；席嘉（2003）、李宗江（2005）分别探讨了关联副词"可""倒"的历时发展演变情况；冯春田和王群（2006）在江蓝生（1991）的研究基础上，补充讨论了副词"别"的形成问题；李焱和孟繁杰（2007）对禁止副词"别"的来源问题提出异议，认为其来源是"不必"的合音化。

有的研究了一个副词的多种用法，如唐贤清（2003b）。

还有研究某类副词的，较有代表性的有唐贤清（2003a）、冯春田（2005）、姚琳（2006）等。

这一时期研究较多的专书有《祖堂集》《朱子语类》《型世言》等，如陈宝

---

① 雷冬平：《近代汉语常用双音虚词演变研究及认知分析》，中国社会科学出版社，2008，第55—118页。

勤（2004）、唐贤清（2002b，2003c，2003d）、郑燕萍和曹炜（2008）。

除了上述研究成果，还有一些副词和副词或其他词连用的相关研究，较有代表性的有：杨荣祥（2004）探讨了汉语史上的"副词并用"现象，张谊生（2003b）从共时和历时层面考察了"副+是"结构。

此外，副词相关研究还有杨淑敏（2000）、杨荣祥（2002）。

# 参 考 文 献

曹炜. 2001.《金瓶梅词话》中的结构助词和语气助词[J]. 苏州大学学报（哲学社会科学版），(3)：79-82.
曹炜. 2002.《金瓶梅词话》中的动态助词[J]. 古汉语研究，(3)：75-79.
曹炜. 2003. 近代汉语并列连词"并"的产生、发展及其消亡[J]. 语文研究，(4)：37-39.
曹炜. 2006. 近代汉语中被忽视的"和"类虚词成员"并"——以《金瓶梅词话》中"并"的用法及分布为例[J]. 古汉语研究，(4)：16-20.
曹炜. 2009.《水浒传》虚词计量研究[M]. 广州：暨南大学出版社.
曹秀玲，张磊. 2009. "否则"类连词的语法化梯度及其表现[J]. 汉语学习，(6)：11-21.
陈宝勤. 2004.《祖堂集》总括副词研究[J]. 学术研究，(2)：135-138.
陈群. 2006. 近代汉语程度副词研究[M]. 成都：巴蜀书社.
池昌海，凌瑜. 2008. 让步连词"即使"的语法化[J]. 江南大学学报（人文社会科学版），(2)：91-96.
刁晏斌. 2007.《三朝北盟会编》语法研究[M]. 开封：河南大学出版社.
丁喜霞. 2000.《歧路灯》助词"哩"之考察[J]. 古汉语研究，(4)：48-51.
董为光. 2004. 介词"打"来源补说[J]. 语言研究，(1)：77-80.
董正存. 2008. 情态副词"反正"的用法及相关问题研究[J]. 语文研究，(2)：12-16, 22.
冯春田. 2000. 近代汉语语法研究[M]. 济南：山东教育出版社.
冯春田. 2003a.《聊斋俚曲》语法研究[M]. 开封：河南大学出版社.
冯春田. 2003b. 合音式疑问代词"咋"与"啥"的一些问题[J]. 中国语文，(3)：234-241, 288.
冯春田. 2004a.《歧路灯》结构助词"哩"的用法及其形成[J]. 语言科学，(4)：29-37.
冯春田. 2004b. 聊斋俚曲里的假设助词"着"及相关问题[J]. 中国语文，(3)：241-246.
冯春田. 2005. 汉语"从/否"类副词的历史考察[J]. 语文研究，(4)：36-38.
冯春田. 2006a. 疑问代词"作勿"、"是勿"的形成[J]. 中国语文，(2)：135-141, 192.
冯春田. 2006b. 反诘疑问代词"那"的形成问题[J]. 语言科学，(6)：52-61.
冯春田. 2008a. 敦煌变文里的"若"系指代词及相关问题[J]. 山东大学学报（哲学社会科学版），(4)：26-29.
冯春田. 2008b. 试论疑问代词"若为"、"若箇"的来源[J]. 语言科学，7(6)：573-579.
冯春田. 2009. 汉语疑问代词演变的特殊规则[J]. 文史哲，(5)：138-146.
冯春田，王群. 2006. 副词"别"形成问题补议[J]. 汉语学报，(1)：35-38.
付义琴，赵家栋. 2007. 从明代小说中的"正"、"在"看时间副词"正在"的来源[J]. 中国语文，(3)：237-244, 288.
高文盛，席嘉. 2005.《朱子语类》中的让步连词"虽"及相关问题[J]. 江南大学学报（人文社会科学版），(5)：82-85, 89.
高育花. 2007. 元刊《全相平话五种》语法研究[M]. 开封：河南大学出版社.
何洪峰，苏俊波. 2005. "拿"字语法化的考察[J]. 语言研究，(4)：66-71.

何继军. 2008. 《祖堂集》中"那"的隐指用法[J]. 修辞学习, (6): 61-65.
江蓝生. 1991. 禁止词"别"考源[J]. 语文研究, (1): 42-47.
江蓝生. 2002. 时间词"时"和"後"的语法化[J]. 中国语文, (4): 291-301, 381.
江蓝生. 2004. 跨层非短语结构"的话"的词汇化[J]. 中国语文, (5): 387-400, 479.
蒋冀骋. 2003. 论明代吴方言的介词"捉"[J]. 古汉语研究, (3): 36-40.
蒋冀骋. 2005. 结构助词"底"来源之辨察[J]. 汉语学报, (1): 3-8, 95.
蒋冀骋, 徐朝红. 2009. 连词"正使"的产生和发展[J]. 汉语学报, (3): 43-46, 96.
蒋绍愚. 2005. 近代汉语研究概要[M]. 北京: 北京大学出版社.
蒋绍愚, 曹广顺. 2005. 近代汉语语法史研究综述[M]. 北京: 商务印书馆.
雷冬平. 2008a. 说"打头"有"刚刚"义[J]. 古汉语研究, (1): 69-72.
雷冬平. 2008b. 近代汉语常用双音虚词演变研究及认知分析[M]. 北京: 中国社会科学出版社.
李崇兴. 2002. 《元典章·刑部》中的"了"和"讫"[J]. 语言研究, (4): 66-71.
李泰洙. 2000a. 《老乞大》四种版本从句句尾助词研究[J]. 中国语文, (1): 47-56, 94.
李泰洙. 2000b. 古本《老乞大》的语助词"有"[J]. 语言教学与研究, (3): 77-80.
李文泽. 2001. 宋代语言研究[M]. 北京: 线装书局.
李焱, 孟繁杰. 2007. 禁止副词"别"来源再考[J]. 古汉语研究, (1): 52-56.
李宇凤. 2007. 也论测度疑问副词"莫"的来源[J]. 语言科学, (5): 44-55.
李宗江. 2005. 副词"倒"及相关副词的语义功能和历时演变[J]. 汉语学报, (2): 33-39, 95.
力量, 肖应平. 2006. "得"的语法化动因和机制[J]. 北方论丛, (1): 67-70.
力量, 解正明. 2005. 单音动词"得"的语法化过程[J]. 汉语学习, (6): 40-43.
梁吉平. 2009. 近代汉语"遮莫"一词用法及发展[J]. 清华大学学报(哲学社会科学版), (S2): 122-126, 144.
梁银峰. 2004a. 汉语事态助词"来"的产生时代及其来源[J]. 中国语文, (4): 333-342, 384.
梁银峰. 2004b. 时间方位词"来"对事态助词"来"形成的影响及相关问题[J]. 语言研究, 24(2): 54-59.
林新年. 2006a. 《祖堂集》的动态助词研究[M]. 上海: 上海三联书店.
林新年. 2006b. 唐宋时期助词"取"与"得"的差异[J]. 古汉语研究, (3): 49-54.
刘坚, 江蓝生, 白维国, 等. 1992. 近代汉语虚词研究[M]. 北京: 语文出版社.
刘敏芝. 2006. 宋代结构助词"底"的新兴用法及其来源[J]. 中国语文, (1): 59-64, 96.
刘子瑜. 2003. 也谈结构助词"得"的来源及"V得C"述补结构的形成[J]. 中国语文, (4): 379-381.
卢惠惠. 2005. 近代汉语程度副词"十分"的语法化及其特殊用法[J]. 语言研究, (2): 37-39.
卢惠惠. 2009. 近代汉语程度副词"老"的语法化[J]. 语言研究, (4): 97-101.
卢烈红. 1998. 《古尊宿语要》的近指代词[J]. 武汉大学学报(哲学社会科学版), (5): 97-103.
卢烈红. 2001. "这"单独作主语问题补证[J]. 古汉语研究, (4): 37-40.
吕叔湘. 1985. 疑问·否定·肯定[J]. 中国语文, (4): 241-250.
马贝加. 2000. 对象介词"将"的产生[J]. 语言研究, (4): 36-41.
马贝加. 2002. 近代汉语介词[M]. 北京: 中华书局.
马贝加. 2003. 在汉语历时分析中如何区分动词和介词[J]. 中国语文, (1): 59-65, 96.
马贝加. 2009. 原因介词"坐"的产生[J]. 语言研究, (2): 43-46.
马贝加, 陈伊娜. 2006. 瓯语介词"代"的功能及其来源[J]. 汉语学报, (3): 35-42, 96.
卿显堂. 2003. 副词"尽情"的形式化标志[J]. 古汉语研究, (3): 54-56.
唐贤清. 2002a. 副词"逐旋"杂议[J]. 中南工业大学学报(社会科学版), (3): 283-286.
唐贤清. 2002b. 《朱子语类》中的副词"大段"[J]. 湖南大学学报(社会科学版), (6): 80-83.
唐贤清. 2003a. 汉语"渐"类副词演变的规律[J]. 古汉语研究, (1): 37-42.
唐贤清. 2003b. 近代汉语副词"可煞"的演变规律[J]. 中南大学学报(社会科学版), (1): 124-127.
唐贤清. 2003c. 《朱子语类》重叠式副词的类型[J]. 中南大学学报(社会科学版), (4): 547-551.
唐贤清. 2003d. 《朱子语类》重叠式副词的语义、语法分析[J]. 湖南大学学报(社会科学版), (5): 85-88.

王秀玲. 2007. 程度副词"分外"的来源及其发展[J]. 古汉语研究,(4):80-85.
魏达纯. 2004. 近代汉语简论[M]. 广州:广东高等教育出版社.
吴福祥. 2002. 汉语能性述补结构"V得/不C"的语法化[J]. 中国语文,(1):29-40, 95.
吴福祥. 2003. 汉语伴随介词语法化的类型学研究——兼论SVO型语言中伴随介词的两种演化模式[J]. 中国语文,(1):43-58, 96.
吴福祥. 2004a. 敦煌变文12种语法研究[M]. 开封:河南大学出版社.
吴福祥. 2004b. 《朱子语类辑略》语法研究[M]. 开封:河南大学出版社.
武振玉. 2004. 程度副词"非常、异常"的产生与发展[J]. 古汉语研究,(2):67-71.
席嘉. 2003. 转折副词"可"探源[J]. 语言研究,(2):80-83.
席嘉. 2004. 与副词"只"有关的几个连词的历时考察[J]. 武汉大学学报(人文科学版),(6):744-749.
席嘉. 2006. 与"组合同化"相关的几个连词演化的考察[J]. 语言研究,(3):93-96.
肖奚强,王灿龙. 2006. "之所以"的词汇化[J]. 中国语文,(6):531-538, 576.
邢福义,姚双云. 2007. 连词"为此"论说[J]. 世界汉语教学,(2):14-20, 2.
徐朝红,易永姣. 2007. 副词"顺路"的产生和发展[J]. 古汉语研究,(3):86-90.
杨荣祥. 2000. 近代汉语中类同副词"亦"的衰落与"也"的兴起[J]. 中国语文,(1):57-64.
杨荣祥. 2002. 副词词尾源流考察[J]. 语言研究,(3):66-72.
杨荣祥. 2004. 论汉语史上的"副词并用"[J]. 中国语文,(4):343-350, 384.
杨荣祥. 2005. 近代汉语副词研究[M]. 北京:商务印书馆.
杨淑敏. 2000. 元明白话某些新兴副词探析[J]. 东岳论丛,21(2):138-140.
杨永龙. 2000. 近代汉语反诘副词"不成"的来源及虚化过程[J]. 语言研究,(1):107-119.
杨永龙. 2001. 《朱子语类》完成体研究[M]. 开封:河南大学出版社.
杨永龙. 2002. 汉语方言先时助词"着"的来源[J]. 语言研究,(2):1-7.
杨永龙. 2003. 句尾语气词"吗"的语法化过程[J]. 语言科学,(1):29-38.
杨永龙. 2005. 从稳紧义形容词到持续体助词——试说"定"、"稳定"、"实"、"牢"、"稳"、"紧"的语法化[J]. 中国语文,(5):408-417, 479.
姚琳. 2006. 由"立"组成的短时类时间副词的演化[J]. 南开语言学刊,(1):75-81, 166.
叶建军. 2007a. 疑问副词"莫非"的来源及其演化——兼论"莫"等疑问副词的来源[J]. 语言科学,(3):10-20.
叶建军. 2007b. 测度副词"敢"、"敢是"的形成及其演化[J]. 上饶师范学院学报,(4):79-82.
叶建军. 2008. 疑问副词"还"溯源[J]. 安徽大学学报(哲学社会科学版),(1):68-71.
袁宾,张秀清. 2005. 禅录词语"专甲"与"某专甲"源流考释[J]. 中国语文,(6):557-560.
袁宾,徐时仪,史佩信,等. 2001. 二十世纪的近代汉语研究[M]. 太原:书海出版社.
袁雪梅. 2009. 中古汉语连词"不问"的形成[M]//四川师范大学汉语研究所编. 语言历史论丛(第三辑). 成都:巴蜀书社:124-136.
曾晓洁. 2006. 略论"即使"类连词的源与流——兼及该类连词的归类问题[J]. 湖南第一师范学报,(4):120-122.
翟燕. 2008a. 明清山东方言中的比拟助词"也似"及其来源问题[J]. 语文研究,(1):54-57.
翟燕. 2008b. 明清山东方言助词研究[M]. 济南:齐鲁书社.
张赪. 2002. 汉语介词词组词序的历史演变[M]. 北京:北京语言文化大学出版社.
张俊阁. 2006. 明清山东方言指示代词"这"、"那"单独表处所略说[J]. 山东社会科学,(12):93-94.
张俊阁. 2007. 汉语第一人称代词"俺"的来源[J]. 河北大学学报(哲学社会科学版),(1):104-108.
张睿. 2009. 从状动短语到条件连词——"只有"语法化的发展历程和演化动因[J]. 淮北煤炭师范学院学报(哲学社会科学版),(6):114-118.
张亚军. 2002. 时间副词"正"、"正在"、"在"及其虚化过程考察[J]. 上海师范大学学报(哲学社会科学版),(1):46-55.
张亚茹. 2005. 《红楼梦》中的并列连词[J]. 语言教学与研究,(3):33-39.
张谊生. 2003a. 从"曾经"的功能扩展看汉语副词的多能性[J]. 汉语学习,(5):1-9.

张谊生. 2003b. "副+是"的历时演化和共时变异——兼论现代汉语"副+是"的表达功用和分布范围[J]. 语言科学, (3): 34-49.
张谊生. 2007. 从间接的跨层连用到典型的程度副词——"极其"词汇化和副词化的演化历程和成熟标志[J]. 古汉语研究, (4): 64-70.
张振羽. 2009. "尤其"的词汇化及相关问题[J]. 语言科学, (1): 51-56.
赵长才. 2002. 结构助词"得"的来源与"V得C"述补结构的形成[J]. 中国语文, (2): 123-129, 190.
赵日新. 2001. 说"在"及相当于"在"的成分[J]. 语文研究, (4): 6-12.
郑燕萍, 曹炜. 2008. 《型世言》程度副词计量研究[J]. 汉语学报, (1): 27-32, 95.
钟兆华. 2002. 疑问副词"何忽"[J]. 语文研究, (4): 4-8, 18.
周刚. 2002. 连词与相关问题[M]. 合肥: 安徽教育出版社.
周芍, 邵敬敏. 2006. 试探介词"对"的语法化过程[J]. 语文研究, (1): 24-30.
周晓林. 2007. 近代汉语语法现象考察: 以《老乞大》《朴通事》为中心[M]. 上海: 学林出版社.
朱冠明. 2002. 副词"其实"的形成[J]. 语言研究, (1): 32-37.
祖生利. 2002. 元代白话碑文中助词的特殊用法[J]. 中国语文, (5): 459-472, 480.

# 第六章　二十一世纪一十年代的近代汉语虚词研究

## 第一节　二十一世纪一十年代的近代汉语连词研究

到了二十一世纪一十年代（2010—2019年），近代汉语连词的研究进入繁荣鼎盛期。就近代汉语连词研究的专著而言，这一时期诞生了一批近代汉语连词研究的专书，不仅包括连词的断代研究专书，还包括连词的语义、语用研究专书，以及某类连词的研究专书等；就近代汉语连词研究的论文而言，这一时期关于近代汉语某类连词的研究成果大量增加，近代汉语连词研究的商榷性文章也频频出现。总体而言，无论是以专著形式，还是以论文形式，近代汉语连词研究的成果在这一时期都得到了长足的发展。

二十一世纪一十年代初，关于近代汉语连词研究最突出的成果就是席嘉于2010年出版的《近代汉语连词》（图41）一书，这是学界第一部关于近代汉语连词研究的专书。该书对晚唐五代至清末的连词进行了梳理，较为全面地揭示了近代汉语连词系统的面貌。全书共分为十二章，第一章为引言，第二章到第十一章依次讨论了并列连词、承接连词、选择连词、递进连词、条件连词、假设连词、让步连词、转折连词、因果连词、目的连词等十类连词，选取了近代汉语中的400多个连词进行逐个考察，分析了每个连词的主要功能，且对每个连词在不同时期

图 41 《近代汉语连词》

的发展演变特点进行了总结。值得注意的是，除了对近代汉语连词的描写，该书还对前人的研究成果进行了系统整理，并补充了一批前人未涉及的词条或义项。最后一章为全书的结论部分，这部分主要就连词来源的多样性及其原因、连词演化的主要条件、连词演化过程的认知解释、连词语法化机制以及连词的演化与韵律规则等几个方面进行了总结。总体而言，这本书基本上囊括了近代汉语时期的连词，卢烈红在该书的序言中作如下评价："堪称目前近代汉语连词最全面、最系统的研究成果。"①

这一时期关于近代汉语连词断代研究的专著除了《近代汉语连词》之外，还有谢洪欣的《元明时期汉语连词研究》一书，这本书在作者博士论文的基础上修改而成，是研究元明时期汉语连词的学术专著。该书对《元刊杂剧三十种新校》《近代汉语语法资料汇编（元代明代卷）》《金瓶梅词话》等三部文献中的183个连词进行了计量考察，且将这一时期的连词分为联合和偏正两大类，其中联合类下分为并列、承接、递进、选择四类，偏正类下分为假设、因果、让步、条件、转折、目的等六类。在分析过程中，作者还常用语法化理论和方法，结合了语义学、认知心理学等理论思想，对每一类连词中的有代表性的词的源头及其形成作出论证，如递进连词"不但、不独、不惟"的形成、条件连词"不拣、不论、不

---

① 席嘉：《近代汉语连词》，中国社会科学出版社，2010，序第2页。

管、不拘"的形成、假设连词"要着、万一、不是"的形成等。值得注意的是，该书在对《元刊杂剧三十种新校》《近代汉语语法资料汇编（元代明代卷）》《金瓶梅词话》等三部文献中的连词进行专书描写分析的基础上，还对这三部文献之间的连词类型及各自的用法进行了比较分析，同时也对这三部文献中特殊连词形式及某些连词的特殊用法与现代的形式及用法作了比较分析，通过这些比较分析我们可以清楚地看出现代汉语连词系统在元明时期就已经初步发展成熟。

徐朝红的《汉语连词语义演变研究》（图42）一书是从语义演变角度来观察连词演化的专著。该书通过调查语言资料，对连词从上古到中古再到近现代时期的语义演变路径进行了描述，其中对近现代部分连词的语义演变描述尤为细致，在讨论的过程中，徐氏通常会把同一类连词的语义功能进行对比分析，如在谈到连词"虽即""遮莫""即使"等词时，该书提到："近现代汉语时期的'虽即''遮莫''即使'都有让步条件和让步两种功能，不同的是，'虽即''遮莫'的让步条件功能逐渐消亡，发展演变到后来只剩下让步功能；而'即使'自产生起一直以让步条件功能为主，让步功能的解读至现代汉语时期才产生。"[①]总体而言，与以往从汉语句法学框架下进行的研究不同，该书对近代汉语连词的研究聚焦于连词的语义演变，是第一部汉语连词语义演变的专著。

图42 《汉语连词语义演变研究》

---

[①] 徐朝红：《汉语连词语义演变研究》，湖南师范大学出版社，2017，第35页。

值得注意的是，这一时期还新出现了某类连词的研究专著，以史冬青的《汉语并列关系连词通释》一书为代表。该书讨论了240个包括并列、承接、递进、选择四个类别的并列关系连词，归纳总结了这些连词从上古、中古到近代汉语的发展演变规律，其中对近代汉语并列关系连词的讨论尤为详尽。该书通过对《祖堂集》《敦煌变文集》《朱子语类》《金瓶梅词话》《醒世姻缘传》等近代汉语文献中并列关系连词的考察，对近代时期汉语并列关系连词的发展演变规律进行了总结，将近代汉语并列连词分为单音并列连词、复音并列连词和框式并列连词三大类，且每个分类下面仅讨论近代新出现的连词。总体来看，该书对于我们研究近代汉语并列关系的连词有借鉴意义，但在讨论的过程中缺乏对每个连词的分析，也没有作相关的计量研究，有例证堆砌之嫌。

近年来随着词汇化研究的深入，很多学者开始关注汉语并入现象，尤其是对连词词汇化过程中的代词并入现象，如张田田的《汉语代词并入现象研究》一书便是汉语代词并入现象研究的专著。该书在第二章第三部分以"诚然"为例讨论了并入时间在近代时期的连词化现象，且指出"诚然"的连词用法出现在清代[①]，之后作者也讨论了"否则"和"管他"的连词化现象。

这一时期新出现了一批关于近代汉语词汇和语法研究的专著，均对近代汉语连词的用法进行了考察。

吴福祥在其《近代汉语语法》（图43）中对近代汉语连词的来源、演变和发展进行了考察，主要分为三个部分：第一部分以吴福祥（1996）、蒋冀骋和吴福祥（1997）的研究作为基础，介绍了连词的概念和分类，并对近代汉语中几个比较重要的连词的发展演变进行了考察；第二部分描写了近代汉语中联合关系连词的用法，同时也梳理了这些连词从上古发展到近代的演变过程；第三部分则描写了主从关系连词的用法。最后，该书还总结了联合关系连词和主从关系连词在近代的发展演变特点，如联合关系连词中的并列连词"不仅产生了单音节并列连词'和''同''跟''与'，而且新生了框式结构'一边……一边''一来……二来……'等，并且这些连词自产生后一直沿用至今"[②]，主从关系连词一个典

---

[①] 张田田：《汉语代词并入现象研究》，学林出版社，2017，第31页。
[②] 吴福祥：《近代汉语语法》，中国社会科学出版社，2015，第244页。

型的特征是"连词的语义范畴的转移"等。

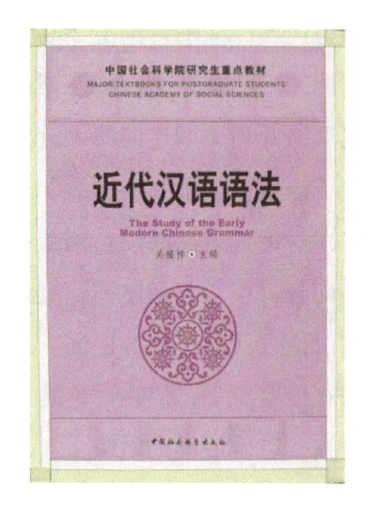

图 43 《近代汉语语法》

钟兆华在其《近代汉语虚词研究》(图44)中也考察了近代汉语连词的用法，将近代汉语连词分为并列连词、进层连词、假设连词、让步连词和选择连词五大类，其中并列连词包括"和""并""洎""兼""将""共""同"等，进层连词包括"兼""仍"等，假设连词包括"若还""必若""忽然""要"等，让步连词包括"假使""假饶""就是""便"等，选择连词包括"将""为""还"等，每个连词设一节，主要讨论了它们的来源与发展以及在近代汉语中的使用情况。虽说是近代汉语连词的研究，但该书全面细致地考察了每个连词的来源与发展，如在讨论连词"和"时，作者首先对学界关于"和"的来源问题的争议进行了讨论，之后通过"和"在文献中出现的情况具体确定了"和"最早出现的时代是南北朝后期，进而用简明的话语总结出了"和"的使用特点："连词'和'使用之初，是以连接并列的名物词的。在唐、宋及以后的使用中有所发展，用以连接形容词、动词及动词短语，表示并列关系。"[①]最后，作者还对学界关于"和"的来源的争议进行了评述，提出了自己的看法。

---

① 钟兆华：《近代汉语虚词研究》，中国社会科学出版社，2011，第92页。

图44　《近代汉语虚词研究》

力量的《近代汉语语法研究》根据所关联的词语之间的意义关系，将近代汉语中的连词分为并列、承接、递进、选择、转折、假设、条件和因果等八大类，并在每一类下列举一些词，分别举例说明。该书重点说明了连词在近代汉语和现代汉语中的不同之处，如在讨论"一面"[①]的用法时，作者分别从单用和多用两个方面对"一面"在近代和现代的不同用法作了说明。但总体而言，该书对近代汉语连词的讨论着力不多，对部分连词的分析不是很详细。

专书的近代汉语连词研究在这一时期仍然十分盛行,较有代表性的是曹广顺、梁银峰、龙国富的《〈祖堂集〉语法研究》，杨永龙、江蓝生的《〈刘知远诸宫调〉语法研究》，李崇兴、祖生利的《〈元典章·刑部〉语法研究》，曹炜的《〈型世言〉虚词计量研究》和《〈金瓶梅词话〉虚词计量研究》等。

曹广顺、梁银峰、龙国富的《〈祖堂集〉语法研究》在第四章"连词"部分将《祖堂集》中的连词分为关联连词和单纯连词两大类，其中关联连词按复句的类型又分为因果类连词、并列类连词、转折类连词等三类，在每个分类下作者又做了详尽的分类，如因果类连词又分为表因果关系、表推断关系、表假设关系、表条件关系和表目的关系等几类。值得注意的是，该书在讨论关联连词时，也会将一些语义相近的连词进行对比分析，如在论及"尚"和"犹"的用法时提到：

---

[①] 力量：《近代汉语语法研究》，南京大学出版社，2016，第257页。

"时间副词的用法以'犹'为主,连词的用法以'尚'为主。"①单纯连词部分则主要讨论了"与""而""且""并""兼"等五个连词的用法,其中"与"主要表并列关系,而其余四个连词则兼起关联功能,同时又是关联连词。总体而言,这一时期的关联连词已经以双音连词为主,单纯连词则全部由单音连词组成。

杨永龙、江蓝生的《〈刘知远诸宫调〉语法研究》在第六章"连词"部分将《刘知远诸宫调》中的连词分为并列和选择、承接和递进、因果与目的、假设与条件、让步与转折等五大类,且分别对每一类下的每个连词做了计量考察。在讨论同类连词时,该书常把同类的几个连词放在一起讨论,之后再分别举例说明,如在讨论到因果连词"因""为""因为"时,该书提到:"三个词句法功能和语法意义基本相同,用在原因小句的谓语之前,引出原因;后面另有后续小句表示由此而来的结果。"②此外,与别的专书连词的研究不同的是,该书常分析连词所处的句式,对我们了解连词所处句式的演变情况有很大帮助。

李崇兴、祖生利的《〈元典章·刑部〉语法研究》则讨论了元代《元典章·刑部》中连词的用法,该书将这一时期的连词分为并列关系连词、选择关系连词、递进关系连词、因果关系连词、假设关系连词、条件关系连词、让步关系连词、转折关系连词和顺承关系连词等九大类。作者对每一个连词均进行了计量描写,且对同类连词的使用规律也进行了总结,如将假设连词"不拣""拣""任""不以""不问""无问""不论"等分为三种情况:"'不拣''拣''任'后头只跟疑问代词。'不以'后头既能跟疑问代词,又能跟并列词组。疑问代词都是'何','不以'和'何'之间必用'是'字。跟并列词组的时候,并列的两项义相反对。'不问''无问''不论'的后头只跟并列词组。"③这对于我们在不同情形下正确使用假设连词有很大帮助,但由于同一个连词可以表达多种关系,如"并"既可以表示并列关系,也可以表示递进关系,该书在分类上是不够严谨的。

除此之外,曹炜的《〈金瓶梅词话〉虚词计量研究》和《〈型世言〉虚词计量研究》也是近代汉语专书中连词研究的重要著作。

---

① 曹广顺、梁银峰、龙国富:《〈祖堂集〉语法研究》,河南大学出版社,2011,第252页。
② 杨永龙、江蓝生:《〈刘知远诸宫调〉语法研究》,河南大学出版社,2010,第182页。
③ 李崇兴、祖生利:《〈元典章·刑部〉语法研究》,河南大学出版社,2011,第147页。

《〈金瓶梅词话〉虚词计量研究》中将《金瓶梅词话》中的连词分为并列连词、递进连词、顺承连词、选择连词、假设连词、条件连词、转折连词、因果连词和目的连词等九大类,且对每一类下的每一个连词均进行了计量分析。该书对《金瓶梅词话》中连词用法的总结十分详尽细致,如在讨论到连词"且"时,作者总结了"且"的三种用法:"'且'用在同一句组的后一句子句首,表递进……'且'用在复句中的后一分句句首,表递进……'且'用在单句中两个谓词性词语之间,表递进。"[①]

《〈型世言〉虚词计量研究》则将《型世言》中的连词分为十大类,相对于《金瓶梅词话》,增加了让步连词这一类。该书对《型世言》中的连词系统进行了全面的计量考察,并通过与明代早中期文献和清代文献的对比研究,勾勒出了明末连词系统的特点。同时,在考察《型世言》连词系统的过程中,该书还补充了《水浒传》等文献中的例证,使得观点更具说服力。这两本书基本上对明代的连词系统进行了全面详尽的考察,对我们了解明代的连词概貌有很大帮助。

到了二十一世纪一十年代,关于近代汉语连词研究的文章大量出现。相对于二十一世纪初十年,这一时期近代汉语连词研究的特点主要表现在:近代汉语连词研究的文章在数量上达到全盛;关于某类连词的研究成果,除了之前比较常见的并列连词和让步连词的成果之外,这一时期学界对假设连词、转折连词以及表果连词也予以了较多的关注;关于连词语法化的研究成果也大量增加,且更多为双音连词的语法化。

近代汉语中的并列连词仍然是这一时期学界比较关注的一类连词,与二十一世纪初十年相比,这一时期关于并列连词的研究不再局限于专书中某个并列连词的考察,而更多关注并列连词整体的发展演变历程以及其来源探析,较有代表性的是张莹(2010)、宋青和曹炜(2012)、唐钰明和徐志林(2015)、徐朝红(2016a)、崔山佳(2017)等。

张莹的《并列连词来源探析》对并列连词的来源问题进行了考察,该文首先介绍了近代汉语并列连词的概貌,之后从两个方面讨论了近代汉语并列连词的来

---

[①] 曹炜:《〈金瓶梅词话〉虚词计量研究》,暨南大学出版社,2011,第233页。

源:"一是源于连词领域外,即由连词外的其他词类或结构语法化而成;一是源于连词领域内,即连词系统自身调整和发展的结果,表现为功能上的转类或者音节上的扩展。"①这也是学界较早对近代汉语并列连词来源问题进行考察的研究成果。

宋青、曹炜的《北京话并列连词的历史嬗变(1750-1950)》则对北京话中的并列连词进行了考察。该文以《红楼梦》(前八十回)、《儿女英雄传》、《正红旗下》等三部著作为语料,对北京话中并列连词的发展演变情况进行了梳理,进而得出这一时期并列连词发生的变化主要表现在:"连词功能总体上呈现出'抛物线'形的发展轨迹,即先由单一化逐步向复杂多样化转变,然后再转变为相对单一化。"②

之后,唐钰明、徐志林的《汉语并列连词的历史演变》对汉语并列连词的历史演变进行了考察,指出汉语并列连词经历了从动词到介词再到连词的虚化过程,且在现代汉语方言地域分布中表现为两大不同系统,客、粤、闽方言中保留了中古乃至上古的用法,而北方方言、湘方言和赣方言则直接传承了近代汉语中并列连词的用法。作者仅对并列连词的主体部分"暨、及、与、和、跟"等进行了讨论,其中除了连词"暨",其余连词均在近代汉语中出现。

徐朝红的《并列连词"合"的语义演变历程》对并列连词"合"的语义演变过程进行了考察。关于并列连词"合"的来源,学者有不同的看法,徐氏首先对这些观点进行了梳理,并通过调查得出了"合"的演变路径是从动词到伴随介词最后到并列连词,且提出"合"产生于中古汉语中。之后,徐氏对"合"的发展演变路径进行了描写,即"产生于中古南北朝时期,发展于近代明清时期,消亡于现代汉语,但在现代汉语部分方言里还存在"③。并列连词"合"发展于明清时期,因此作者提出"合"的发展演变受"和"的影响。

崔山佳的《〈聊斋俚曲集〉并列连词"合"、"和"连接非名词性词语考察》则对《聊斋俚曲集》中的并列连词"合"和"和"进行了考察,《聊斋俚曲集》

---

① 张莹:《并列连词来源探析》,《宁夏大学学报》(人文社会科学版),2010年第2期。
② 宋青、曹炜:《北京话并列连词的历史嬗变(1750-1950)》,《学术交流》2012年第2期。
③ 徐朝红:《并列连词"合"的语义演变历程》,《湖南科技大学学报》(社会科学版),2016年第5期。

是近代汉语中口语化程度较高的文献，其中既有连词"合"，也有连词"和"。崔氏对学界的"并列连词连接非名词性词语是欧化语法现象"[1]提出了疑问，并提出这种现象是汉语固有的语法现象，而非欧化语法现象。

二十一世纪初十年学界对近代汉语让步连词的关注主要集中在"即使""虽"等的考察上，到了一十年代近代汉语让步连词的研究成果逐渐减少，但仍然存在，较有代表性的是周晓林和王进超（2011）等。元明时期是研究汉语让步连词的一个重要的历史时期，周晓林和王进超的《元明时期汉语让步连词的若干特点》选取了元明时期的六种比较重要的文献，运用计量统计的方法，从音节结构、使用方式、连接语言单位、句法位置以及历时比较等方面对这些文献中的让步连词进行了考察，并对其主要特点进行了概括，对我们了解近代汉语让步连词的特点有很大帮助。

除了并列连词和让步连词，这一时期学者也开始关注假设连词、转折连词以及表果连词等，其中假设连词和转折连词的研究成果较多。

对近代汉语假设连词的研究较有代表性的有徐朝红和胡世文（2010）、潘志刚（2011）、宋青（2011）、张雪平（2017）等。徐朝红、胡世文的《假设连词"脱"的产生和发展》从语法化的角度讨论了假设连词"脱"的来源。假设连词"脱"是中古的新生连词，该文通过考察它在汉语史上的发展，发现近代汉语时期假设连词"脱"的语法功能并没有超出中古时期的"脱"，且提出"近代汉语时期，连词'脱'成为一个'文言连词'，主要出现在唐宋文言性质较强的文献里，口语性较强的文献里几乎不见用例"[2]，有助于我们了解假设连词"脱"在近代的使用情况。潘志刚的《论敦煌变文中的"忽"类假设连词》指出"忽"作假设连词也产生于中古时期。潘氏通过对敦煌变文中的"忽"类假设连词的讨论，对"忽"类假设连词的来源问题进行了探讨，且对蒋礼鸿在《敦煌变文字义通释》中提出的"忽"作假设连词是"或"的同音假借字的观点提出了质疑，认为："'忽'作假设连词是中古新产生出的用法，是由作副词表示'突然''忽然'义的'忽'

---

[1] 崔山佳：《〈聊斋俚曲集〉并列连词"合"、"和"连接非名词性词语考察》，《蒲松龄研究》2017年第1期。

[2] 徐朝红、胡世文：《假设连词"脱"的产生和发展》，《古汉语研究》2010年第2期。

语法化而形成的。"①之后，潘氏又通过对近代汉语中假设连词"忽"的用法的考察，发现"忽"类假设连词到明代已经从口语中消失了。因此，我们可以发现"忽"类假设连词产生于中古时期，在近代比较常见，到明代逐渐消失。宋青的《明末清初山东方言反证假设连词考察——以〈醒世姻缘传〉为例》对明末清初山东方言中的反证假设连词进行了考察，该文首先指出："反证假设类连词所假设的情况是与将来或应有的情况相反的一种情况，反证假设连词连接的后一分句是在完全相反的情况下出现的结果。"②之后，对《醒世姻缘传》中出现的"不然""若非""若不""若不是""如不然"等十个反证假设连词进行了计量考察，发现这一时期的反证假设连词绝大多数为近代汉语新产生的连词，且全部为双音节或三音节连词，我们从中可以看出现代汉语反证假设连词的雏形。张雪平的《〈红楼梦〉〈歧路灯〉〈儒林外史〉假设连词的使用比较》则对《红楼梦》《歧路灯》《儒林外史》这三部小说中的假设连词进行了穷尽统计和比较分析，并对其使用特点及成因进行了分析，通过对其中的假设连词及假设标记使用的分析，进而得出结论："三部小说的语言还偏于近代汉语，跟现代汉语存在明显差异。"③

近代汉语中的转折连词在这一时期也备受学者关注，较有代表性的有何潇（2016）、郭燕妮（2017）等。何潇的《试论限定性范围副词兼转折连词的历时演变——以"但是"、"不过"、"只是"为例》以"但是""只是""不过"为例，对其由跨层结构演变为转折连词的过程进行了分析。何氏通过文献的考察，提出这些词语在唐代已经开始虚化为转折连词，"唐五代时期的'但是''只是'和宋元时期的'不过'虽然已经具有转折语义，但副词的限制语义仍旧明显，形成转折义微弱的限定补充式转折"④。宋元时期的"但是"和明清时期的"不过"则主要出现在因果违逆式转折中，而"只是"仍停留在限制补充式转折阶段。之

---

① 潘志刚：《论敦煌变文中的"忽"类假设连词》，《敦煌研究》2011年第1期。
② 宋青：《明末清初山东方言反证假设连词考察——以〈醒世姻缘传〉为例》，《常州工学院学报》（社科版），2011年第5期。
③ 张雪平：《〈红楼梦〉〈歧路灯〉〈儒林外史〉假设连词的使用比较》，《汉语言文学研究》2017年第4期。
④ 何潇：《试论限定性范围副词兼转折连词的历时演变——以"但是"、"不过"、"只是"为例》，《汉语学习》2016年第6期。

后，何氏对转折语义强度变化的原因进行了解释。

郭燕妮的《转折连词"但是"的语法化》则讨论了转折连词"但是"的语法化问题，"但是"最早出现于南北朝时期，在宋代开始大量出现。郭氏将宋代《朱子语类》中"但是"构成的句子分成了五种类型，之后又在共时平面推测的基础上，针对后四种类型中"但是"分别产生的时代及其句法语义特征作了历时的考察。通过郭氏的共时和历时考察，我们可以发现，"但是"的连词性质直到清代才占据主导地位。

除此之外，也有学者关注到了表果连词的使用情况，李为政的《表果连词"因而"的形成和演变》对表果连词"因而"的发展演变情况进行了讨论，且提出："表果连词'因而'是由先秦'接下去实施了某种行为'义非短语结构语法化而成的，时间是在明代。"[①]该文通过对《水浒传》《型世言》等文献中表果连词"因而"的考察，对"因而"从明代向现代发展过程中在表因连词的搭配、所接结果句主语的位置、表因果关系的类型、所处的语义域等四个方面发生的变化进行了总结，同时也考察了发生这些变化的原因。

近代汉语连词的语义演变也受到了学界的关注，徐朝红发表了一系列关于近代汉语连词语义演变的文章，其中主要为假设条件连词和让步连词的演变情况。徐朝红的《从时间范畴到假设条件连词的演变——以"还""向"为例》以"还""向"为例，对"持续义""追溯义"的时间范畴向条件范畴的语义演变情况进行了考察。徐氏首先对条件连词"还"的用法及其来源进行了全面考察，且总结出："'还'作假设连词，肇始于魏晋，兴盛于宋元，明代以后零星可见。'还'作假设连词，主要出现在韵文里，如唐诗宋词元曲。"[②]之后，从语法演变的机制出发，对语义演变的原因进行了总结，提出这个演变主要是通过重新分析和扩展这两个机制实现的。

之后，徐朝红又对让步连词的语义演变进行了考察，包括从让步条件连词到让步连词的语义演变、从时间范畴到让步范畴的演变等。徐朝红的《让步条件连词到让步连词的语义演变》将汉语史中让步条件连词到让步连词的语义演变按演

---

① 李为政：《表果连词"因而"的形成和演变》，《南昌师范学院学报》2017 年第 2 期。
② 徐朝红：《从时间范畴到假设条件连词的演变——以"还""向"为例》，《语言研究》2016 年第 3 期。

变时间分为三个阶段，其中就包括近现代时期发生演变的"虽即""遮莫""即使"等，进而得出结论："近现代汉语的'虽即''遮莫''即使'都有让步条件和让步两种功能，所不同的是，'虽即''遮莫'的让步条件功能逐渐消亡，到后来只剩下让步功能；而'即使'自产生起一直以让步条件功能为主，让步功能的解读至现代汉语时期才产生。"①由此可以清晰地看出近代让步条件连词向让步连词演变的过程。徐朝红的《从时间范畴到让步范畴——以"正""每"的演变为例》探讨了时间范畴向让步范畴的演变，单音让步条件连词"正"在中古近代汉语中使用频率不高，"主要通过同义连用和附加词缀等方式构成'正使''正复'等双音节连词"②，而"每"的使用情况也和"正"类似。"正"在"正在"义基础上演变为让步条件连词，"每"在"常常"义的基础上语法化为让步连词，徐氏同时也分析了这种演变发生的语用机制。

到了二十一世纪一十年代，关于近代汉语连词的研究论文大多以双音连词作为研究对象，也有少数单音连词的研究成果，较有代表性的有赵川兵（2010）、骆锤炼和马贝加（2015）等。赵川兵的《连词"和"的来源及形式》探讨了连词"和"的来源问题，作者首先从音、形、义三个方面对"和"和"龢"进行了对比分析，得出"和"和"龢"属于同一个词，之后又通过对文献中"和"的句法语义特点的考察得出结论："中唐以后'和'发展较快，但'和'的真正盛行是在宋代。"③且连词"和"的最早用例在《聊斋俚曲》中。骆锤炼、马贝加的《连词"从"的产生再议》则讨论了连词"从"的用法，连词"从"的"虽然"义、"无论"义和"即使"义分别表示让步、无条件和纵予功能，该文对这三种语义下的"从"进行了考察，发现这三种语义都与"听任"义动词"从"有语义来源关系，连词"从"的三种语义大多产生于宋代以后。

进入二十一世纪以来，结合代词的虚化来讨论汉语连词语法化和词汇化的课题逐渐引起学界的关注，较有代表性的有丁健（2011）、张俊阁（2011a）、张田田（2012）、潘晓军（2015）等。丁健的《"X然"的连词化——兼谈从代词结

---

① 徐朝红：《让步条件连词到让步连词的语义演变》，《语言科学》2017年第5期。
② 徐朝红：《从时间范畴到让步范畴——以"正""每"的演变为例》，《汉语学报》2017年第3期。
③ 赵川兵：《连词"和"的来源及形式》，《古汉语研究》2010年第3期。

构到连词的演化模式》讨论了"X 然"的连词化问题。"然"在中古之前是一个代词,"中古时期以后,随着词汇化程度的加深,代词'然'在语义上逐渐减弱,并丧失指代功能,最终虚化为一个后缀"①。这样,跨层结构"X 然"就被重新分析为一个连词了。在讨论"X 然"的连词化的过程中,丁氏通过对《敦煌变文集》《清平山堂话本》《清史稿》等近代文献中"X 然"结构的分析考察,总结出了"X 然"词汇化的三个重要因素,即词义、韵律、语序等。张俊阁(2011a)则讨论了指示代词并入引起的连词化现象,他以明清时期具有山东方言背景的文献材料(《金瓶梅词话》《聊斋俚曲》《醒世姻缘传》等)为基础,对其中的"这""那"和"这么""那么"的用法进行了描写,发现"这""那"以及"那么"都在近代发展出了连词的用法,且对指代词虚化成连词的虚化特点及原因进行了总结。张田田的《句法结构"管他"的连词化与标记化》也讨论了代词并入引起的连词化现象。该文对动词"管"与代词宾语"他"构成的连词"管他"进行了考察,"管他"的最早用例见于宋代,刚开始表示"不管"之义,到明代以后逐渐变成一个具有衔接功能的连词,而后到了清代逐渐发展出了话语标记的功能,同时作者还指出:"诱发'管他'连词化的主要机制是语用推理和语境吸收;韵律因素、语用强调和代词并入是导致'管他'连词化的主要动因。"②同样注意到代词并入连词现象的还有潘晓军的《代词并入的连词化历时考察——以"此外"及相关词汇为例》。作者以连词"此外"的形成过程为例,通过对整个汉语史文献中"此"和"外"组合关系的考察,发现直到宋朝时"外此"才以连词的面貌出现,直到明朝"此外"作为连词的用法才稳定下来,且提出:"'此外'在向连词转化过程中,介词框架的成熟化、指称功能的弱化和代词并入的双音化等使得它逐渐定型,并取代了'外此'等同类型词语。"③之后,潘氏也对其词汇化的动因进行了分析。可以看出,代词并入连词的词汇化现象大多都发生在近代时期。

除了代词并入连词的连词化现象,这一时期也有学者关注到介词发展演变为

---

① 丁健:《"X 然"的连词化——兼谈从代词结构到连词的演化模式》,《南开语言学刊》2011 年第 2 期。
② 张田田:《句法结构"管他"的连词化与标记化》,《古汉语研究》2012 年第 1 期。
③ 潘晓军:《代词并入的连词化历时考察——以"此外"及相关词汇为例》,《语言与翻译》2015 年第 4 期。

连词的现象，如张成进的《介-连兼类词"鉴于"的词汇化与语法化》就讨论了介-连兼类词"鉴于"一词的词汇化和语法化现象。"鉴于"既可以作介词，也可以作连词。文章认为，介词"鉴于"在元代开始萌芽，在明代发展成熟，而连词"鉴于"形成于清代，是由介词"鉴于"进一步语法化的结果，且连词"鉴于"的语法化程度要高于介词"鉴于"，此时的连词"鉴于"除了单用形式，还可以构成"鉴于……所以/因此"等连词与关联词合用的形式。

关于双音节连词词汇化和语法化的探讨是这一时期学界关注的重点，较有代表性的有席嘉（2010）、王建军（2010）、叶建军（2010）、姚双云（2010）、宋青（2012）、雷冬平和罗华宜（2013a，2013b）、艾尔丽（2014）等。

席嘉的《"除"类连词及相关句式的历时考察》讨论了"除"类连词的连词化过程以及与"除"有关的相关句式的特点。该文通过对《全宋词》《全元曲》《金瓶梅词话》《红楼梦》等四部书中"除"类词使用情况的分析，发现："'除'类条件连词由介接性成分'除非'演化而来。"[①]从晚唐五代开始，"除非"逐渐变成了连词，因此"除"类词在近代完成了其连词化过程。此外，作者还讨论了与"除"有关的句式，如"除A不B""非A不B"等，且指出"除非A不B"是"除"类连词发展成熟后逐步演化出来的新句式。

王建军的《语法类推、角色转换与功能扩张——连词"便是"的生成历程考察》对"便是"语法化为连词的轨迹进行了考察，可以看出"便是"连词化过程的完成应在唐代以后，"该过程主要包括成分整合、角色转换与功能扩张等阶段"[②]。通过该文的考察，我们可以发现，句首位置对"便是"的连词化有至关重要的作用，它决定了"便是"的整合、"便"和"是"的角色转换以及"便是"的功能扩张。此外，与很多其他双音节词的连词化不同的是，"便是"的连词化是语法类推的产物，是从"便"和"是"个体的语法化到"便是"整体连词化的过程。

姚双云的《连词"结果"的语法化及其语义类型》对连词"结果"的语法化过程进行了考察。姚氏指出连词"结果"是由名词语法化为连词的，且指出"连

---

① 席嘉：《"除"类连词及相关句式的历时考察》，《语言研究》2010年第1期。
② 王建军：《语法类推、角色转换与功能扩张——连词"便是"的生成历程考察》，《语文研究》2010年第1期。

词'结果'最初大约出现在明代"①。作者通过对《剪灯余话》等小说中"结果"使用情况的考察，总结出了诱发"结果"向连词语法化的三个因素：交际的语用因素、认知的心理因素和语言的内部因素等。

叶建军的《连词"争奈"探源》讨论了转折连词"争奈"的来源问题，"争奈"始见于唐诗中，晚唐五代之后才开始词汇化，到元代完成了连词化。该文通过对《祖堂集》《景德传灯录》《元刊杂剧三十种》《水浒传》《金瓶梅》《红楼梦》等近代文献中"争奈X"和"争奈X何"的计量考察，发现晚唐五代时期"争奈"已开始词汇化，到了元代"争奈X何"消失，"争奈"完全词汇化，且提出："省略和重新分析是'争奈'词汇化的重要机制。"②

宋青的《北京话"因"类连词的发展演变（1750—1950）》对北京话"因"类连词的发展演变轨迹进行了梳理。该文对《红楼梦》（前八十回）、《儿女英雄传》、《正红旗下》等三部著作中的"因"类连词进行了计量考察，主要包括"因、因为、只因、因是、因此、因此上、因而、因之"等，比较了这些连词在分布和用法上的异同，建构出了北京话"因"类连词的发展演变史。可以看出，在整个十八世纪中叶到二十世纪中叶，"因"类连词经历了由"因"占优势地位到被"因为"取代、"因……因……"结构大量出现又消失、"因为……所以"结构发展成熟、"之所以……是因为……"以及"正因为……才"等结构出现的过程。这也说明了几种语法意义的"因"在复音化的作用下逐渐由其他双音节"因"类连词承担其不同的语法意义。

雷冬平、罗华宜的《连词"再有"的形成及其话语标记功能研究》对连词"再有"的连词化问题进行了讨论。该文通过对明清时期的文献如《水浒传》《醒世姻缘传》中"再有"的考察，提出连词"再有"是在明清时期由短语"再有"演变而来的，到了清代及民国时期，"再有"用于连词的用法更为普遍。雷冬平、罗华宜的《连词"再则"的形成及其话语标记功能研究》对连词"再则"的连词化现象进行了考察，与"再有"的连词化过程相似，"再则"的连词化也发生于明清时期，是由短语"再+则"演变而来的，同时"再则"也可以作话语标记，

---

① 姚双云：《连词"结果"的语法化及其语义类型》，《古汉语研究》2010年第2期。
② 叶建军：《连词"争奈"探源》，《古汉语研究》2010年第2期。

用来引导话题。

艾尔丽的《特殊方言连词"打 X"的来源分析——兼论"打""待"等词语的连词化》对方言连词"打 X"的来源进行了考察，该文通过对《老乞大》《中华正音》《华音撮要》《儿女英雄传》等近代汉语文献中"打 X"词汇的考察，得出结论："打着"来源于其实词结构"打（打算、计划）+着"。①进而进一步提出，表示打算的"打""待"等都经历了语义虚化到语法化为连词的过程。

关于连词"遮莫"的用法，学界已有很多学者有过研究，综合前人的研究成果，可以看出"遮莫"从中古到近代主要有副词、纵予连词、转折连词以及无条件连词四种用法。梁吉平的《近代汉语"遮莫"一词用法及发展》已经讨论过"遮莫"从动词发展成为纵予连词、转折连词的发展过程，之后，梁吉平的《无条件连词"遮莫"的产生》在此基础上又讨论了"遮莫"从纵予连词到无条件连词的发展过程。通过考察，作者提出无条件连词"遮莫"出现于南宋，且指出："在'纵予——条件'这一演化过程中，首先是深层语义条件的变化，这是促使'遮莫'从纵予到条件演变的主要原因。语义上，从单项极限性条件到周遍性条件的发展，导致无条件句'遮莫'小句的表层句法结构的发展。"②

除此之外，也有一些学者对整个近代汉语连词的相关问题进行了探讨。席嘉的《近代汉语连词》出版后在学界引起了很大反响，金桂桃的《〈近代汉语连词〉读后》③就对《近代汉语连词》一书进行了评价，且提出该书主要有以下几个方面的贡献和特色：在一定程度上填补了汉语连词研究方面的空白；考察颇为全面和系统，比较全面地展示出了近代汉语连词系统的面貌；研究方法科学，很大程度上保证了论著的科学性；由于占有材料充分、研究方法科学、讨论细致深入，所以得出了很多颇有价值的结论。但该文也指出了《近代汉语连词》中的一些不足，如对连词和连词、连词和副词等的关联组合的系统研究不足等。

雷冬平、胡丽珍的《近代汉语虚词词汇化的一种特殊形式》则对近代汉语虚

---

① 艾尔丽：《特殊方言连词"打 X"的来源分析——兼论"打""待"等词语的连词化》，《语言研究》2014 年第 2 期。
② 梁吉平：《无条件连词"遮莫"的产生》，《唐山师范学院学报》2017 年第 6 期。
③ 金桂桃：《〈近代汉语连词〉读后》，《长江学术》2011 年第 4 期。

词词汇化的一种特殊形式进行了考察，即两个同义双音节虚词，通过集合式的缩合，形成一个同义三音节的虚词，其中也包括连词的词汇化。该文在 AB+AC—ABC 一类中讨论了"便做+便道—便做道""更做+更道—更做道"等的演变过程，其中"'便做道'和'更做道'都是表示让步的连词，义同'即使'。始见于元代"①，并指出这是同义词连用词汇化的结果。

之后，雷冬平、胡丽珍的《再论近代汉语双音虚词的概念叠加与词形整合》在此基础上对这种现象进行了补充说明，发现近代汉语虚词在复合过程中还存在更多由两个同义双音节虚词经过概念叠加和词性整合形成一个同义三音节虚词的现象，同时这些三音节虚词中很多是连词，如"便则道""只除非"等，这些三音节虚词也给江蓝生提出的"同义词的叠加和词形的整合"②的词汇复合类型提供了更多的语料支持。

总体来看，近代汉语连词的研究在二十一世纪一十年代进入全面繁荣阶段，无论是学术专著还是单篇研究论文都获得了极大的突破。从近代汉语连词的研究著作来看，这一时期诞生了一批近代汉语连词研究的专书，不仅包括连词的断代研究专书，还包括连词的语义、语用研究专书，某类连词的研究专书等。最值得关注的是，这一时期出版了学界第一部关于近代汉语连词研究的专书——席嘉的《近代汉语连词》。徐朝红的《汉语连词语义演变研究》一书的出版对于连词的研究也有重要意义，它是学界第一部汉语连词语义演变的研究专著。近年来，随着词汇化研究的深入，很多学者开始关注汉语并入现象，尤其是对连词词汇化过程中的代词并入现象，这一时期还出现了代词并入连词引起连词化的专著。此外，这一时期还出现了一批关于近代汉语词汇和语法研究的专著，均对近代汉语连词的用法进行了考察。

就近代汉语连词研究的论文来看，到了二十一世纪一十年代，关于近代汉语连词研究的文章大量出现。关于近代汉语某类连词的研究成果大量增加，近代汉语连词研究的商榷性文章也频频出现，关于连词语法化的研究成果也大量增加，且更多为双音连词的语法化，关于双音节连词词汇化和语法化的探讨是这一时期

---

① 雷冬平、胡丽珍：《近代汉语虚词词汇化的一种特殊形式》，《古汉语研究》2010 年第 1 期。
② 雷冬平、胡丽珍：《再论近代汉语双音虚词的概念叠加与词形整合》，《保定学院学报》2011 年第 2 期。

学界关注的重点。关于某类连词的研究成果，除了之前比较常见的并列连词和让步连词的成果之外，这一时期学界对假设连词、转折连词以及表果连词也予以了较多的关注。对并列连词的研究不再局限于专书中某个并列连词的考察，而更多关注并列连词整体的发展演变历程以及其来源探析。对让步连词的关注主要集中在"即使""虽"等的考察上。近代汉语连词的语义演变也受到了学界的关注，如徐朝红发表了一系列关于近代汉语连词语义演变的文章，其中主要为假设条件连词和让步连词的演变情况。值得注意的是，这一时期结合代词、介词的虚化来讨论汉语连词语法化和词汇化的课题逐渐引起学界的关注，出现了一批代词、介词并入连词的连词化研究的文章。

## 第二节 二十一世纪一十年代的近代汉语助词研究

有关近代汉语助词研究的著作，孙锡信的《中古近代汉语语法研究述要》（图45）评介了不少有关近代汉语助词研究的重要著作，并在"近代汉语语法的专题研究"章节讨论了助词"了""着""底、地、的"相关问题。吴福祥的《近代汉语语法》助词部分由陈丹丹执笔，主要讨论近代汉语助词的来源和演化过程，包括动态助词"却、将、取、得、来""了""着（著）""过"，尝试态助词"看"，事态助词"了""来""去"，结构助词"底""地""的"，语气助词"聻（呢）""那""哩（哩）""在""麼（吗）"。力量的《近代汉语语法研究》按照传统语法学的研究方法和理论视角，以词法、句法为纲，探讨了近代汉语语法中词法、句法的种种现象。在第三章虚词部分讨论了近代汉语助词问题。钟兆华的《近代汉语虚词研究》立足于近代汉语，根据传统语言学的理论与方法，以翔实的资料为依据，吸收前人的成果，考察了近代汉语副词、连词、介词、助词的构成、词义及历时演化。助词部分主要探究了语气助词"吗""呀""啊""哪""者""咱"，动态助词"讫""定"，比拟助词"似的"，格助词"的"的起源及其历时变化问题。

图 45 《中古近代汉语语法研究述要》

有的学者从专书研究方面对近代汉语助词系统进行整体性讨论。杨永龙、江蓝生所著的《〈刘知远诸宫调〉语法研究》通过穷尽性的定量统计，细致描写了《刘知远诸宫调》中的语法现象，包括代词、数量词、助动词、副词、介词、连词、助词、述补结构以及判断句等句式。助词部分静态描写了动态助词"了、得、将、着、定"、事态助词"了、来"、语气助词"呵、也、矣、哉"、结构助词"底、之、地、得、来、得来"、概数助词"来"、比拟助词"似、也似、一般"和音节助词"当"，清晰展现了每一个助词的用法、频率、分布情况等。

曹广顺、梁银峰、龙国富的《〈祖堂集〉语法研究》相比于张美兰的同名专书，更侧重于词法研究，主要探究了《祖堂集》中的代词、数词和量词、副词、连词、介词、助动词、助词，以及判断句、被动式、述补结构等。该书第七章为助词研究，主要包括动态助词、事态助词、结构助词、数量助词、尝试助词、比拟助词和语气助词的穷尽性考察。

李崇兴、祖生利的《〈元典章·刑部〉语法研究》也侧重于词法探究，对《元典章·刑部》中代词、数词、量词、副词、介词、连词、助词、语气词等进行了系统描写。《元典章》是元代法令文书的汇编，书中的白话语料真实反映了元代语言特点。作者独具慧眼，专门用一章来探讨《元典章·刑部》中直译体文字所见的特殊语法现象，有助于揭示元代时汉蒙语言接触现象。该书研究的助词有结构助词"的、底"、动态助词"了、着、过、将、得"、事态助词"了、来、去"、语气词"也、那、者、也者、呵"等。

曹炜的《〈型世言〉虚词计量研究》和《〈金瓶梅词话〉虚词计量研究》分别对《型世言》和《金瓶梅词话》中的助词进行了计量统计,对书中助词的分布、用法状况作多角度的共时描写。

王毅的《〈西游记〉语法研究》研究了语法中的词法,不涉及句法讨论。全书共七章,分别讨论了《西游记》中的代词、数词、量词、副词、介词、助词和方位词。作者考察发现《西游记》助词系统中,动态助词、事态助词、结构助词、语气助词基本符合曹广顺《近代汉语助词》的分类,但有几个助词无法划入上述助词类别中的任何一类,因此另辟一类"其他助词"介绍它们在《西游记》中的用法,包括尝试态助词"看"、概数助词"来$_1$、把"、摹状助词"来$_2$"。

上述专书研究的著作基本上都是对所研究的专书中的助词进行穷尽性的静态描写,一般不涉及源流的探索,更多是从共时层面揭示近代汉语助词的特点。

语法化视角下的汉语研究逐渐系统化,研究专著不断增加,其中最具代表性的是马贝加的《汉语动词语法化》。该书认为现代汉语虚词的源头绝大多数与动词有着直接或间接的关系,动词语法化占据汉语语法化的半壁江山,因此作者立足于动词,探究动词各次类语法演变的轨迹,讨论双动词结构不同语义关系的历史发展,并进行动词的个案分析,以揭示汉语动词语法化的演变规律。该书第八章主要探讨了动词"见""了""却"向助词发展的过程,第十章个案研究部分讨论的"著"的语法化,也与近代汉语助词相关。马贝加深入、细致研究了"著"的各个功能的各个来源,其中关于助词"著"的来源,作者认为有三个:主要来自唯补词"著",有一部分助词"着"直接来源于"附着"义动词"著",还有一部分来源于处所介词"著"。

论文方面,这一时期仍有不少文章对近代汉语重要文献进行封闭语料的研究。翟燕的《〈聊斋俚曲〉中语气助词"啊"、"呀"的使用及其关系考察》通过考察语气助词"啊""呀"在《聊斋俚曲》中的使用情况,指出"呀"在近代汉语中有着相对独立的语法地位,并认为"'呀'不仅仅只是'啊'的一个变体,同时亦是现代汉语中语气助词'啊'的来源之一"[①]。

王衍军的《〈醒世姻缘传〉中的［VC 了］式能性述补结构》考察《醒世姻缘传》用例后发现了 11 例［VC 了］式能性述补结构，其中"了"为表能性助词，这个结构表示动作结果、动作趋向实现的可能性。文章描写了［VC 了］式能性述补结构在《醒世姻缘传》中的用法和分类，并提及同样表可能义的"V 得 C"式能性述补结构。

冀芳的《〈金瓶梅词话〉中句末助词"来"的时体意义》通过分析助词"来"在《金瓶梅词话》中的句法环境、情状结构和时制结构，认为"来"表示过去发生义和表示事件的完成，已经非常接近现代汉语"来"的近过去和完成体用法。同时，文章也指出"来"还可以表示过去经历义和将来时，因此，"来"的时制意义和完成体意义并不稳定，"来"在这个时期还处于向典型时体标记发展的过渡期。

郑淑花的《〈朱子语类〉助词"将"结构及功能研究》考察了助词"将"在《朱子语类》中的九类句法结构的用法和特点及"将"的语法功能；张燕的《〈朱子语类〉中时体助词"着"用法考察》分析了"着"在《朱子语类》中的用法，并通过与《祖堂集》《老乞大》中"着"用法的比较，描述出其逐渐虚化的过程。

这一时期对近代汉语助词的整体性讨论较少，较有代表性的是翟燕的研究。翟燕的《近代汉语后期助词系统的演变及特征》将明清时期视为近代汉语后期，总结了这一时期助词系统呈现出的特点，主要包括系统内部成员分工、已存在助词发展出新功能和产生了新助词、字音字形演变、助词词素化倾向这几方面。《汉语助词的历史发展概况及研究价值》全面梳理了汉语助词的历史发展概况、研究的意义、研究现状等，有助于明确今后助词的研究方向。

有的学者对某一类代词进行断代研究，比较有代表性的是王华的研究。《晚唐至明初汉语比况助词句法特点的发展演变》在对比研究《祖堂集》《元刊杂剧三十种》《水浒传》中比况助词的基础上，详细描写"般"系（般、一般、样）、"似"系（似、相似、也似）和"来""价"的发展演变轨迹，总结了比况助词

---

[①] 翟燕：《〈聊斋俚曲〉中语气助词"啊"、"呀"的使用及其关系考察》，《内蒙古民族大学学报》（社会科学版），2010 年第 4 期。

在十至十四世纪的近代汉语中种类不断扩展、语法形式逐渐丰富、体系逐渐完善的发展特点。《晚唐五代至明初汉语事态助词的历时嬗变》同样以《祖堂集》《元刊杂剧三十种》《水浒传》为研究对象，探究了事态助词"来""去""了"从晚唐五代到元末明初时期语法特征和语义功能的演变。"去"的用例逐渐减少，直至消失，"来"和"了"功能扩张，尤其是"了"取得了表示事态的决定性优势。

值得注意的是，对单个助词的来源和演变的研究大大增加，而且有不少学者结合语法化理论进行研究。

关于结构助词"底"的来源一直是助词研究的热点问题。何瑛的《结构助词"底"源自方位词新证——兼谈〈辞源〉"底"条释义二三》考察了唐五代之前（包括唐五代）的[$N_1$+底+$N_2$]格式，发现结构助词"底"不论是表领有还是表属性，都是在[$N_1$+底+$N_2$]格式中由方位词"底"演化而来的。

梁银峰的《汉语结构助词"底"来源考论》简述了前人关于结构助词"底"的来源的研究，认同"底"来源于"者"的观点。文章的创新之处在于作者认为探讨"底"的来源，应当兼顾它的转指用法和自指用法。文章考察了"底""者"在语音和语法上的联系，指出"底"和"者"不仅"在语法功能上存在高度的一致性，在语音上也存在明显的演变关系"[①]。

关于结构助词的探讨，除了结构助词"底"，还有对结构助词"的""家"的研究。苏政杰的《结构助词"的"的语法化历程》以结构助词"的"为研究对象，考察了助词"的"分别在共时层面和历时层面的用法，并借助功能认知语言学理论，探讨了"的"的语法化历程。文章指出："'的'的基本功能是语法词/附着词，其他用法是在此基础上经过语法化手段逐渐衍生而成的。其语法化动因是高频率使用。语法化机制为重新分析、类推、主观化。语法化特征则是去范畴化、存古化、层次化。"[②]

王苗的《论结构助词"家"的来源和演变》梳理了汉语中结构助词"家"的来源和演变历程，认为唐代时"家"已由处所名词发展出定语性领属标记功能，

---

[①] 梁银峰：《汉语结构助词"底"来源考论》，见复旦大学汉语言文字学科《语言研究集刊》编委会编《语言研究集刊（第八辑）》，上海辞书出版社，2011，第229页。

[②] 苏政杰：《结构助词"的"的语法化历程》，《汉语学报》2010年第1期。

并在此基础上演化出多种语法功能。这些语法功能在汉语普通话中已基本消失，但不同程度地保留在部分汉语方言中。

此外，王华的《完成态助词"得"在近代汉语中的分布及与助词"了"的关系》主要探究了完成态助词"得"的来源，并详细描述了其在近代汉语中的分布。文章认同前人提出的"完成态助词'得'来源于获得义动词'得'"的观点，并通过四组《水浒传》中的同形结构句式有力地证明了动态助词"得/的"有相当于"了"的功用，推测"得"语音上与完成态助词"了"相近也促进了完成态助词"得"在近代汉语中的发展。

关于概数助词的研究，张言军和储泽祥的《概数助词"来"组配能力的历时发展考察》着眼于概数助词"来"用法上的演变，分别考察了概数助词"来"在唐宋时期、元明时期和清代的组配格局及其动态倾向性。文章指出概数助词"来"在产生之初组配能力还较为单调，元明时期组配方式逐渐多样化，并最终在清代基本奠定了现代汉语的组配格局。

张爱玲的《名词"光景"向概数助词和情态副词的演化》从"光景"的共时多功能性出发，探究"光景"的历时演变，认为名词"光景"在受时量短语修饰的结构中被重新分析为"上下，左右"义概数助词，并从语用、语义、语法等多方面阐述了"光景"的语法化表现。

张言军和唐贤清的《概数助词"许"的历时发展及其衰落动因考察》分析了概数助词"许"在先秦两汉、魏晋南北朝、隋唐五代、宋元和明清等五个时期使用频率、语体分布、语义表达类型和组配能力的历时变化，勾勒出概数助词"许"的演变轨迹，指出概数助词"许""在明代走向衰落"[①]，并分析了其衰落的三大动因。

关于假设助词的研究，崔云忠的《助词"时节"及其语法化》结合多地方言，详细描写了"时节"表假设的句法形式、语义及语用功能，梳理了其来源及语法化过程，指出"时节"由"时间"义名词语法化为假设助词，继而继续语法化，发展为话题标记。文章认为："在'时节'发生语法化过程中，'语境扩展'、

---

① 张言军、唐贤清：《概数助词"许"的历时发展及其衰落动因考察》，《古汉语研究》2017年第1期。

'主观性和交互主观性'和'类推'是'时节'语法化最重要的机制。"①

关于语气助词的研究,汪如东的《助词"就是了(就是)"的语法化及相关结构研究》从"就是了(就是)"在现代汉语中的句法功能和搭配用法出发,探究了"就是了(就是)"的语法化过程。文章认为副词"就是"的句末情态化最早用例见于元代,"就是"的句末情态化与主语的谓词化增多有关,"就是了"的最早用例出于元代南戏。文章最后还探究了"就是(了)"的相关结构"便是(了)"的来源和使用情况,并对两个结构进行了比较研究。

姚尧的《句末助词"矣"时、体、情态意义的转换与演变——以先秦至唐宋语料为依据》考察了"矣"从先秦至唐宋时期的演变,指出句末助词"矣"在先秦时可用来标记完成体、将来时,主要的语义特征是现时相关性。而后发生主观化,成为认知情态标记。到隋唐时期,"矣"的完成体意义发生泛化,丢失现时相关语义,成为过去时标记,并认为这一系列的变化转换,都是语境吸收和语用推理的结果。

祖生利和毕晓燕的《清代句末语气助词"是呢""才是呢"》通过对汉语句末情态成分"才好""才是"的历史溯源,对句末语气助词"是呢"和"才是呢""才好呢"分别在清代文献中的使用情况及分布的仔细考察,探讨了这些助词之间的关系,认为"才是呢/才好呢"是明清汉语自身的句末情态助词"才是"(及"才好")和来自满语的句末语气助词"是呢"混合叠加而成的。

翟燕的《汉语助词的词素化及相关问题》以语气词"着哩""哩么"为例讨论了助词词素化相关问题。文章认为语气词"着哩"是由动态助词"着"和语气词"哩"分别词素化后形成的,而"哩么"的产生有两个来源,一是源自"了+么",一是由语气词"哩""么"混合而成。在助词词素化过程中,句法位置、句法功能、词性转移、语音变化、主观性增强等都可能是重要诱因。此外,文章还总结了助词词素化后语法、语音上的一些特点。

关于比拟助词,姚尧的《"一般"的词汇化与语法化——兼谈"X 如 Y 一般"类比拟式的来源》细致梳理了"一般"在从唐代至清代,由数量短语词汇化为形

---

① 崔云忠:《助词"时节"及其语法化》,《河南科技大学学报》(社会科学版),2018年第1期。

容词，再由形容词在"X（如/似/像）Y+一般"结构中进一步语法化为比况助词。同时，作者也清晰展现了"一般"的语义演变过程，并证明了"X 如 Y 一般"类比拟式的来源是"XY 一般"式添加像义动词"如/似/像"。

胡承佼的《"一般"的助词化及其主观描摹功能》同样展现了"一般"的语法演变过程，其观点与姚尧的《"一般"的词汇化与语法化——兼谈"X 如 Y 一般"类比拟式的来源》相同。在"一般"语法化的过程中，其功能也在不断变化，文章着重刻画了助词"一般"比拟描摹情状的功能，并指出随着主观性的增强，"一般"进一步衍生出测断描摹功能。

这一时期，有很多学者将方言同近代汉语助词结合研究。邵宜的《赣方言语助词"时"的语法功能及与近代汉语之比较》重点描述了赣方言宜丰话中"时"的助词用法，同时涉及了福建连城客家话、湘方言益阳话中的相关用法，并利用近代汉语语料及已有的研究成果，梳理了"时"由时间名词演变为助词的过程。

王衍军的《泗水方言表能性的助词"了"及其历史来源》在王衍军（2011）的研究基础上，考察了山东泗水方言表能性的助词"了"的语法特点与分布，并结合《醒世姻缘传》和《聊斋俚曲集》探究了"了"的历史来源，指出"在清初之际的北方方言口语中，表能性的助词'了'已经出现"，并且认为："从《醒》到《聊》大致体现出表能性的助词'了'从结构尚未定型到基本定型的一个历时发展过程。"[①]

蔡晓臻的《清代传本苏州弹词的方言语气助词与叹词的使用特点——以"吓"、"唅（噜）"为例》利用清代传本苏州弹词资料，专门考察了语气助词和叹词的兼类词"吓""唅（噜）"的语法功能和意义，并以"吓""唅（噜）"为代表分析了方言中语气助词与叹词的呼应关系。

也有学者从语言接触的视角出发，对近代汉语助词展开研究。竹越孝、陈晓的《满语助词 dabala 与汉语句末助词"罢了/罢咧"相关关系研究》在全面调查清代满汉合璧文献和明清以来的白话小说中"罢了/罢咧"、满语助词 dabala 用例的基础上，分析了"罢了/罢咧"的使用情况以及与满语助词 dabala 的关系，赞同前

---

① 王衍军：《泗水方言表能性的助词"了"及其历史来源》，《方言》2015 年第 4 期。

人提出的汉语句末助词"罢了/罢咧"来源于"罢"+"了"的观点,并且指出"'罢了''罢哩'作为句末助词至少在明末已经出现"[①],同时认为满语助词 dabala 对"罢了/罢咧"的使用和发展也有促进作用。

## 第三节　二十一世纪一十年代的近代汉语介词研究

这一时期的介词研究继续保持着繁荣发展,著作与论文都取得了不俗的成绩。著作主要是语法、虚词研究和专书研究。吴福祥主编的《近代汉语语法》第五章为"介词"研究,由祖生利执笔,在对近代汉语介词的系统性分类描写的基础上,通过个案研究对介词产生、演变的规律和机制进行了深入讨论。

力量的《近代汉语语法研究》在讨论词法的第三章"虚词"部分选取了一些介词,通过对比它们用法中与现代汉语中的用法的异同,展现了介词的历时发展脉络。考察的介词根据意义和用法分类,主要分为七类:"从、自"类、"向、往"类、"在、于"类、"至、到"类、"把、将"类、"被、叫"类和"和、同"类。并在七类介词之外,逐一介绍了用法特别的"为""替""趁(乘)""就""照依""按了、据了(着)""信、任""比"。同时详尽介绍了每个词在近代汉语时各词性的具体用法,选用用例加以分析。

钟兆华的《近代汉语虚词研究》在第三章分节探讨了时间介词"经",方所介词"就""望""往""在",对象介词"从""就""问",牵涉介词"连""和""并",论述了各介词的语法职能及其词汇内涵。孙锡信的《中古近代汉语语法研究述要》也涉及了近代汉语介词的研究情况。

马贝加的《汉语动词语法化》从语法化的角度探究了由动词演变为介词的多条演变路径,从语言事实出发,揭微显隐,取精用宏,不但细致研究了不同介词的功能用法,而且从理论高度概括了动词语法化为介词的句法语义机制。

专书研究方面,杨永龙、江蓝生所著的《〈刘知远诸宫调〉语法研究》根据

---

[①] 竹越孝,陈晓:《满语助词 dabala 与汉语句末助词"罢了/罢咧"相关关系研究》,《民族语文》2016 年第 6 期。

用法，分别探讨了《刘知远诸宫调》中各介词的用法，包括引出处所、时间，引出施事、受事，引出与事、对象，引出工具、依据，引出原因等五类。

曹炜的《〈型世言〉虚词计量研究》一书中以《型世言》中的介词系统作为考察对象，对其中的介词系统进行详尽的描写和分析，并以那些数量较多、用法丰富的介词作为论析的重点，笔触放在对一些次类介词的细微区分上，对《型世言》中67个介词及介词组合进行研究。这是曹炜作品中的一个小系列，宗旨是通过此来管窥明一代近三百年汉语虚词系统的发展演变，是一项非常有意义的工作。他的《〈金瓶梅词话〉虚词计量研究》中第四章为介词研究，对《金瓶梅词话》中丰富的介词进行研究，从宏观角度看数量上很可观，成员众多且总体上使用频率较高，从微观角度看单个成员在用法上呈现出了多样性和跨类的特征，从中可以管窥明代汉语介词的基本概貌。书中共收58个介词，并将其分为四大类展开研究：时间、处所、方向类介词，对象、范围类介词，原因、目的、条件类介词，工具、手段、依据类介词。

田春来的《〈祖堂集〉介词研究》以《祖堂集》中的介词为研究对象，穷尽统计了出现的介词，根据词义将它们分为六类加以研究。描写每一个介词的用法，溯其来源，在探讨单个介词历时演变轨迹的基础上讨论同功能介词系统的历史演变，总结总体介词特点，并分析了介词在系统竞争中的结果和动因。该书在共时描写的基础上，结合介词的历时演变分析，揭示了《祖堂集》时代介词的全貌，归纳了介词演变的语法化模式，有助于更深入把握介词语法演变规律。

王毅的《〈西游记〉语法研究》对《西游记》中106个介词进行了穷尽性研究，把89个单音节介词根据所介引的对象分成五节分析讨论，在第六节将17个双音介词分为同义并列式和附加后缀式逐个介绍。对每一个介词统计频次，共时描写用法，有时也会涉及溯源或发展演变。

这一时期的论文成果十分丰硕，学者从多个角度探究了近代汉语介词。

学界对近代汉语介词的个案研究很有代表性，大多探究了其来源或发展演变过程。

何洪峰的《动词"去"向处所介词语法化的终止与回归》考察了"去"的语义发展，梳理了"去"的语义发展脉络，发现动词"去"的"离开"义在唐宋时语法化为表处所的介词，并由此重点分析了"去"向处所介词虚化的语义依据和处所介词"去"的语法意义，探究了"去"虚化成处所介词的背景与动因。文章指出"去"在明代终止表处所的介词用法，并认为"去"字终止语法化"既有内部语义原因，更有外部介词系统原因"①。文章通过"去"先由动词语法化为介词，而后终止语法化，回归动词用法的现象，推断"汉语语法可能有不同于西方语言的语法化规律"②。

毛文静的《论汉语方言处所介词"的"的来源》重点考察了处所介词"得"的语法化过程，指出处所介词"得"至迟于晚唐五代产生，明代时介词用法日趋成熟，其语法化路径为："抵达"义动词 > 趋向补语 > 处所介词。文章也分析了处所介词"得"的语法化机制，包括句法语义因素和认知因素中的隐喻机制和临摹原则。文章同时也分析了"V+的+NL"句型在现代汉语方言中的地理分布以及句型中"的"的语法特征和语音特点，通过论证"得""的"在语法、语音上的一致性，推断"汉语方言'V+的+NL'句型中的处所介词'的'正是晚唐五代时期产生的处所介词'得'的遗留"③。

郭家翔的《"教/叫"介词化及其层次性》先考察了"教、叫"的介词化过程，指出它们具有相同的语义演变路径，即言说义→使役义→被动义，然后细致分析了"被、教、叫"三个介词间的层次性，认为"被"与"教/叫"构成被动介词的新老层次，在用法上有不同层次，"教"与"叫"之间也在历史和语义方面具有不同的层次。文章最后探究了介词"教/叫"的层次形成动因，指出其"新生动因是其语义特征因素、句法结构因素及其语用推理机制。'教'与'叫'又形成兴替，其动因源于各自源义及其虚化路径的繁简差异"④。

李炜和石佩璇的《北京话与事介词"给"、"跟"的语法化及汉语与事系统》通过考察"给"和"跟"在多部近代汉语和现代汉语北京话作品中的用法，分析了"给"和"跟"由动词发展至介词的语法化路径，发现"给"和"跟"的与事

---

① 何洪峰：《动词"去"向处所介词语法化的终止与回归》，《语言研究》2011年第2期。
② 何洪峰：《动词"去"向处所介词语法化的终止与回归》，《语言研究》2011年第2期。
③ 毛文静：《论汉语方言处所介词"的"的来源》，《语言研究》2018年第4期。
④ 郭家翔：《"教/叫"介词化及其层次性》，《语言研究》2013年第4期。

介词用法都始于清中叶，而且"给""跟"有共同语义节点"指涉关系介词"，并由此归纳出汉语与事系统"受物—受益—指涉—相与—并列"。此外，文章将北京话与西北地区方言及北方少数民族语言的与事介词系统进行比较，发现它们在相应的介词/格的语义分布上呈现出相当平行的现象。

关于双音介词的来源或演变过程也有不少学者加以研究。介词"关于"的来源问题，学界一直存在争议，总结起来主要分为两种观点：一种是认为"关于"是由古代汉语发展演变而来的，另一种则认为"关于"是近代以来受外语影响而成的。这一时期，张成进（2014）和吴玉芝（2016）也讨论了这一问题。张成进的《介词"关于"的词汇化——兼谈"关于"来源之争》支持第一种观点，即认为介词"关于"是由本土语言演变而来的，并考察了"关于"的词汇化历程，分析了其词汇化机制和动因，指出跨层结构"关+于"在隋唐五代时期已词汇化为表关涉义介词"关于"。吴玉芝的《介词"关于"源自日语说》则认为介词"关于"是汉语与日语间接接触的结果，反驳了前人论证介词"关于"是汉语自身发展的结果的论据，并论述了介词"关于"与日语的联系。

张美霞的《方向介词"对着"的演变过程与形成机制》分别考察了"对"和"对着"的演变过程，指出"对着"是介词"对"加后缀"着"派生而来，起初只是介词"对"的词位变体，但后来两词用法分化，"对着"在清末"发展为引进方向的专用介词"[1]。文章还讨论了"对着"的形成机制和动因，分析了"对着"在现代汉语中的句法属性。

何洪峰在这一时期发表了多篇论文讨论某一类介词。2012年，何洪峰的《汉语限域性介词》通过考察限域性介词"投、劈、拦"的用法，探究了限域性介词的特点，总结出限域性介词的语法性质是纯介词和限域性语法化，并分别探究了限域性介词产生和终止的语法化动因，认为"前者主要来自于源动词内部的语义溢出；后者主要来自于外部的介词系统的成员竞争"[2]。

2013年，何洪峰讨论了一类新生后又终止用法的介词，称之为"流星"介词。他的《近代汉语"流星"介词》先以"著""据着""比依""任从"为例，展

---

[1] 张美霞：《方向介词"对着"的演变过程与形成机制》，《语言教学与研究》2015年第4期。
[2] 何洪峰：《汉语限域性介词》，《语言研究》2012年第4期。

现出"流星"介词的用法和特点,然后重点分析了这类介词产生和"陨落"的动因,并在文末总结了几点语法化启示。

2014年,何洪峰的两篇论文都涉及了次生介词。崔云忠和何洪峰的《"从"的介词化及其发展》考察了介词"从"的起源及发展脉络,并以"从"为中心,构建语义系统讨论其专门化及强化问题。在对介词"从"的语义考察中,提到了"自从""从打""打从"等次生介词,并指出了"从打""打从"于宋代产生,表示具体经过地点。

何洪峰和崔云忠的《汉语次生介词》专门探讨了次生介词的构成类型、生成机制、生成动因及其语法化意义。首先,文章将次生介词的构成类型分为五类,即介·介、动·介、名·介、一·介和合音,然后指出其生成机制主要是同层结构词汇化和跨层结构词汇化,并仔细探究了其生成动因,最后总结出与次生介词语言事实相符的四点语法化意义。

2015年,何洪峰和张文颖的《汉语依凭介词的语义范畴》讨论了单音原生依凭介词的语义范畴,归纳了依凭介词的语义来源,发现依凭介词有明显的语义特征:内部语义分布不均,构成原型范畴;动词义明显滞留,介词虚化程度不一;非典型依凭介词语法义多样化。他们还指出依凭介词有明显的语法化特征:"语法化路径不同,有直接路径,直接从源义虚化成介词,有曲折路径,源义经中间义虚化成介词;呈现出发展历史层次性及更新特征;语法化程度呈现出斜坡特征。"[①]

何洪峰和崔云忠的《"沿顺"义介词的内部层次性》探讨了"沿顺"义介词产生的结构及语义特征,并考察了魏晋至清代的"沿顺"义介词成员"缘、循、随、沿、顺、寻"的发展历程和历史层次,指出"沿顺义介词存活的历史层次,由古及今大致是:随＜寻＜循＜缘＜沿＜顺"[②]。此外,文章还探究了"沿顺"义介词的内部语义层次,并分析其语法化层次性的产生原因。

2018年,何洪峰和贾君芳的《汉语时间介词系统构成与演变》先将时间介词内部语义系统分为客观性介词和主观性介词,并在下位再划分出次类加以描写,接着从时间介词成员在介词系统中的比例和历代时间介词构成两方面展现出汉语

---

① 何洪峰、张文颖:《汉语依凭介词的语义范畴》,《长江学术》2015年第1期。
② 何洪峰、崔云忠:《"沿顺"义介词的内部层次性》,《江汉学术》2015年第6期。

时间介词成员系统在上古汉语、中古汉语、近代汉语和现代汉语中的情况，然后考察了时间介词成员在各时期的演变，最后讨论了时间介词数量大的多种原因。

除了何洪峰的相关研究之外，田春来（2011）、詹绪左和崔达送（2011）、孙品健（2017）、张云峰（2013）等也研究了某一类介词。

田春来的《汉语处置介词的来源和替换》先分析了汉语处置介词的三大语义来源，并分别举出相应的常见介词进行说明，然后指出虽然"执持"义动词演化为处置介词的频率较另两种语义来源更高，但并非所有的"执持"义动词都虚化成了处置介词，由此探讨了"执持"义动词"执""握"未虚化为处置介词的原因，并在文末简要讨论了汉语处置介词的历时替换问题。

詹绪左、崔达送的《禅宗文献中的同义介词"擗""蓦""拦"》考察了一组唐宋禅宗典籍中的同义介词"擗（劈、疋）""蓦（陌）""拦（栏、阑）"，这组词"都凸显了[+方向]特征，为'正对着（对着）'义"[①]。文章从语法意义、词形变化、虚化过程、竞争状态以及语用上的特征等方面探究了这组介词，展现了唐宋禅宗文献的重要语料价值。

孙品健的《近代汉语的受益介词系统》指出："近代汉语的受益介词主要有'为''与''替''和''给'五个。"[②]文章分别考察了唐宋、元、明、清四个时期的汉语受益介词，归纳出每个历史时期受益介词系统的成员构成、成员地位以及使用特点，比较其中的地域倾向和语体倾向，并重点展现各个时期受益介词系统的新发展，最终总结出近代汉语受益介词系统的发展趋势。

张云峰的《近代汉语比况框式介词及其概念叠加》则探讨了近代汉语中一类框式介词。文章将近代汉语比况框式介词根据前置词的构成特点分为六类，考察了它们的功能分布和运用特点，并重点分析了近代汉语框式介词的突出构成特点——概念叠加，阐述了这一特点的具体表现和多个功能。

有的学者运用语法化理论探究了介词的语法化路径或动因、机制，这一时期较有代表性的有马贝加和王倩（2013）、孙露丹和马贝加（2014）、何洪峰（2014）、张成进（2015）等。

---

[①] 詹绪左、崔达送：《禅宗文献中的同义介词"擗""蓦""拦"》，《古汉语研究》2011年第3期。
[②] 孙品健：《近代汉语的受益介词系统》，《殷都学刊》2017年第2期。

马贝加和王倩的《试论汉语介词从"所为"到"处置"的演变》认为处置介词有两类语法来源,"一是动词,主要是'持拿'义动词;一是介词功能的扩展,主要是所为介词"①。该文专门讨论了"所为介词→处置介词"的演变路径及相关问题。文章考察汉语历时、共时语料发现不少处置介词如"与""给""帮""搭""代""同""共""跟"等的直接来源都是所为介词。在宋代时,介词"与"进入处置式,它成为汉语史上"所为→处置"演变的首发者,此后,汉语多个介词经由"所为→处置"演变路径成为处置介词。文章还探究了"所为"和"处置"的联系,总结出导致"所为→处置"演变的因素,并对介词功能扩展进行再思考,论证了其他语义的介词都难以直接演化为处置介词。

孙露丹和马贝加的《试论汉语"介词——唯补词"的演变及其影响》指出,汉语的唯补词绝大部分来自动词,但少数唯补词有两个来源:动词和介词。文章通过展现"著""到"在历时平面先后发生"介词——唯补词"演变,证实"介词——唯补词"演变路径的存在,并分析了导致这种演变产生的句法因素。此外,文章也讨论了介词和唯补词间的联系对现代汉语介词范畴的影响。

何洪峰的《动词介词化的句法语义机制》先归纳了学界关于汉语介词的语法化机制的相关理论,然后论证了汉语动词介词化的主要机制是结构扩散和去语义化,并分析了汉语动词介词化的句法机制和语义机制,总结出汉语动词介词化的一系列语法化特征。

张成进的《多动词构式:汉语单、双音介词形成的句法环境新探——以双音动词"依据"的语法化为例》以双音动词"依据"语法化为介词为例,通过对其语法化句法环境考察后发现,动词"依据"语法化的句法环境是承接复句的第一个动词位置,而非以往认为的连动式的第一个动词位置。因此,文章提出将汉语介词语法化的句法环境统称为"多动词构式",并认为用"多动词构式"统一解释汉语单、双音介词语法化的句法环境,"一方面可为动源介词虚化的句法环境做统一解释;另一方面可以更好地保持现有语法研究的体系性,不至于人为地将

---

① 马贝加、王倩:《试论汉语介词从"所为"到"处置"的演变》,《中国语文》2013年第1期。

同一种语言事实用两种不同的术语称谓将其割裂开来"[①]。

## 第四节 二十一世纪一十年代的近代汉语代词研究

在二十一世纪一十年代，近代汉语代词研究的热度依旧不减，成果颇丰。孙锡信的《中古近代汉语语法研究述要》收集了中古和近代汉语语法研究的重要成果，或概述章节内容，或评述贡献、特色与不足，对中古近代汉语语法研究有重要的参考价值。该书第二编为近代汉语语法研究，从近代汉语语法研究的一般叙述、断代研究、专书研究、专题研究这四个方面详尽介绍了近代汉语语法研究所取得的丰硕成果。在近代汉语代词的专题研究中，特别指出了几个在前辈研究的基础上又进行了进一步探讨的词语，即"你、您、他、什么"。有关近代汉语代词研究的通论方面，还有吴福祥主编的《近代汉语语法》。《近代汉语语法》是中国社会科学院研究生重点教材"近代汉语语法"项目的成果，内容涉及近代汉语的代词、助动词、副词、介词、连词、助词和一些句法结构（包括句式）。代词一章分为人称代词、指示代词、疑问代词和表复数的"们"，主要以吕叔湘的研究为依据，同时也吸纳其他学者的一些研究成果，描述了近代汉语的代词系统，以及相关范畴和标记的产生和发展。每一章都有小结、思考题，并推荐了相关的重点阅读文献，有助于研究生系统学习近代汉语语法，并拓宽研究视野。

这一时期，关于方言代词的专著也在逐渐增加，最具代表性的是张俊阁的《明清山东方言代词研究》。张俊阁的《明清山东方言代词研究》是在其2007年同名博士论文的基础上修改而成的，选取了明清时期具有山东方言背景而且口语色彩浓厚、语言风格比较统一的三种通俗文献《金瓶梅词话》《醒世姻缘传》《聊斋俚曲》为研究对象，在细致描写明清时期山东方言代词系统的基础上，结合宋、辽、金、元时期汉语发展的社会语言环境，对近代汉语代词及相关问题的形成机制及发展变化进行了较有说服力的解释。作者将共时研究与历时分析结合起来，

---

[①] 张成进：《多动词构式：汉语单、双音介词形成的句法环境新探——以双音动词"依据"的语法化为例》，《云南师范大学学报》（对外汉语教学与研究版），2015年第4期。

运用语法化理论对代词的发展演变规律进行了较为深入的探讨,具有相当的深度。

有的学者从专书研究方面对近代汉语代词系统进行整体性讨论。杨永龙、江蓝生所著的《〈刘知远诸宫调〉语法研究》通过穷尽性的定量统计,对《刘知远诸宫调》中的语法现象进行静态描写和解释,包括代词、数量词、助动词、副词、介词、连词等。代词一章除了按传统分法分为人称代词、指示代词和疑问代词三部分外,还讨论了代词词缀与代词的双音化。曹炜的《〈型世言〉虚词计量研究》和《〈金瓶梅词话〉虚词计量研究》是作者主持的教育部人文社会科学基金项目"明代早中晚期三部白话小说虚词计量研究"的两个子课题。这两本著作运用计量统计的方法分别对《型世言》和《金瓶梅词话》中每一类虚词的成员状况及每一个虚词的分布情况进行穷尽性的调查。代词研究中,对代词系统在《型世言》和《金瓶梅词话》中的分布、用法状况作多角度的共时描写。

在论文方面,对近代汉语代词的探讨主要集中在人称代词方面,也有一些学者考察了指示代词、疑问代词。

在二十一世纪一十年代,关于人称代词的个案研究成果较多,较有代表性的有张俊阁(2010)、陈才(2012)、陈淑梅(2013)等。

张俊阁的《近代汉语第二人称代词"您(恁)"的来源》在吕叔湘和冯春田研究的基础上,调查了从金到清二十余种近代汉语文献,从意义、功能及语音变化等方面对"您(恁)"的来源问题作进一步的分析和探讨。从意义上说"您"兼表单复数而且复数用例多于单数;从功能分布上看"您(恁)"虽然可做主语、宾语、定语、兼语等但其做定语的频率远远高于做其他成分的频率;从语音上讲宋金元时期是汉语与阿尔泰语接触融合的时期,其间汉语第二人称代词"你"在领属格的位置上,受阿尔泰语领属格辅音词尾-n 的影响发生了鼻音音变,即"你"由[ni]变成了[nin],因而出现了借音字"您"和新造字"恁"。元代以后,随着汉语受阿尔泰语影响的减弱,"您(恁)"作为第二人称代词其使用的区域范围逐渐缩小。这篇文章与作者 2007 年发表的《汉语第一人称代词"俺"的来源》结构相同,文章考察了大量的语料,从而使结论更具可靠性,而且除了语言自身的因素外还注意到外部原因即语言接触的影响,提出了与以往不同的新结论,不失为一种参考。

陈才的《宋以后第三人称代词"伊"、"渠"的演化——兼与王力先生〈汉语语法史〉商榷》对王力认为"伊""渠"在宋代很少见的观点提出了不同的看法。文章结合宋明清时期的一些语言现象,分口语、浅近文言和正式书面语言三个方面来考察"伊""渠"演变成"他"的历史时期,认为:"大约到明代中期,浅近文言中的'他'完全取代了'伊''渠'的语法地位,口语中这个替代的完成应该更早。而在正式书面语言中,'他'字大约在南宋时期开始使用,但'渠'字作为更规范的用字一直使用到明代,清代由'伊'字来取代'渠'字;而'他'在正式书面语中取代'伊',应该是新文化运动产生的结果。"[1]

陈淑梅的《近代汉语中的人称代词"贤"》指出"贤"在近代汉语中有一个特殊用法,即指代对话的对象,相当于第二人称代词。文章先分析了"贤"的语法特征,证明"贤"已具有人称代词的语法特征,然后考察了"贤"的语境特点,并论证"贤"在唐宋时已经发展为第二人称代词,最后简要讨论了"贤"的代词用法消失的原因。

这一时期,对某一类人称代词的整体研究也较多。

曹炜的《北京话三身代词的历时嬗变(1750—1950)》以《红楼梦》《儿女英雄传》《正红旗下》三部文献中三身代词的分布状况及使用特点作为依据,初步厘清自十八世纪中叶到二十世纪中叶北京话三身代词的发展演变轨迹,从而局部再现现代汉语三身代词的形成过程。曹炜发现,在这200年间北京话第一人称代词和第二人称代词的历时嬗变主要表现在家族成员的缩减和重要成员在句法、语义、语用层面的发展演变上,而第三人称代词仅表现在后者。在此研究成果基础上,曹炜、刘薇的《北京话第二人称代词句法、语义、语用的历时嬗变(1750—1950)》运用图表展示了北京话第二人称代词系统在1750—1950年家族成员的消长更替,并着重探讨了北京话第二人称代词"你""你们""你等"句法、语义、语用的历时嬗变与"您"的产生和发展。

李丹丹的《清中叶以来北京官话反身代词的演变》以《红楼梦》庚辰本中的反身代词系统为研究对象,发现清中叶以后北京官话反身代词系统的变化,这些

---

[1] 陈才:《宋以后第三人称代词"伊"、"渠"的演化——兼与王力先生〈汉语语法史〉商榷》,《励耘学刊》(语言卷),2012年第2期。

变化包括"自家"的消失、"各自"和"各自各儿"的出现、"自己个儿"和"自个儿"的出现等演变，并最终整合为"自己"和"自个儿"两种各有分工的形式。

除了上述研究成果，也有学者从专书方面研究人称代词，取得的成果也相对较多，其中较有代表性的是李文泽、高育花分别关于《老乞大》等书中人称代词的研究。《老乞大》是汉语会话教科书，使用的语言非常口语化，并且在使用中不断修订版本，真实反映了元明清时期汉语演变的真实面貌。

李文泽的《〈老乞大〉的人称代词研究——以〈原本老乞大〉〈老乞大谚解〉为例》以《原本老乞大》《老乞大谚解》为分析对象，探讨两书中使用人称代词的同异，揭示了近代汉语人称代词演变的一些明显变化，对我们研究元代至明清时期代词的发展演变有重要意义。

高育花的《〈老乞大谚解〉〈朴通事谚解〉中的人称代词》选取了《老乞大谚解》《朴通事谚解》中的人称代词为研究对象，详尽地统计、描写了两书中的人称代词使用情况，并在异同比较中突出了共同特点。两书成书年代相近，体例相同，这一研究成果对这个时期的断代研究有借鉴意义。一年后，高育花以两书中的疑问代词为研究对象，发表了《〈老乞大谚解〉〈朴通事谚解〉中的疑问代词》。文章统计了两书中的疑问代词共19个，并分五类分别描写各类中疑问代词的语义功能、句法功能和使用频率，然后对比两书中疑问代词使用的异同，最后综合上述材料来总结明初疑问代词的使用情况及特点。

此外，"定语+人称代词"的来源问题一直存在分歧，崔山佳的《"定语+人称代词"宋代已经成熟》在这一问题上主张自源说，即认为"定语+人称代词"是汉语的固有现象。文章认为至少在宋代，汉语中的"定语+人称代词"已经成熟，并且总结了其表现特点。

关于指示代词的研究，如梁银峰（2015）独辟蹊径，从修辞视角考察了宋金元明文献中指示词"兀底（的）"的语义属性。文章调查了宋金元明时期的词、戏曲、话本、会话书、长篇小说等白话文献，指出指示词"兀底（的）"在宋金元明时期的用法特点，并且提出："要考察指示词'兀底（的）'的语义属性，首先要对宋金元时期各类白话文献区别对待，因为这些文献的体裁不同，写作的目的不同,其语体特点和语言风格也会不一样。"①根据这个思路,文章利用"兀底(的)"在金代诸宫调和元杂剧中的曲词的用例,从修辞的视角论证了"兀底(的)"的语义属性,指出"兀底(的)"在这些作品中其他几个指示词"兀的""这般""恁般"构成互文关系,而非用来表达不同距离意义或区别不同客体,并得出了宋金元明时期文献中的指示词"兀底(的)"是纯粹表示中性的指示这一结论。

黎路遐和贾舒婷的《晚唐五代的"指示代词+'个'+名词"结构》考察了晚唐五代"指示代词+'个'+名词"结构的使用情况,认为晚唐五代的"指示代词+'个'+名词"由动词或动词组后的"'个'+名"前加指示代词而来,并探究了这一结构产生的动因和机制。文章指出这一结构中的"个"是量词,因此这一结构的出现"为后代的'指+量+名'提供了模型和示范"②。

有的论文的讨论涉及多类代词,如蒋冀骋的《近代汉语代词"伊""与么"考源》。文章先对人称代词"伊"的来源进行了考察,认为近代汉语人称代词"伊"来自远指代词"伊",并描写了南北朝时期至明代"伊"作为第二人称代词和第三人称代词的用例。然后探究了指示代词"与么"的来源,认为"与么"表指代来源于"以(已)"。

康健的《禅录代词隐指用法探析》以唐宋禅录中的代词为研究对象,分析了禅录中指示代词、反身代词和人称代词的隐指用法,认为代词隐指原因与宗教的神秘性、禅宗"不立文字"的教义、禅宗超常出格的个性以及代词的特殊性紧密相关,并讨论了禅录代词隐语的研究价值。

一些论文讨论了代词的某种语法现象或某个特点,较有代表性的是张俊阁的研究。张俊阁的《试析明清山东方言代词重叠和同义代词并列连用》选取明清时期具有山东方言背景的白话文献《金瓶梅词话》《醒世姻缘传》《聊斋俚曲》为研究对象,从语义和语用角度探究代词重叠或并列连用现象,发现其用例主要是

---

① 梁银峰:《从修辞的视角看宋金元明文献中指示词"兀底(的)"的语义属性》,《当代修辞学》2015年第1期。
② 黎路遐、贾舒婷:《晚唐五代的"指示代词+'个'+名词"结构》,见中国社会科学院语言研究所《历史语言学研究》编辑部编《历史语言学研究(第十辑)》,商务印书馆,2016,第183页。

指示代词,疑问代词的用例较少,人称代词没有重叠或连用的形式,并讨论了代词重叠或并列使用的原因及其语用价值。

除了常见的对人称代词、指示代词和疑问代词的研究,一些学者也对代词词尾"着"和人称代词的复数标记"们"进行了考察。

祖生利的《代词词尾"着"的来源》描写了现代汉语中带"着"的代词及其用法,考察了"着"缀代词出现的时间和早期形式,探究它们早期书面形式不对称的原因,并重点从汉语自身演变和语言接触的角度,探讨现代汉语代词词尾"着"及"这麼着""那麼着""怎麼着"说法的来源。文章认为代词词尾"着"的产生分内因和外因:从汉语自身发展的角度看,"代词词尾'着'源于时体助词'着'"[1];从语言接触的角度看,"这麼着""那麼着""怎麼着"的出现和盛行,离不开满语的影响。

王聪的《复数标记"们"的功能扩张及其类型学表现——以人称代词合音现象为例》以人称代词合音现象为例讨论复数标记"们"的功能扩张问题。文章主要探究了由人称代词和复数后缀"们"合音后所产生的"俺""您""偺(喒、昝)""您"的演化轨迹,并对其合音的原因进行阐释,认为这主要是在人称代词系统内部的竞争性和语言接触的影响的合力下形成的。

## 第五节 二十一世纪一十年代的近代汉语副词研究

这一时期,一些学者对副词展开了多角度研究,专著成果较多。唐为群的《"原来"、"从来"、"连连"三组时间副词研究》论述了"原来""从来""连连"这三组时间副词在中古以前、唐宋、元明、清四个时期形成、发展的过程,并比较了三组词内部成员在各时期意义、用法方面的异同。

张家合的《汉语程度副词历史演变的多角度研究》根据句法和语义特征,将程度副词分为最类、太类、甚类、更类和略类。该书共六章,前三章分别考察了

---

[1] 祖生利:《代词词尾"着"的来源》,见中国社会科学院语言研究所《历史语言学研究》编辑部编《历史语言学研究(第八辑)》,商务印书馆,2014,第166页。

上古汉语、中古汉语和近代汉语中上述五类程度副词的面貌，其中近代汉语程度副词系统最为完善，五类程度副词的数量都很客观，而且复音词发展很快。第四章考察了程度副词的组合功能及其历史发展，第五章运用词汇化、语法化理论对几组程度副词做"个案研究"，比如探究了程度副词"越"的来源、在近代汉语中的使用情况及其功能转变。第六章总结了程度副词系统稳定性、发展性、不对称性和差异性的发展特点。

罗耀华的《副词化、词汇化与语法化——语气副词探微》在前两章讨论了词汇化与语法化的对立与融合，在第三、四、五章具体探究了语气副词的词汇化与语法化问题，包括揣测类语气副词"或许""X+多/少""不见得"的词汇化与语法化，相似语气副词"何必、何苦""千万、万万""看来、想来""大概、也许"的共时、历时比较，以及"也许""抑""难怪""万一""横竖"类反义复合副词等的词汇化、语法化及相关问题。

有关近代汉语副词的研究，有的著作将其列为语法研究的一章或一部分，如孙锡信的《中古近代汉语语法研究述要》概述了近代汉语副词的研究情况，并专门总结了几个学界深入讨论的副词，即"白""好不""便、就""不成"等。吴福祥主编的《近代汉语语法》对副词的探讨在全书中所占篇幅较少，着眼点主要在副词的定义与分类、溯源、同一副词的不同书写形式、释义和多义副词这几个方面。力量的《近代汉语语法研究》在第二章实词部分讨论了近代汉语副词，该节根据副词的意义和用法将其分为若干组，分点介绍每个副词的用法，并列举了较多用例。钟兆华的《近代汉语虚词研究》在第一章探究了十个副词的词汇意义和历时演变情况，包括时间副词"忆昔、已经、新来"、方式副词"共相"、程度副词"益"、否定副词"别、休"、疑问副词"何忽、还、将非"。此外，马贝加的《汉语动词语法化》也运用语法化相关理论探讨了一些副词历时发展与演变路径，如时间副词"到底"产生于唐代，并进一步语法化为语气副词，其中还可细分多种用法。

专书研究方面，杨永龙、江蓝生所著的《〈刘知远诸宫调〉语法研究》描写了《刘知远诸宫调》里语气副词、时间副词、范围副词、程度副词、否定副词、方式副词中具体副词的语法意义和用法，细致统计各副词的使用频率。

曹广顺、梁银峰、龙国富的《〈祖堂集〉语法研究》在第三章描写了《祖堂集》的副词使用情况。该章将副词分为时间副词、范围副词、关联副词、否定副词、程度副词、语气副词和方式副词。

李崇兴、祖生利的《〈元典章·刑部〉语法研究》在第四章分类考察了《元典章·刑部》中的副词，包括总括副词、限定副词、时间副词、类同副词、累加副词、程度副词、否定副词和关联副词，并在该章节末的附录中列了《刑部》副词分类词表。

曹炜的《〈型世言〉虚词计量研究》在第六章对《型世言》的程度副词系统进行了全面的计量分析，该书对程度副词的分类较之《〈水浒传〉虚词计量研究》更加细化，包括五小类，即程度超常类副词、程度较高类副词、程度加深类副词、程度轻微类副词、程度接近类副词。该书在文末附录中列了《型世言》程度副词韵律特点表和程度副词语法功能分布表，有助于我们把握明代副词概貌。

王毅的《〈西游记〉语法研究》在第四章根据副词的功能特征与语法意义，把《西游记》中的副词分为六类加以讨论，顺序依次为时间副词、程度副词、范围副词、否定副词、语气副词、情态副词。全章主要是对《西游记》中出现副词数量的统计和用法的共时描写，基本不涉及历时考察。

王素改的《〈绿野仙踪〉副词研究》在其博士论文基础上修改而成。全书共五章：第二章对《绿野仙踪》的副词进行穷尽性研究，分类描写了每个副词的使用频率、意义、组合能力、句法功能等；第三章将《绿野仙踪》副词分别与同时期的《红楼梦》《儒林外史》《儿女英雄传》横向比较，反映了不同作品的语言风格差异，有助于认识《绿野仙踪》的语言特点，也有助于把握清代副词的总体面貌；第四章将《绿野仙踪》副词分别与宋元明时期副词、现代汉语副词纵向比较，揭示出了副词在历史长河中的发展轨迹；第五章通过对《绿野仙踪》副词多角度考察，总结了书中副词在使用频率、意义、组合能力、句法功能等方面的特点与变化。

论文方面，这个时期对近代汉语的研究主要集中于对个案研究和近代汉语专书研究。近代汉语副词的个案研究主要是进行历时的探源及演变发展研究，下面将分类说明。

关于近代汉语时间副词的研究成果较多，其中较有代表性的研究是对时间副词"在""正在"的探讨。

雷冬平和胡丽珍的《时间副词"正在"的形成再探》归纳了前人对时间副词"正在"形成过程的研究观点，概括为"脱落"说和"合成"说两派，指出两派观点中仍未解决的问题，并提出自己的观点：赞同"脱落"说，认为时间副词"正在""是在'正+在+这里/那里+VP'的结构中形成的"[1]。文章先考察了"在这里/那里"由表处所的介宾短语语法化为进行体标记的时间和原因，并用多地方言佐证表进行的用法，然后分析了"正+在这里/那里"重新分析成"正在+这里/那里"的过程和影响因素，论证清晰有力。

张劼的《普通话副词"在"源流考辨》在考察历时文献后，指出早在敦煌变文中已出现"在+动"式，而"正在+动"式的最早用例不早于宋代，并以此反驳前人提出的"在"是"正在"脱落"正"而来的"脱落"说，认为副词"在"的出现时间并不晚于副词"正在"。文章探讨了南方官话和吴语对副词"在"产生的作用，并描写了副词"在"在现代汉语普通话中的使用情况以及推测普通话从方言中吸收这一词语的原因。

付义琴的《时间副词"在"的定位功能》讨论了"在"在现代汉语中由空间定位向时间定位的发展，以其定位性指出"在"与"着"的不同，并在第三部分对"在"的定位功能进行历时考察，"在"直到明代才产生时间副词用法，而且副词"在"的产生与时间副词"正在"关系密切。

于立昌的《时间副词"在"的语法化》也认为时间副词"在"不是由"正在"演化而来的，而是存在义动词"在"在"在+VP"结构中在句法位置、隐喻机制等的影响下，介词性增强，语义也发生变化，最终获得时间副词的用法。文章在探讨时间副词"在"的演变过程中也分析了前人的不同观点。

关于近代汉语程度副词的个案研究不胜枚举，其中较有代表性的如麻爱民（2010）、张家合（2010）、陈晓（2013）、雷冬平等（2014）、雷冬平（2018）等。

---

[1] 雷冬平、胡丽珍：《时间副词"正在"的形成再探》，《中国语文》2010年第1期。

麻爱民的《副词"几乎"的历时发展》考察了"几乎"的历时演化过程，认为"几乎"中的形容词"几"与介词"乎"在中古以前仍不在同一语法层面上，并从词义、结构关系、语言系统等方面证明"几乎"在宋代时重新分析为副词，然后介绍了"几乎"在元明时期进一步发展的情况，最后简要分析了其演化原因和机制。

张家合的《程度副词"越"、"越发"的语法化及相关问题》探讨了程度副词"越"的发源及产生过程，其中简要介绍了"越发"的来源，然后从"越"的句法特征及功能转变、"越发"繁荣发展与式微的情况等来讨论"越""越发"在近现代汉语中的使用情况，并在文末综合讨论了"超越"义词语的演变路径、"越"功能嬗变的原因、"越发"的衰落原因等相关问题。

陈晓的《清末民初北京话里的程度副词"所"》通过调查从清初至民国的多种具有北京话特色的语料，考察了"所"在清末至民国时期独特的表示"完全、彻底"义副词的用法。文章细致地从结构特点、语义语用分布、语体限制、地域限制和时代限制等方面讨论了"所（程度副）+VP"的特点，并在文末提出"所（程度副）"来源于宋元时期"索"的"真是、煞是"义项的初步设想，但暂未找到有力证据支持这一设想。

雷冬平、覃慧娴、李要珍的《"无比"副词化的动因、机制及其功能扩展研究》将副词"无比"的产生过程包含在对其副词化动因和机制的分析中，并指出："'无比'从动词向副词演变的动因和机制主要有五点：构式压制、紧邻语境的转变、重新分析、句法外置和韵律制约。"[①]文章认为程度副词"无比"在明清时期已完全形成，并分析了程度副词"无比"在近代汉语和现代汉语中的句法功能扩展。

此后，雷冬平的《程度副词"相当"形成的特殊路径》指出"相配"义的"相当"可受程度副词修饰，认为其为形容词，分析了"相当"的定语功能，并认为程度副词"相当"正是在构式"有+相当+的+名词"中形成的。

关于情态副词的个案研究有胡静书的《揣测情态副词"恐怕"的形成》，其

---

① 雷冬平、覃慧娴、李要珍：《"无比"副词化的动因、机制及其功能扩展研究》，《语言教学与研究》2014年第6期。

探究了情态副词"恐怕"的来源，认为它是由动词性词组"恐怕"虚化而来的。文章分析了揣测义情态副词"恐怕"形成过程中的四个重要环节，并指出"恐怕"的揣测义是"由隐含义变为一个'显性义'"①而得以产生的。

有关语气副词的个案研究成果也很丰富，其中在这一时期较特别的研究如唐贤清和罗主宾（2014）、匡鹏飞（2011）、朴元基（2011）、邢向东和周利芳（2013）、刘丞（2014）等。

唐贤清、罗主宾的《明清时期副词"真个"的句法表现和主观性分析》专门分析了副词"真个"在明清时期的句法方面的显著特征，从主观性角度对这些特征进行解释，并指出它在明清时期表现的这些用法"体现了它从表现主观性到表现交互主观性、从作句法成分到成为话语标记的演变过程"②。

匡鹏飞的《语气副词"明明"的主观性和主观化》先从现代汉语的共时层面，依据"明明"的语气表达功能和语义背景展现了其主观性程度，然后从历时层面探讨了"明明"由形容词在特定句法环境中语法化为语气副词的过程，并指出这个语法化过程也是其主观化过程。

朴元基的《近代汉语中际遇义"得"的语法化》通过调查唐、宋、明、清各时期语言资料，分析了际遇义"得"在语义和形式上的特点，并考察了其语法化过程，认为"唐代开始产生的际遇义'得'字，历经了宋代的完全普遍化，元末明初的极盛，至明代中期开始慢慢低落，到清代实际上已经完全消失"③。文章还探讨了其语法化机制，指出了上下文环境、转喻和重新分析对其语法化的影响。值得注意的是，际遇义"得"的动词性很强，因此文中讨论的际遇义"得"字既有副词范畴的，也有仍停留在动词范畴的。

邢向东和周利芳的《陕北神木话的语气副词"敢"及其来源》描写了语气副词"敢"在现代汉语方言神木话中的意义和用法，并在第五部分结合元代口语文献，探讨了表确认的语气副词"敢"和表可能的"敢"的源流关系。

---

① 胡静书：《揣测情态副词"恐怕"的形成》，见浙江大学汉语史研究中心编《汉语史学报（第十一辑）》，上海教育出版社，2011，第124页。
② 唐贤清、罗主宾：《明清时期副词"真个"的句法表现和主观性分析》，《语言研究》2014年第1期。
③ 朴元基著，尹淳一译：《近代汉语中际遇义"得"的语法化》，见复旦大学汉语言文字学科《语言研究集刊》编委会编《语言研究集刊（第八辑）》，上海辞书出版社，2011，第314页。

刘丞的《从质疑选择到规劝祈使："何必"的副词化及相关问题》从词汇化和主观化方面出发，探究了"何必"的历时演变过程和成因，认为它形成于六朝，唐以后渐趋定型，发展到现在已经是较为成熟的语气副词，并分析了"何必"与"又""呢"的关系。

关于关联副词的个案研究如李焱、孟繁杰的《关联副词"倒"的演变研究》考察了"倒"在唐以前、唐宋元、明清的使用与发展情况，展现了关联副词"倒"的发展脉络，并探讨了"倒"虚化的原因和机制。

这一时期，也有不少学者在探讨某类副词中取得成果。

刘华丽的《近代汉语双音节情态副词"X好"历时生成分析》讨论了契合类情态副词"X好"，这类副词在近代汉语中的成员有"刚好、正好、恰好、却好"。文章分别考察了这四个词的语法化过程，并综合研讨了情态副词"X好"的生成条件。

邵敬敏和王宜广的《"幸亏"类副词的句法语义、虚化轨迹及其历史层次》先对"幸亏"的词义解释加以修正，然后分析了"幸亏"类副词句式的句法特点，比较了"幸亏"类副词在句法语义特点上的异同，并重点考察了"亏"的虚化轨迹，认为"明代是'亏'从动词向副词演变的关键时期"[①]。文章也考察了这类副词的来源，发现分别来源于古代汉语层次、近代汉语层次和现代汉语层次，即"是三个不同历史层次的累积和叠加"[②]。

王进的《元代禁止副词"勿""莫""休"——兼论禁止副词"别"》先列表统计了禁止副词"勿""莫""休"在时代比较确定的元代文献中的使用情况，分别探究了这三个词的出现时间，发现其中禁止副词"休"在唐代时兴起，至元代时已在三词中占据优势地位。文章也讨论了禁止副词"别"，在考察明清文献后指出："禁止副词'别'是明代才开始产生并逐渐广泛应用起来的。"[③]

张赪的《明清时期完成体否定副词的历时演变和共时差异》选取了明中叶、

---

[①] 邵敬敏、王宜广：《"幸亏"类副词的句法语义、虚化轨迹及其历史层次》，《语言教学与研究》2011年第4期。

[②] 邵敬敏、王宜广：《"幸亏"类副词的句法语义、虚化轨迹及其历史层次》，《语言教学与研究》2011年第4期。

[③] 王进：《元代禁止副词"勿""莫""休"——兼论禁止副词"别"》，《汉语学报》2014年第2期。

明末、清中叶三个历史时期的六部代表性语料《金瓶梅》《西游记》《醒世姻缘传》《拍案惊奇》《红楼梦》《儒林外史》，对这些语料中的完成体否定副词作了穷尽性考察，发现这六部书中的完成体否定副词主要有"没、不曾、未、未曾"，分析比较了这些完成体否定副词在地域分布、语体分布用法等方面的差异，并讨论了这些副词的历史演变，总结了这段时期完成体否定副词系统的特点，最后探讨了明清汉语完成体否定副词在现代汉语方言中的发展与分布。

此外，李明的《唐五代的副词》对副词进行断代研究。文章分类梳理了唐五代时期口语性较强的王梵志诗、《坛经》、《神会语录》等八种文献中的副词，主要讨论了七类副词，即范围副词、程度副词、时间副词、累加副词、关联副词、语气副词、情状/方式副词。各类副词下再细分小类，每个副词都描写了其语义、用法，有的副词间进行比较分析或探究其共同语义来源，如对总括副词"全、专、纯"等词的分析。

这一时期，关于副词的专书研究成果也较多，较为典型的是梁银峰对《祖堂集》中副词的研究。梁银峰的《〈祖堂集〉的语气副词系统》考察了《祖堂集》中的语气副词，将其根据语气和主观情态的不同分为十五小类，并列表统计了各类词项和使用频率。文章重点探讨了其中在唐代以后新兴的七小类语气副词，即分别表示肯定（强调）、推测、相反、总结、释因、反诘、疑问的语气副词。文章描写了这些语气副词的语义和功能，并初步探究了其形成过程。

同年，梁银峰还发表了《〈祖堂集〉的时间副词系统》。文章先对时间副词的范围做出界定，将书中的时间副词分为时体副词、时长副词和承接副词三类，穷尽式统计了各类副词的词项和使用频率，描述了各时间各副词的用法，并从出现频率和双音时间副词方面总结了《祖堂集》中时间副词系统的突出特点。

除了上述研究成果，还有一些学者从演变路径和来源问题对近代汉语副词进行研究。

雷冬平、胡丽珍的《近代汉语虚词词汇化的一种特殊形式》考察了"起为头""一周遭""各到处""休得要"等词的来源和用法，认为它们是通过"同义交叉缩合构词法"①而成的，并指出这些词的连用缩合方式可分为两类，一类是 AC+BC→ABC，另一类则是 AB+AC→ABC。

雷冬平、胡丽珍的《论副词"特为"形成的突变与渐变及相关问题》探讨的副词"特为"既是程度副词，又是情态副词。文章主要考察了"特为"的程度副词用法、情态副词用法的功能和形成路径，发现它们由两种不同路径而成，一为突变，一为渐变。在对副词"特为"的这两种演变路径探讨后，文章总结了区分突变与渐变的三大原则，即时间顺序原则、结构层次原则和逻辑推理原则。

刘红妮的《"终于"的词汇化——兼谈"X于"词汇化中的介词并入》先探讨了"终于"的词汇化历程，认为"副词'终于'是由'动+介'的非句法结构词汇化形成的"②，然后运用介词并入和去范畴化理论解释了"终于"副词化的动因，并由此扩展探究介词并入对"X于"类词词汇化的影响。

## 本 章 小 结

到了二十一世纪一十年代，近代汉语连词的研究进入繁荣鼎盛期。就近代汉语连词研究的专著而言，这一时期诞生了一批近代汉语连词研究的专书，不仅包括连词的断代研究专书，还包括连词的语义、语用研究专书，以及某类连词的研究专书等；就近代汉语连词研究的论文而言，这一时期关于近代汉语某类连词的研究成果大量增加，近代汉语连词研究的商榷性文章也频频出现。总体而言，无论是以专著形式，还是以论文形式，近代汉语连词研究的成果在这一时期都得到了长足的发展。

二十一世纪一十年代初，关于近代汉语连词研究最突出的成果就是席嘉于 2010 年出版的《近代汉语连词》一书，这是学界第一部关于近代汉语连词研究的专书。该书对晚唐五代至清末的连词进行了梳理，较为全面地揭示了近代汉语连

---

① 雷冬平、胡丽珍:《近代汉语虚词词汇化的一种特殊形式》,《古汉语研究》2010 年第 1 期。
② 刘红妮:《"终于"的词汇化——兼谈"X于"词汇化中的介词并入》,《阜阳师范学院学报》(社会科学版), 2010 年第 2 期。

词系统的面貌,卢烈红在该书的序言中作如下评价:"堪称目前近代汉语连词最全面、最系统的研究成果。"①

这一时期关于近代汉语连词断代研究的专著除了《近代汉语连词》之外,还有谢洪欣的《元明时期汉语连词研究》一书,该书是研究元明时期汉语连词的学术专著,通过这本书我们可以清楚地看出现代汉语连词系统在元明时期就已经初步发展成熟。

徐朝红的《汉语连词语义演变研究》一书是从语义演变角度来观察连词演化的专著。与以往从汉语句法学框架下进行的研究不同,该书对近代汉语连词的研究聚焦于连词的语义演变,是第一部汉语连词语义演变的专著。

值得注意的是,这一时期还新出现了某类连词的研究专著,以史冬青的《汉语并列关系连词通释》一书为代表。该书讨论了240个包括并列、承接、递进、选择四个类别的并列关系连词,对近代汉语并列关系连词的讨论尤为详尽,对于我们研究近代汉语并列关系的连词有借鉴意义。

近年来随着词汇化研究的深入,很多学者开始关注汉语并入现象,尤其是对连词词汇化过程中的代词并入现象,如张田田的《汉语代词并入现象研究》一书便是汉语代词并入现象研究的专著。

这一时期新出现了一批关于近代汉语词汇和语法研究的专著,均对近代汉语连词的用法进行了考察。

吴福祥在其《近代汉语语法》中对近代汉语连词的来源、演变和发展进行了考察,主要分为三个部分,第一部分以吴福祥(1996)、蒋冀骋和吴福祥(1997)的研究作为基础,介绍了连词的概念和分类,并对近代汉语中几个比较重要的连词的发展演变进行了考察;第二部分描写了近代汉语中联合关系连词的用法,同时也梳理了这些连词从上古发展到近代的演变过程;第三部分则描写了主从关系连词的用法。最后,该书还总结了联合关系连词和主从关系连词在近代的发展演变特点。

钟兆华在其《近代汉语虚词研究》中也考察了近代汉语连词的用法,将近代

---

① 席嘉:《近代汉语连词》,中国社会科学出版社,2010,第2页。

汉语连词分为并列连词、进层连词、假设连词、让步连词和选择连词五大类,其中并列连词包括"和""并""泊""兼""将""共""同"等,进层连词包括"兼""仍"等,假设连词包括"若还""必若""忽然""要"等,让步连词包括"假使""假饶""就是""便"等,选择连词包括"将""为""还"等,每个连词设一节,主要讨论了它们的来源与发展以及在近代汉语中的使用情况。

力量的《近代汉语语法研究》根据所关联的词语之间的意义关系,将近代汉语中的连词分为并列、承接、递进、选择、转折、假设、条件和因果等八大类,并在每一类下列举一些词,分别举例说明。该书重点说明了连词在近代汉语和现代汉语中的不同之处,但总体而言,该书对近代汉语连词的讨论着力不多,对部分连词的分析不是很详细。

专书的近代汉语连词研究在这一时期仍然十分盛行,较有代表性的是曹广顺、梁银峰、龙国富的《〈祖堂集〉语法研究》,杨永龙、江蓝生的《〈刘知远诸宫调〉语法研究》,李崇兴、祖生利的《〈元典章·刑部〉语法研究》,曹炜的《〈型世言〉虚词计量研究》和《〈金瓶梅词话〉虚词计量研究》等。

这一时期,关于近代汉语连词研究的文章大量出现,近代汉语连词研究的特点主要表现在:近代汉语连词研究的文章在数量上达到全盛;关于某类连词的研究成果,除了之前比较常见的并列连词和让步连词的成果之外,这一时期学界对假设连词、转折连词以及表果连词也予以了较多的关注;关于连词语法化的研究成果也大量增加,且更多为双音连词的语法化。

近代汉语中的并列连词仍然是这一时期学界比较关注的一类连词,与二十一世纪初十年相比,这一时期关于并列连词的研究不再局限于专书中某个并列连词的考察,而更多关注并列连词整体的发展演变历程以及其来源探析,较有代表性的是张莹(2010)、宋青和曹炜(2012)、唐钰明和徐志林(2015)、徐朝红(2016a)、崔山佳(2017)等。

二十一世纪初十年学界对近代汉语让步连词的关注主要集中在"即使""虽"等的考察上,到了一十年代近代汉语让步连词的研究成果逐渐减少,但仍然存在,较有代表性的是周晓林和王进超(2011)等。

除了并列连词和让步连词，这一时期学者也开始关注假设连词、转折连词以及表果连词等，其中假设连词和转折连词的研究成果较多。对近代汉语假设连词的研究较有代表性的有徐朝红和胡世文（2010）、潘志刚（2011）、宋青（2011）、张雪平（2017）等。近代汉语中的转折连词在这一时期也备受学者关注，较有代表性的有何潇（2016）、郭燕妮（2017）等。除此之外，也有学者关注到了表果连词的使用情况，如李为政（2017）对表果连词"因而"的发展演变情况进行了讨论。

近代汉语连词的语义演变也受到了学界的关注，徐朝红发表了一系列关于近代汉语连词语义演变的文章，其中主要为假设条件连词和让步连词的演变情况。徐朝红（2016b）以"还""向"为例，对"持续义""追溯义"的时间范畴向条件范畴的语义演变情况进行了考察。之后，徐朝红又对让步连词的语义演变进行了考察，包括从让步条件连词到让步连词的语义演变、从时间范畴到让步范畴的演变等。徐朝红（2017a）讨论了让步条件连词到让步连词的语义演变情况。徐朝红（2017b）则以"正"和"每"为例探讨了时间范畴向让步范畴的演变，并分析了这种演变发生的语用机制。

这一时期，关于近代汉语连词的研究论文大多以双音连词作为研究对象，也有少数单音连词的研究成果，较有代表性的有赵川兵（2010）、骆锤炼和马贝加（2015）等。

进入二十一世纪以来，结合代词的虚化来讨论汉语连词语法化和词汇化的课题逐渐引起学界的关注，较有代表性的有丁健（2011）、张俊阁（2011a）、张田田（2012）、潘晓军（2015）等。

除了代词并入连词的连词化现象，这一时期也有学者关注到介词发展演变为连词的现象，如张成进（2018）就讨论了介-连兼类词"鉴于"一词的词汇化和语法化现象。

关于双音节连词词汇化和语法化的探讨是这一时期学界关注的重点，较有代表性的有席嘉（2010）、王建军（2010）、叶建军（2010）、姚双云（2010）、宋青（2012）、雷冬平和罗华宜（2013a，2013b）、艾尔丽（2014）等。

总体而言，无论是以专著形式，还是以论文形式，近代汉语连词研究的成果在这一时期都得到了长足的发展。

这一时期，有关近代汉语助词研究的著作有孙锡信的《中古近代汉语语法研究述要》，该书评介了不少有关近代汉语助词研究的重要著作，并在"近代汉语语法的专题研究"章节讨论了助词"了""着""底、地、的"相关问题。吴福祥的《近代汉语语法》助词部分由陈丹丹执笔，主要讨论近代汉语助词的来源和演化过程，包括动态助词"却、将、取、得、来""了""着（著）""过"，尝试态助词"看"，事态助词"了""来""去"，结构助词"底""地""的"，语气助词"聻（呢）""那""里（哩）""在""麽（吗）"。力量的《近代汉语语法研究》按照传统语法学的研究方法和理论视角，以词法、句法为纲，探讨了近代汉语语法中词法、句法的种种现象。在第三章虚词部分讨论了近代汉语助词问题。钟兆华的《近代汉语虚词研究》立足于近代汉语，根据传统语言学的理论与方法，以翔实的资料为依据，吸收前人的成果，考察了近代汉语副词、连词、介词、助词的构成、词义及历时演化。助词部分主要探究了语气助词"吗""呀""啊""哪""者""咱"、动态助词"讫""定"、比拟助词"似的"、格助词"的"的起源及其历时变化问题。

有的学者从专书研究方面对近代汉语助词系统进行整体性讨论，包括杨永龙、江蓝生的《〈刘知远诸宫调〉语法研究》，曹广顺、梁银峰、龙国富的《〈祖堂集〉语法研究》，李崇兴、祖生利的《〈元典章·刑部〉语法研究》，曹炜的《〈型世言〉虚词计量研究》和《〈金瓶梅词话〉虚词计量研究》，王毅的《〈西游记〉语法研究》等。

上述专书研究的著作基本上都是对所研究的专书中的助词进行穷尽性的静态描写，一般不涉及源流的探索，更多是从共时层面揭示近代汉语助词的特点。

语法化视角下的汉语研究逐渐系统化，研究专著不断增加，其中最具代表性的是马贝加的《汉语动词语法化》。该书立足于动词，探究动词各次类语法演变的轨迹，讨论双动词结构不同语义关系的历史发展，并进行动词的个案分析，以揭示汉语动词语法化的演变规律。

论文方面，这一时期仍有不少文章对近代汉语重要文献进行封闭语料的研究，其中较有代表性的有翟燕（2010）、王衍军（2011）、冀芳（2010）、郑淑花（2013）、张燕（2015）等。

这一时期对近代汉语助词的整体性讨论较少，较有代表性的是翟燕（2012，2013a）的研究。

有的学者对某一类代词进行断代研究，比较有代表性的是王华（2014a，2014b）的研究。

值得注意的是，对单个助词的来源和演变的研究大大增加，而且有不少学者结合语法化理论进行研究。

关于结构助词"底"的来源一直是助词研究的热点问题。何瑛（2010）、梁银峰（2011）都对此问题进行了探讨。关于结构助词的探讨，除了结构助词"底"，还有对结构助词"的""家"的研究。苏政杰（2010）考察了结构助词"的"的语法化历程，王苗（2015）探究了结构助词"家"的来源和演变，王华（2018）分析了完成态助词"得"在近代汉语中的分布及与助词"了"的关系。

关于概数助词的研究，较有代表性的是张言军和储泽祥（2015）、张爱玲（2016）、张言军和唐贤清（2017）等。

关于假设助词的研究，崔云忠（2018）详细描写了"时节"表假设的句法形式、语义及语用功能，梳理了其来源及语法化过程。

关于语气助词的研究，汪如东（2010）、翟燕（2013b）、姚尧（2015a）、祖生利和毕晓燕（2017）等讨论了相关问题。

关于比拟助词，姚尧（2015b）、胡承佼（2015）都探讨了助词"一般"的语法化问题。

这一时期，有很多学者将方言同近代汉语助词结合研究，比如邵宜（2010）、王衍军（2015）、蔡晓臻（2018）等。

有的学者从语言接触的视角出发，对近代汉语助词展开研究。竹越孝和陈晓（2016）调查了满语助词 dabala 与汉语句末助词"罢了/罢咧"之间的关系。

这一时期的介词研究继续保持着繁荣发展，著作与论文都取得了不俗的成绩。著作主要是语法、虚词研究和专书研究。

吴福祥主编的《近代汉语语法》第五章为"介词"研究，由祖生利执笔，在对近代汉语介词的系统性分类描写的基础上，通过个案研究对介词产生、演变的规律和机制进行了深入讨论。

力量的《近代汉语语法研究》在讨论词法的第三章"虚词"部分选取了一些介词,通过对比它们用法中与现代汉语中的用法的异同,展现了介词的历时发展脉络。

钟兆华的《近代汉语虚词研究》在第三章分节探讨了时间介词"经",方所介词"就""望""往""在",对象介词"从""就""问",牵涉介词"连""和""并",论述了各介词的语法职能及其词汇内涵。

孙锡信的《中古近代汉语语法研究述要》也涉及了近代汉语介词的研究情况。

马贝加的《汉语动词语法化》从语法化的角度探究了由动词演变为介词的多条演变路径,不但细致研究了不同介词的功能用法,而且从理论高度概括了动词语法化为介词的句法语义机制。

专书研究方面,有杨永龙和江蓝生的《〈刘知远诸宫调〉语法研究》、曹炜的《〈型世言〉虚词计量研究》和《〈金瓶梅词话〉虚词计量研究》、田春来的《〈祖堂集〉介词研究》、王毅的《〈西游记〉语法研究》等。

这一时期的论文成果十分丰硕,学者从多个角度探究了近代汉语介词。

学界对近代汉语介词的个案研究很有代表性,大多探究了其来源或发展演变过程,如何洪峰(2011)、郭家翔(2013)、李炜和石佩璇(2015)、毛文静(2018)等。

关于双音介词的来源或演变过程也有不少学者加以研究。

这一时期,张成进(2014)和吴玉芝(2016)讨论了介词"关于"的来源问题。张美霞(2015)探讨了方向介词"对着"的演变过程与形成机制。

何洪峰在这一时期发表了多篇论文讨论某一类介词。何洪峰(2012)通过考察限域性介词"投、劈、拦"的用法,探究了限域性介词的特点;何洪峰(2013)讨论了一类新生后又终止用法的介词;崔云忠和何洪峰(2014)、何洪峰和崔云忠(2014)讨论了次生介词;何洪峰和张文颖(2015)探讨了单音原生依凭介词的语义范畴,归纳了依凭介词的语义来源;何洪峰和崔云忠(2015)考察了"沿顺"义介词的内部层次性;何洪峰和贾君芳(2018)探讨了汉语时间介词系统构成与演变。

除了何洪峰的相关研究之外，田春来（2011）、詹绪左和崔达送（2011）、孙品健（2017）、张云峰（2013）等也研究了某一类介词。

有的学者运用语法化理论探究了介词的语法化路径或动因、机制，这一时期较有代表性的有马贝加和王倩（2013）、孙露丹和马贝加（2014）、何洪峰（2014）、张成进（2015）等。

在二十一世纪一十年代，近代汉语代词研究的热度依旧不减，成果颇丰。

孙锡信的《中古近代汉语语法研究述要》在近代汉语代词的专题研究中，特别指出了几个在前辈研究的基础上又进行了进一步探讨的词语，即"你、您、他、什么"。有关近代汉语代词研究的通论方面，还有吴福祥主编的《近代汉语语法》。该书代词一章分为人称代词、指示代词、疑问代词和表复数的"们"，主要以吕叔湘的研究为依据，同时也吸纳其他学者的一些研究成果，描述了近代汉语的代词系统，以及相关范畴和标记的产生和发展。

这一时期，关于方言代词的专著也在逐渐增加，最具代表性的是张俊阁的《明清山东方言代词研究》。该书在细致描写明清时期山东方言代词系统的基础上，结合宋、辽、金、元时期汉语发展的社会语言环境，对近代汉语代词及相关问题的形成机制及发展变化进行了较有说服力的解释。作者将共时研究与历时分析结合起来，运用语法化理论对代词的发展演变规律进行了较为深入的探讨，具有相当的深度。

有的学者从专书研究方面对近代汉语代词系统进行整体性讨论，包括杨永龙和江蓝生所著的《〈刘知远诸宫调〉语法研究》、曹炜的《〈型世言〉虚词计量研究》和《〈金瓶梅词话〉虚词计量研究》。

在论文方面，对近代汉语代词的探讨主要集中在人称代词方面，也有一些学者考察了指示代词、疑问代词。

在二十一世纪一十年代，关于人称代词的个案研究成果较多，较有代表性的有张俊阁（2010）、陈才（2012）、陈淑梅（2013）等。

这一时期，对某一类人称代词的整体研究也较多，例如李丹丹（2013）、曹炜（2014）、曹炜和刘薇（2014）等。

除了上述研究成果，也有学者从专书方面研究人称代词，取得的成果也相对较多，其中较有代表性的是李文泽（2010）、高育花（2014）分别关于《老乞大》等书中人称代词的研究。

此外，"定语+人称代词"的来源问题一直存在分歧，崔山佳（2015）在这一问题上主张自源说，即认为"定语+人称代词"是汉语的固有现象。

关于指示代词的研究，如梁银峰（2015）独辟蹊径，从修辞视角考察了宋金元明文献中指示词"兀底（的）"的语义属性。黎路遐和贾舒婷（2016）考察了晚唐五代"指示代词+'个'+名词"结构的使用情况。

有的论文的讨论涉及多类代词，如康健（2011）、蒋冀骋（2015）。

一些论文讨论了代词的某种语法现象或某个特点，较有代表性的是张俊阁（2011b）的研究。

除了常见的对人称代词、指示代词和疑问代词的研究，祖生利（2014）考察了代词词尾"着"的来源，王聪（2016）探究了人称代词的复数标记"们"的功能扩展问题。

这一时期，一些学者对副词展开了多角度研究，专著成果较多。唐为群的《"原来"、"从来"、"连连"三组时间副词研究》论述了"原来""从来""连连"这三组时间副词在中古以前、唐宋、元明、清四个时期形成、发展的过程，并比较了三组词内部成员在各时期意义、用法方面的异同。

张家合的《汉语程度副词历史演变的多角度研究》根据句法和语义特征，将程度副词分为最类、太类、甚类、更类和略类。该书共六章，前三章分别考察了上古汉语、中古汉语和近代汉语中上述五类程度副词的面貌，其中近代汉语程度副词系统最为完善，五类程度副词的数量都很客观，而且复音词发展很快。第四章考察了程度副词的组合功能及其历史发展，第五章运用词汇化、语法化理论对几组程度副词做"个案研究"，比如探究了程度副词"越"的来源、在近代汉语中的使用情况及其功能转变。第六章总结了程度副词系统稳定性、发展性、不对称性和差异性的发展特点。

罗耀华的《副词化、词汇化与语法化——语气副词探微》在前两章讨论了词汇化与语法化的对立与溶合，在第三、四、五章具体探究了语气副词的词汇化与语法化问题。

有的著作将近代汉语副词列为语法研究的一章或一部分，如孙锡信的《中古近代汉语语法研究述要》概述了近代汉语副词的研究情况，并专门总结了几个学界深入讨论的副词，即"白""好不""便、就""不成"等。吴福祥主编的《近代汉语语法》对副词的探讨在全书中所占篇幅较少，着眼点主要在副词的定义与分类、溯源、同一副词的不同书写形式、释义和多义副词这几个方面。力量的《近代汉语语法研究》在第二章实词部分讨论了近代汉语副词，该节根据副词的意义和用法将其分为若干组，分点介绍每个副词的用法，并列举了较多用例。钟兆华的《近代汉语虚词研究》在第一章探究了一些副词的词汇意义和历时演变情况。此外，马贝加的《汉语动词语法化》也运用语法化相关理论探讨了一些副词历时发展与演变路径。

研究专书中近代汉语副词的著作有：杨永龙、江蓝生的《〈刘知远诸宫调〉语法研究》，曹广顺、梁银峰、龙国富的《〈祖堂集〉语法研究》，李崇兴、祖生利的《〈元典章·刑部〉语法研究》，曹炜的《〈型世言〉虚词计量研究》，王毅的《〈西游记〉语法研究》和王素改的《〈绿野仙踪〉副词研究》等。

论文方面，这个时期对近代汉语的研究主要集中于对个案研究和近代汉语专书研究。近代汉语副词的个案研究主要是进行历时的探源及演变发展研究，下面将分类说明。

关于近代汉语时间副词的研究成果较多，其中较有代表性的研究是雷冬平和胡丽珍（2010a）、张劼（2011）、付义琴（2012）、于立昌（2018）对时间副词"在""正在"的探讨。关于近代汉语程度副词的个案研究不胜枚举，其中较有代表性的如麻爱民（2010）、张家合（2010）、陈晓（2013）、雷冬平等（2014）、雷冬平（2018）等。关于情态副词的个案研究有胡静书（2011）。有关语气副词的个案研究成果也很丰富，其中在这一时期较特别的研究如唐贤清和罗主宾（2014）、匡鹏飞（2011）、朴元基（2011）、邢向东和周利芳（2013）、刘丞（2014）等。关于关联副词的个案研究如李焱和孟繁杰（2011）探究了关联副词"倒"的发展脉络和演变机制。

这一时期，也有不少学者在探讨某类副词中取得成果，例如刘华丽（2010）、邵敬敏和王宜广（2011）、王进（2014）、张赪（2016）等。

此外，李明（2013）对副词进行断代研究。

这一时期，关于副词的专书研究成果也较多，较为典型的是梁银峰（2010a，2010b）对《祖堂集》中语气副词和时间副词的研究。

除了上述研究成果，还有一些学者从演变路径和来源问题对近代汉语副词进行研究。雷冬平和胡丽珍（2010b）提出了同义交叉缩合构词法，雷冬平和胡丽珍（2017）探讨了副词"特为"形成的突变与渐变演化路径，刘红妮（2010）考察了介词并入对"X 于"类词词汇化的影响。

# 参 考 文 献

艾尔丽. 2014. 特殊方言连词"打 X"的来源分析——兼论"打""待"等词语的连词化[J]. 语言研究, 34(2): 46-49.
蔡晓臻. 2018. 清代传本苏州弹词的方言语气助词与叹词的使用特点——以"吓"、"唅(喻)"为例[J]. 语言研究, 38(2): 54-57.
曹广顺, 梁银峰, 龙国富. 2011.《祖堂集》语法研究[M]. 开封: 河南大学出版社.
曹炜. 2011a.《金瓶梅词话》虚词计量研究[M]. 广州: 暨南大学出版社.
曹炜. 2011b.《型世言》虚词计量研究[M]. 广州: 暨南大学出版社.
曹炜. 2014. 北京话三身代词的历时嬗变(1750—1950)[J]. 长江学术, (4): 103-113.
曹炜, 刘薇. 2014. 北京话第二人称代词句法、语义、语用的历时嬗变(1750—1950)[J]. 阅江学刊, (5): 114-122.
陈才. 2012. 宋以后第三人称代词"伊"、"渠"的演化——兼与王力先生《汉语语法史》商榷[J]. 励耘学刊(语言卷), (2): 39-47.
陈淑梅. 2013. 近代汉语中的人称代词"贤"[J]. 民俗典籍文字研究, (1): 157-167, 216.
陈晓. 2013. 清末民初北京话里的程度副词"所"[J]. 中国语文, (2): 163-169, 192.
崔山佳. 2015. "定语+人称代词"宋代已经成熟[M]//四川大学中国俗文化研究所, 四川大学汉语史研究所. 汉语史研究集刊(第二十辑). 成都: 巴蜀书社: 110-131.
崔山佳. 2017.《聊斋俚曲集》并列连词"合"、"和"连接非名词性词语考察[J]. 蒲松龄研究, (1): 114-125.
崔云忠. 2018. 助词"时节"及其语法化[J]. 河南科技大学学报(社会科学版), 36(1): 68-76.
崔云忠, 何洪峰. 2014. "从"的介词化及其发展[J]. 殷都学刊, 35(1): 77-84.
丁健. 2011. "X 然"的连词化——兼谈从代词结构到连词的演化模式[J]. 南开语言学刊, (2): 107-118, 187-188.
付义琴. 2012. 时间副词"在"的定位功能[J]. 汉语学报, (1): 29-35, 95.
高育花. 2014.《老乞大谚解》《朴通事谚解》中的人称代词[M]//北京外国语大学中国语言文学学院. 人文丛刊(第八辑). 北京: 学苑出版社: 36-48.
高育花. 2015.《老乞大谚解》《朴通事谚解》中的疑问代词[M]//北京外国语大学中国语言文学学院. 人文丛刊(第九辑)[C]. 北京: 学苑出版社: 36-48.
郭家翔. 2013. "教/叫"介词化及其层次性[J]. 语言研究, (4): 82-87.
郭燕妮. 2017. 转折连词"但是"的语法化[J]. 励耘语言学刊, (2): 170-181.
何洪峰. 2011. 动词"去"向处所介词语法化的终止与回归[J]. 语言研究, (2): 48-55.
何洪峰. 2012. 汉语限域性介词[J]. 语言研究, (4): 35-42.

何洪峰. 2013. 近代汉语"流星"介词[J]. 语言研究, (4): 71-81.
何洪峰. 2014. 动词介词化的句法语义机制[J]. 语文研究, (1): 15-22.
何洪峰, 崔云忠. 2014. 汉语次生介词[J]. 语言研究, (4): 37-46.
何洪峰, 崔云忠. 2015. "沿顺"义介词的内部层次性[J]. 江汉学术, (6): 111-118.
何洪峰, 贾君芳. 2018. 汉语时间介词系统构成与演变[J]. 语言研究, (4): 55-63.
何洪峰, 张文颖. 2015. 汉语依凭介词的语义范畴[J]. 长江学术, (1): 112-120.
何潇. 2016. 试论限定性范围副词兼转折连词的历时演变——以"但是"、"不过"、"只是"为例[J]. 汉语学习, (6): 103-112.
何瑛. 2010. 结构助词"底"源自方位词新证——兼谈《辞源》"底"条释义二三[J]. 古汉语研究, (1): 88-94.
胡承佼. 2015. "一般"的助词化及其主观描摹功能[J]. 汉语学习, (2): 24-33.
胡静书. 2011. 揣测情态副词"恐怕"的形成[M]//浙江大学汉语史研究中心. 汉语史学报(第十一辑). 上海: 上海教育出版社: 122-126.
冀芳. 2010. 《金瓶梅词话》中句末助词"来"的时体意义[J]. 齐鲁学刊, (6): 136-140.
蒋冀骋. 2015. 近代汉语代词"伊""与么"考源[J]. 语文研究, (2): 44-46.
蒋冀骋, 吴福祥. 1997. 近代汉语纲要[M]. 长沙: 湖南教育出版社.
金桂桃. 2011. 《近代汉语连词》读后[J]. 长江学术, (4): 166-168.
康健. 2011. 禅录代词隐指用法探析[J]. 宁夏大学学报(人文社会科学版), (3): 23-27.
匡鹏飞. 2011. 语气副词"明明"的主观性和主观化[J]. 世界汉语教学, (2): 227-236.
雷冬平. 2018. 程度副词"相当"形成的特殊路径[J]. 汉语学习, (3): 66-73.
雷冬平, 胡丽珍. 2010a. 时间副词"正在"的形成再探[J]. 中国语文, (1): 67-73, 96.
雷冬平, 胡丽珍. 2010b. 近代汉语虚词词汇化的一种特殊形式[J]. 古汉语研究, (1): 74-79, 96.
雷冬平, 胡丽珍. 2011. 再论近代汉语双音虚词的概念叠加与词形整合[J]. 保定学院学报, (2): 87-90.
雷冬平, 胡丽珍. 2017. 论副词"特为"形成的突变与渐变及相关问题[M]//俞理明, 雷汉卿. 汉语史研究集刊(第二十三辑). 成都: 四川大学出版社: 106-121.
雷冬平, 罗华宜. 2013a. 连词"再有"的形成及其话语标记功能研究[J]. 保定学院学报, 26(6): 69-74, 128.
雷冬平, 罗华宜. 2013b. 连词"再则"的形成及其话语标记功能研究[J]. 殷都学刊, (4): 74-78.
雷冬平, 覃慧娴, 李要珍. 2014. "无比"副词化的动因、机制及其功能扩展研究[J]. 语言教学与研究, (6): 74-83.
黎路遐, 贾舒婷. 2016. 晚唐五代的"指示代词+'个'+名词"结构[M]//中国社会科学院语言研究所《历史语言学研究》编辑部. 历史语言学研究(第十辑). 北京: 商务印书馆: 175-183.
李崇兴, 祖生利. 2011. 《元典章·刑部》语法研究[M]. 开封: 河南大学出版社.
李丹丹. 2013. 清中叶以来北京官话反身代词的演变[J]. 中山大学学报(社会科学版), (3): 61-66.
李明. 2013. 唐五代的副词[M]//中国社会科学院语言研究所《历史语言学研究》编辑部. 历史语言学研究(第六辑). 北京: 商务印书馆: 266-288.
李炜, 石佩璇. 2015. 北京话与事介词"给"、"跟"的语法化及汉语与事系统[J]. 语言研究, (1): 45-54.
李为政. 2017. 表果连词"因而"的形成和演变[J]. 南昌师范学院学报, (2): 116-121.
李文泽. 2010. 《老乞大》的人称代词研究——以《原本老乞大》《老乞大谚解》为例[M]//四川大学汉语史研究所, 四川大学中国俗文化研究所. 汉语史研究集刊(第十三辑). 成都: 巴蜀书社: 116-132.
李焱, 孟繁杰. 2011. 关联副词"倒"的演变研究[J]. 古汉语研究, (3): 72-78, 96.
力量. 2016. 近代汉语语法研究[M]. 南京: 南京大学出版社.
梁吉平. 2017. 无条件连词"遮莫"的产生[J]. 唐山师范学院学报, (6): 21-24, 70.
梁银峰. 2010a. 《祖堂集》的语气副词系统[J]. 宁夏大学学报(人文社会科学版), (1): 37-41.
梁银峰. 2010b. 《祖堂集》的时间副词系统[J]. 长江学术, (2): 78-87.
梁银峰. 2011. 汉语结构助词"底"来源考论[M]//复旦大学汉语言文字学科《语言研究集刊》编委会. 语言研究集刊(第八辑). 上海: 上海辞书出版社: 229-240.
梁银峰. 2015. 从修辞的视角看宋金元明文献中指示词"兀底(的)"的语义属性[J]. 当代修辞学, (1): 62-69.

刘丞. 2014. 从质疑选择到规劝祈使："何必"的副词化及相关问题[J]. 汉语学报, (3): 65-73, 96.
刘红妮. 2010. "终于"的词汇化——兼谈"X于"词汇化中的介词并入[J]. 阜阳师范学院学报(社会科学版), (2): 25-28.
刘华丽. 2010. 近代汉语双音节情态副词"X好"历时生成分析[J]. 清华大学学报(哲学社会科学版), (S2): 46-54.
罗耀华. 2015. 副词化、词汇化与语法化——语气副词探微[M]. 武汉: 华中师范大学出版社.
骆锤炼, 马贝加. 2015. 连词"从"的产生再议[J]. 温州大学学报(社会科学版), (5): 93-100.
麻爱民. 2010. 副词"几乎"的历时发展[J]. 古汉语研究, (3): 63-67.
马贝加. 2014. 汉语动词语法化(全二册)[M]. 北京: 中华书局.
马贝加, 王倩. 2013. 试论汉语介词从"所为"到"处置"的演变[J]. 中国语文, (1): 13-24, 95.
毛文静. 2018. 论汉语方言处所介词"的"的来源[J]. 语言研究, (4): 64-72.
潘晓军. 2015. 代词并入的连词化历时考察——以"此外"及相关词汇为例[J]. 语言与翻译, (4): 33-37.
潘志刚. 2011. 论敦煌变文中的"忽"类假设连词[J]. 敦煌研究, (1): 112-116.
朴元基. 2011. 近代汉语中际遇义"得"的语法化[M]. 尹淳一译//复旦大学汉语言文字学科《语言研究集刊》编委会. 语言研究集刊(第八辑). 上海: 上海辞书出版社: 307-320.
邵敬敏, 王宜广. 2011. "幸亏"类副词的句法语义、虚化轨迹及其历史层次[J]. 语言教学与研究, (4): 56-64.
邵宜. 2010. 赣方言语助词"时"的语法功能及与近代汉语之比较[J]. 暨南学报(哲学社会科学版), (4): 112-117.
史冬青. 2015. 汉语并列关系连词通释[M]. 济南: 齐鲁书社.
宋青. 2011. 明末清初山东方言反证假设连词考察——以《醒世姻缘传》为例[J]. 常州工学院学报(社科版), (5): 76-79.
宋青. 2012. 北京话"因"类连词的发展演变(1750—1950)[J]. 苏州大学学报(哲学社会科学版), (2): 185-190.
宋青, 曹炜. 2012. 北京话并列连词的历史嬗变(1750—1950)[J]. 学术交流, (2): 124-129.
苏政杰. 2010. 结构助词"的"的语法化历程[J]. 汉语学报, (1): 23-35, 95.
孙露丹, 马贝加. 2014. 试论汉语"介词——唯补词"的演变及其影响[J]. 汉语学习, (5): 18-25.
孙品健. 2017. 近代汉语的受益介词系统[J]. 殷都学刊, (2): 87-92.
孙锡信. 2014. 中古近代汉语语法研究述要[M]. 上海: 复旦大学出版社.
唐为群. 2010. "原来"、"从来"、"连连"三组时间副词研究[M]. 武汉: 武汉大学出版社.
唐贤清, 罗主宾. 2014. 明清时期副词"真个"的句法表现和主观性分析[J]. 语言研究, (1): 86-89.
唐钰明, 徐志林. 2015. 汉语并列连词的历史演变[J]. 中山大学学报(社会科学版), (1): 50-53.
田春来. 2011. 汉语处置介词的来源和替换[J]. 浙江师范大学学报(社会科学版), (1): 72-76.
田春来. 2012. 《祖堂集》介词研究[M]. 北京: 中华书局.
汪如东. 2010. 助词"就是了(就是)"的语法化及相关结构研究[J]. 宁夏大学学报(人文社会科学版), (2): 60-65.
王聪. 2016. 复数标记"们"的功能扩张及其类型学表现——以人称代词合音现象为例[J]. 云南师范大学学报(对外汉语教学与研究版), (5): 57-66.
王华. 2014a. 晚唐至明初汉语比况助词句法特点的发展演变[J]. 苏州大学学报(哲学社会科学版), (6): 152-157.
王华. 2014b. 晚唐五代至明初汉语事态助词的历时嬗变[J]. 盐城师范学院学报(人文社会科学版), (5): 38-42.
王华. 2018. 完成态助词"得"在近代汉语中的分布及与助词"了"的关系[J]. 学术交流, (2): 156-161.
王建军. 2010. 语法类推、角色转换与功能扩张——连词"便是"的生成历程考察[J]. 语文研究, (1): 49-52.
王进. 2014. 元代禁止副词"勿""莫""休"——兼论禁止副词"别"[J]. 汉语学报, (2): 88-92.
王苗. 2015. 论结构助词"家"的来源和演变[J]. 古汉语研究, (3): 29-38.
王素改. 2017. 《绿野仙踪》副词研究[M]. 北京: 中国社会科学出版社.
王衍军. 2011. 《醒世姻缘传》中的[VC 了]式能性述补结构[J]. 方言, (3): 284-286.
王衍军. 2015. 泗水方言表能性的助词"了"及其历史来源[J]. 方言, (4): 316-323.
王毅. 2015. 《西游记》语法研究[M]. 上海: 上海三联书店.
吴福祥. 1996. 敦煌变文语法研究[M]. 长沙: 岳麓书社.
吴福祥. 2015. 近代汉语语法[M]. 北京: 中国社会科学出版社.

吴玉芝. 2016. 介词"关于"源自日语说[J]. 语言教学与研究, (6): 92-102.
席嘉. 2010a. 近代汉语连词[M]. 北京: 中国社会科学出版社.
席嘉. 2010b. "除"类连词及相关句式的历时考察[J]. 语言研究, (1): 80-84.
谢洪欣. 2017. 元明时期汉语连词研究[M]. 北京: 九州出版社.
邢向东, 周利芳. 2013. 陕北神木话的语气副词"敢"及其来源[J]. 方言, (3): 224-235.
徐朝红. 2016a. 并列连词"合"的语义演变历程[J]. 湖南科技大学学报(社会科学版), (5): 149-151.
徐朝红. 2016b. 从时间范畴到假设条件连词的演变——以"还""向"为例[J]. 语言研究, (3): 77-84.
徐朝红. 2017a. 让步条件连词到让步连词的语义演变[J]. 语言科学, (5): 493-510.
徐朝红. 2017b. 从时间范畴到让步范畴——以"正""每"的演变为例[J]. 汉语学报, (3): 72-78.
徐朝红. 2017c. 汉语连词语义演变研究[M]. 长沙: 湖南师范大学出版社.
徐朝红, 胡世文. 2010. 假设连词"脱"的产生和发展[J]. 古汉语研究, (2): 67-69.
杨永龙, 江蓝生. 2010. 《刘知远诸宫调》语法研究[M]. 开封: 河南大学出版社.
姚双云. 2010. 连词"结果"的语法化及其语义类型[J]. 古汉语研究, (2): 61-66, 96.
姚尧. 2015a. 句末助词"矣"时、体、情态意义的转换与演变——以先秦至唐宋语料为依据[M]//中国社会科学院语言研究所《历史语言学研究》编辑部. 历史语言学研究(第九辑). 北京: 商务印书馆: 252-262.
姚尧. 2015b. "一般"的词汇化与语法化——兼谈"X如Y一般"类比拟式的来源[J]. 语文研究, (1): 25-31.
叶建军. 2010. 连词"争奈"探源[J]. 古汉语研究, (2): 56-60, 96.
于立昌. 2018. 时间副词"在"的语法化[J]. 南京师范大学文学院学报, (4): 139-143.
翟燕. 2010. 《聊斋俚曲》中语气助词"啊"、"呀"的使用及其关系考察[J]. 内蒙古民族大学学报(社会科学版), (4): 41-44.
翟燕. 2012. 近代汉语后期助词系统的演变及特征[J]. 河北大学学报(哲学社会科学版), (6): 137-140.
翟燕. 2013a. 汉语助词的历史发展概况及研究价值[J]. 河北大学学报(哲学社会科学版), (6): 93-95.
翟燕. 2013b. 汉语助词的词素化及相关问题[J]. 东岳论丛, (7): 155-158.
詹绪左, 崔达送. 2011. 禅宗文献中的同义介词"擗""蓦""拦"[J]. 古汉语研究, (3): 63-71, 96.
张爱玲. 2016. 名词"光景"向概数助词和情态副词的演化[J]. 汉语学报, (2): 58-65, 96.
张赪. 2016. 明清时期完成体否定副词的历时演变和共时差异[J]. 中国语文, (5): 554-565, 639.
张成进. 2014. 介词"关于"的词汇化——兼谈"关于"来源之争[J]. 语言教学与研究, (4): 76-83.
张成进. 2015. 多动词构式: 汉语单、双音介词形成的句法环境新探——以双音动词"依据"的语法化为例[J]. 云南师范大学学报(对外汉语教学与研究版), (4): 56-61.
张成进. 2018. 介-连兼类词"鉴于"的词汇化与语法化[J]. 语文研究, (1): 38-42.
张家合. 2010. 程度副词"越"、"越发"的语法化及相关问题[J]. 汉语学习, (5): 69-75.
张家合. 2017. 汉语程度副词历史演变的多角度研究[M]. 北京: 中国社会科学出版社.
张劼. 2011. 普通话副词"在"源流考辨[J]. 语言教学与研究, (1): 76-81.
张俊阁. 2010. 近代汉语第二人称代词"您(恁)"的来源[J]. 聊城大学学报(社会科学版), (1): 124-127.
张俊阁. 2011a. 明清山东方言代词研究[M]. 济南: 齐鲁书社.
张俊阁. 2011b. 试析明清山东方言代词重叠和同义代词并列连用[J]. 聊城大学学报(社会科学版), (6): 123-126.
张俊阁. 2011c. 明清山东方言指示词"这""那"与"这么""那么"及其连词化[J]. 鲁东大学学报(哲学社会科学版), (2): 57-62.
张美霞. 2015. 方向介词"对着"的演变过程与形成机制[J]. 语言教学与研究, (4): 88-95.
张田田. 2012. 句法结构"管他"的连词化与标记化[J]. 古汉语研究, (1): 50-56, 96.
张田田. 2017. 汉语代词并入现象研究[M]. 上海: 学林出版社.
张雪平. 2017. 《红楼梦》《歧路灯》《儒林外史》假设连词的使用比较[J]. 汉语言文学研究, (4): 123-130.
张言军, 储泽祥. 2015. 概数助词"来"组配能力的历时考察[M]//四川大学中国俗文化研究所, 四川大学汉语史研究所. 汉语史研究集刊(第二十辑). 成都: 巴蜀书社: 92-109.
张言军, 唐贤清. 2017. 概数助词"许"的历时发展及其衰落动因考察[J]. 古汉语研究, (1): 21-31, 103.

张燕. 2015. 《朱子语类》中时体助词"着"用法考察[J]. 长沙大学学报, (3): 88-90.
张莹. 2010. 并列连词来源探析[J]. 宁夏大学学报(人文社会科学版), (2): 34-40.
张云峰. 2013. 近代汉语比况框式介词及其概念叠加[J]. 聊城大学学报(社会科学版), (4): 37-43.
赵川兵. 2010. 连词"和"的来源及形式[J]. 古汉语研究, (3): 83-91.
郑淑花. 2013. 《朱子语类》助词"将"结构及功能研究[J]. 福建工程学院学报, (5): 414-418.
钟兆华. 2011. 近代汉语虚词研究[M]. 北京: 中国社会科学出版社.
周晓林, 王进超. 2011. 元明时期汉语让步连词的若干特点[J]. 厦门理工学院学报, (2): 82-86, 102.
竹越孝, 陈晓. 2016. 满语助词 dabala 与汉语句末助词"罢了/罢咧"相关关系研究[J]. 民族语文, (6): 26-37.
祖生利. 2014. 代词词尾"着"的来源[M]//中国社会科学院语言研究所《历史语言学研究》编辑部. 历史语言学研究(第八辑). 北京: 商务印书馆: 166-194.
祖生利, 毕晓燕. 2017. 清代句末语气助词"是呢""才是呢"[M]//中国社会科学院语言研究所《历史语言学研究》编辑部. 历史语言学研究(第十一辑). 北京: 商务印书馆: 278-288.